AF337920

LES

CHEVAUX DU SAHARA

PARIS. — IMPRIMERIE DE SCHILLER AÎNÉ,
FAUBOURG MONTMARTRE, 11.

LES CHEVAUX
DU SAHARA

PAR

le Général DAUMAS

Commandeur de la Légion-d'Honneur, ancien Directeur central des Affaires arabes

CHEF DU SERVICE DE L'ALGÉRIE

AU MINISTÈRE DE LA GUERRE

———

OUVRAGE PUBLIÉ AVEC

l'Autorisation du Ministre de la Guerre

———

BIBLIOTHÈQUE NATIONALE — R. F. — IMPR.

PARIS

F. CHAMEROT, LIBRAIRE - ÉDITEUR

13, RUE DU JARDINET

1851
1852

A MES LECTEURS.

Avant de livrer au public l'œuvre qu'on va lire, je ne crois pas inutile de dire que, me défiant de cet intérêt si naturel et si puissant qu'on attache au résultat de toute étude ardemment et constamment suivie, j'ai cru devoir consulter des autorités dont personne ne pourra décliner la compétence. Je me hâte de les nommer :

Ce sont MM. les généraux de division Oudinot de Reggio et de Lamoricière, et M. le général de brigade Des Carrières, chef du service de la cavalerie au ministère de la guerre.

Les lettres que j'ai reçues de ces officiers généraux, et que j'ai réunies ici, ont répondu à mes doutes et dissipé mes craintes. Mes lecteurs y verront, je l'espère, ce que j'y ai vu moi-même, et ce qui me détermine uniquement à les publier, c'est-à-dire de précieux documents à l'appui des opinions que j'essaie de soutenir et de propager.

Paris, le 4 février 1851.

« Je viens de lire, mon cher Général, votre ouvrage sur les chevaux du Sahara algérien. Ce travail joint à un intérêt historique incontestable le mérite de présenter, sous une forme très séduisante, des considérations pleines d'actualité.

» Les hommes qui se consacrent à l'étude de la science hippique reconnaissent aujourd'hui que la propagation du sang oriental est le véritable principe régénérateur auquel il est urgent de recourir.

» Déjà cette pensée reçoit son application : l'administration des haras se dispose à envoyer dans l'Arabie centrale des agents spéciaux, pour faire l'acquisition d'étalons et de juments de l'Orient. D'un autre côté, le ministre de l'agriculture, sur la demande du conseil de perfectionnement du haras de Saint-Cloud, réclame des crédits spéciaux pour créer, dans un établissement normal, et conformément à la volonté législative, une race arabe pure, de l'ordre le plus élevé.

» Tous ces faits sont de nature à donner à votre

ouvrage une importance et un intérêt particuliers. S'il était publié, il nous initierait à des traditions, à des usages, à des convictions qui offriraient de précieux renseignements.

» Persuadé de l'utilité de semblables publications, le ministre de l'agriculture fait en ce moment traduire et imprimer un vieux manuscrit arabe dont l'existence était à peine connue à la bibliothèque nationale.

» Votre ouvrage sur les chevaux du Sahara aurait une importance bien plus générale ; aussi je désirerais vivement que le ministre de la guerre, dont la sollicitude pour les progrès hippiques est si éclairée, voulût bien le faire imprimer et répandre.

» Ce serait un service rendu à la question chevaline, à la France entière ; et, en particulier, aux corps de troupes à cheval que nous entretenons en Algérie.

» Recevez, mon cher Général, la nouvelle expression de ma haute considération et de mes vieux sentiments d'attachement.

» Le général Oudinot de Reggio. »

Paris, le 11 avril 1851.

« Mon cher Général, j'ai lu avec le plus grand intérêt le travail que vous avez bien voulu me confier et qui donne d'une manière si intéressante et si complète l'histoire de l'éducation du cheval dans le désert.

» Cet ensemble de faits si peu connus, et pourtant si dignes de l'être, permet de se rendre compte des causes vraies de la perfection à laquelle est arrivé le cheval dans les mains des enfants d'Ismaël. Il serait bien désirable que, pendant que vous êtes au ministère de la guerre, le gouvernement fît imprimer cet ouvrage, où nos éleveurs trouveraient tant d'utiles enseignements.

» Recevez, mon cher Général, l'assurance de mes sentiments affectueux.

» *Le général de division*

» DE LA MORICIÈRE. »

Paris, le 19 février 1851.

« Mon cher Général, je vous remercie de m'avoir communiqué votre ouvrage sur les *Chevaux du Sahara*. Je ne doute pas qu'il ne soit lu avec intérêt par les officiers de la cavalerie et par tous les amateurs de chevaux.

» Si quelques coutumes paraissent ne devoir être attribuées qu'aux croyances superstitieuses des indigènes, il faut reconnaître que, dans leur langue pittoresque, les Arabes expriment le plus souvent, sur l'éducation et l'appréciation des chevaux, des idées d'une justesse incontestable, qui sont pour eux le résultat d'une expérience traditionnelle. C'est d'après nature qu'ils dépeignent le *cheval de race*, le *buveur d'air*, et le portrait qu'ils en font est bien celui d'un cheval essentiellement propre aux combats et susceptible de fournir des courses longues et rapides. Puisque ces chevaux existent dans l'étendue de nos possessions d'Afrique, il faut les trouver, dût-on les aller chercher jusqu'aux dernières limites du désert. Ce sera un service de plus que nous aura rendu l'armée d'Afrique : transportés sur notre sol, ces chevaux précieux deviendront le type d'une race pure indigène.

» Quant à l'opinion émise au chapitre qui traite de la monte, de la gestation, etc. : « *La jument n'est* » *qu'un sac dont on retirera de l'or quand on y aura* » *mis de l'or, mais dont on ne tirera que du cuivre* » *si on n'y a mis que du cuivre,* » je suis loin de la partager ; mais il convient de la produire sous toute réserve et de rechercher si elle n'est consacrée que dans le Sahara algérien, contrairement aux convictions établies chez les autres peuples de l'Orient. Il serait possible que ce fût une des causes de l'infériorité relative du cheval barbe, comparativement au cheval arabe proprement dit.

» Je vous engage donc, mon cher Général, à ne pas tarder à faire paraître un ouvrage qui ne pouvait être fait que par vous et qui aura en ce moment tout le mérite de l'opportunité, puisque le gouvernement est à la veille de faire des sacrifices considérables pour se procurer des types de reproduction d'origine orientale.

» Recevez, mon cher Général, la nouvelle assurance de l'affection bien sincère de votre tout dévoué,

> *» Le général, chef du service de la cavalerie,*
> *au ministère de la guerre,*

> » P. Descarrières. »

PREMIÈRE PARTIE.

———

LES

CHEVAUX DU SAHARA.

CHAPITRE PRÉLIMINAIRE.

Les cavaliers numides étaient déjà renommés du temps des Romains. Les cavaliers arabes ne le cèdent en rien à leurs devanciers. Le cheval est resté, de nos jours, le premier instrument de guerre pour ces belliqueuses populations. Une étude sur les chevaux algériens, qui présentent encore les caractères des races barbes et arabes, n'intéresse pas seulement l'art hippique, mais aussi notre puissance en Algérie.

Le premier mérite d'une étude de ce genre, c'est l'exactitude des informations. A ce titre, je dois faire connaître les sources où j'ai puisé.

Pendant les seize années que j'ai passées en Afrique, j'ai rempli des missions ou exercé des fonctions qui m'ont mis en rapports constants avec les Arabes, avec ce peuple si peu connu naguère, et que nous devions étudier pour apprendre à le dominer.

De 1837 à 1839, j'ai été consul de France à Mascara auprès de l'émir Abd-el-Kader, puis chargé des affaires arabes dans la province d'Oran que commandait alors **M.** le général de La Moricière, et enfin directeur central des affaires arabes de l'Algérie sous le gouvernement de **M.** le maréchal duc d'Isly.

Ces diverses positions me mirent en relations avec les chefs indigènes et les grandes familles du pays.

J'avais appris leur langue, et c'est sur leurs renseignements que j'ai pu publier tour-à-tour le *Sahara algérien*, le *Grand Désert* et la *Grande Kabylie*, ouvrages qui ont rendu peut-être quelques services à la cause française, en éclairant d'importantes questions de guerre, de commerce et de domination.

L'étude des chevaux arabes, qui avait été l'objet de mes attentives recherches, m'a semblé former le complément de mes travaux antérieurs.

Aussi bien, cette question était pleine d'incertitudes et d'assertions contradictoires.

Suivant les uns, les Arabes sont les premiers cavaliers du monde ; au dire des autres, ils ne sont que des bourreaux de chevaux. Ceux-ci leur font honneur de toutes les bonnes méthodes admises chez nous ou ailleurs ; ceux-là les représentent comme n'entendant rien ni à l'équitation, ni à l'hygiène, ni à la reproduction.

Qu'y a-t-il de vrai dans tout cela ? Quelle est la valeur réelle des chevaux arabes ? Quelle est la nature des services à en attendre ?

J'ai voulu le savoir, non par ouï dire, mais par le témoignage de mes yeux ; non par les livres, mais par les hommes.

Ce qu'on va lire est donc le résumé tant de mes observations personnelles que de mes entretiens avec des Arabes de toutes les conditions, depuis le noble de la tente jusqu'au simple cavalier, qui, comme il le dit lui-même dans son pittoresque langage, n'a d'autre profession que celle de *vivre de ses éperons.*

C'est annoncer que je me suis informé auprès de ceux qui possèdent beaucoup, comme auprès de ceux qui possèdent peu ; auprès de ceux qui élèvent des chevaux, comme auprès de ceux qui ne savent que les monter ; enfin, auprès de tous. Les notions que je vais consigner dans cet écrit, n'émanent donc pas de la tête d'un seul homme ; on les trouverait répandues parmi tous les cavaliers d'une grande tribu. Je n'ai d'autre mérite que celui d'avoir recueilli, réuni et mis en ordre des documents épars et difficiles à obtenir.

Il faut, en effet, beaucoup de patience, d'adresse même, à un chrétien, pour arracher aux musulmans des renseignements peut-être insignifiants, mais qu'un fanatisme ombrageux leur fait paraître très importants ou dangereux pour leur religion.

Maintenant, je fais mes réserves. Je ne viens nullement dire : Ceci est bon, ceci est mauvais ; je dis tout simplement : Bon ou mauvais, voici ce que font les Arabes.

CHEVAUX DU SAHARA.

A la nage, les jeunes gens, à la nage !
Les balles ne tuent pas ;
Il n'y a que la destinée qui tue,
A la nage, les jeunes gens, à la nage !

CHANT DES ANGADES.

Chez un peuple pasteur et nomade, qui rayonne sur de vastes pâturages, et dont la population n'est pas en rapport avec l'étendue de son territoire, le cheval est une nécessité de la vie. Avec son cheval l'Arabe commerce et voyage, il surveille ses nombreux troupeaux, il brille au combat, aux noces, aux fêtes de ses marabouts ; il fait l'amour, il fait la guerre ; l'espace n'est plus rien pour lui.

Aussi les Arabes du *Sahara* se livrent-ils encore avec passion à l'élève des chevaux ; ils savent ce que vaut le sang, ils soignent leurs croisements, ils améliorent leurs espèces. L'état d'anarchie dans lequel ils ont vécu dans ces derniers temps, a bien pu modifier quelques-unes de leurs habitudes ; mais il n'a rien changé à cette condition de leur existence : l'élève, le perfectionnement et l'éducation des chevaux.

L'amour du cheval est passé dans le sang arabe.

Ce noble animal est le compagnon d'armes et l'ami
du chef de la tente, c'est un des serviteurs de la famille ; on étudie ses mœurs, ses besoins ; on le chante
dans des chansons, on l'exalte dans les causeries.
Chaque jour, dans ces réunions en dehors du douar,
où le privilége de la parole est au plus âgé seul et
qui se distinguent par la décence des auditeurs assis
en cercle sur le sable ou sur le gazon, les jeunes gens
ajoutent à leurs connaissances pratiques les conseils
et les traditions des anciens. La religion, la guerre,
la chasse, l'amour et les chevaux, sujets inépuisables
d'observations, font de ces causeries en plein air de
véritables écoles où se forment les guerriers, et où ils
développent leur intelligence en recueillant une foule
de faits, de préceptes, de proverbes et de sentences,
dont ils ne trouveront que trop l'application dans le
cours de la vie pleine de périls qu'ils ont à mener.
C'est là qu'ils acquièrent cette expérience hippique
que l'on est étonné de trouver chez le dernier cavalier d'une tribu du désert. Il ne sait ni lire ni écrire,
et pourtant chaque phrase de sa conversation s'appuiera sur l'autorité des savants commentateurs du
Koran ou du Prophète lui-même. Notre seigneur
Mohamed a dit... *Sidi-Ahmed-ben-Youssef* a ajouté...
Si-ben-Dyab a raconté.... Et croyez-le sur parole, ce
savant ignorant ; car tous ces textes, toutes ces anec-
dotes, qu'on ne trouve le plus souvent que dans les
livres, il les tient, lui, des *tholbas* ou de ses chefs qui
s'entendent ainsi, sans le savoir, pour développer

ou maintenir chez le peuple l'amour du cheval, les préceptes utiles, les saines doctrines ou les meilleures règles hygiéniques. Le tout est bien quelquefois entaché de préjugés grossiers, de superstitions ridicules : c'est une ombre au tableau. Soyons indulgents; il n'y a pas si longtemps qu'en France on proclamait à peu près les mêmes absurdités comme vérités incontestables.

Je causais un jour avec un marabout de la tribu des Oulad-Sidi-Cheikh des chevaux de son pays ; et, comme j'affectais de révoquer en doute les opinions qu'il avait émises : Vous ne pouvez comprendre cela, vous autres chrétiens, me dit-il en se levant brusquement, les chevaux sont nos richesses, nos joies, notre vie, notre religion. Le prophète n'a-t-il pas dit :

« *Les biens de ce monde, jusqu'au jour du jugement dernier, seront pendus aux crins qui sont entre les yeux de vos chevaux.* »

— J'ai lu le Koran, lui répondis-je, et je n'y ai point trouvé ces paroles.

— Vous ne le trouverez pas dans le Koran, qui est la voix de Dieu, mais bien dans les conversations de notre seigneur Mohamed. (*Hadite sidna Mohamed.*)

— Et vous y croyez? repris-je.

— Avant de vous quitter, je veux vous faire voir ce qui peut arriver à ceux qui croient.

Et mon interlocuteur me raconta gravement l'histoire suivante :

Un homme pauvre, confiant dans les paroles du

prophète que je viens de vous citer, trouva un jour une jument morte; il lui coupa la tête et l'enterra sous le seuil de sa porte, en disant: Je deviendrai riche s'il plaît à Dieu (*Anchallah*). Cependant les jours se suivaient et les richesses n'arrivaient pas; mais le croyant ne douta point. Le sultan de son pays étant sorti pour visiter un lieu saint, vint à passer par hasard devant la modeste demeure du pauvre Arabe; elle était située à l'extrémité d'une petite plaine bordée de grands arbres et fécondée par un joli ruisseau. Le lieu lui plut; il fit faire halte à sa brillante escorte, et mit pied à terre pour se reposer à l'ombre. Au moment où il allait donner le signal du départ, son cheval, qu'un esclave était chargé de surveiller, impatient de dévorer l'espace, se mit à hennir d'abord, à piaffer ensuite, et fit si bien enfin qu'il s'échappa. Tous les efforts des *saïs* [1] pour le rattraper furent longtemps inutiles, et l'on commençait à en désespérer, quand on le vit tout à coup s'arrêter de lui-même sur le seuil d'une vieille masure qu'il flairait en la fouillant du pied. Un Arabe, jusque-là spectateur impassible, s'en approcha alors sans l'effrayer, comme s'il en eût été connu, le caressa de la voix et de la main, le saisit par la crinière, car sa bride était en mille pièces, et, sans difficulté aucune, le ramena docile au sultan étonné.

---

(1) Palefreniers.

— Comment donc as-tu fait, lui demanda Sa Grandeur, pour dompter ainsi l'un des plus fougueux animaux de l'Arabie? — Vous ne serez plus surpris, seigneur, répondit le croyant, quand vous saurez qu'ayant appris que tous les biens de ce monde jusqu'au jour du jugement seront pendus aux crins qui sont entre les yeux de nos chevaux, j'avais enterré sous le seuil de ma maison la tête d'une jument que j'avais trouvée morte. Le reste s'est fait par la bénédiction de Dieu.

Le sultan fit à l'instant creuser dans l'endroit désigné, et, quand il eut ainsi vérifié les assertions de l'Arabe, il s'empressa de récompenser celui qui n'avait pas craint d'ajouter une foi entière aux paroles du prophète. Le pauvre reçut en présent un beau cheval, des vêtements superbes et des richesses qui le mirent à l'abri du besoin jusqu'à la fin de ses jours.

— Vous savez maintenant, ajouta le marabout, ce qui peut arriver à ceux qui croient; et, sans attendre ma réponse, il me salua des yeux, à la manière des Arabes, et sortit.

Cette légende est populaire dans le Sahara, et les paroles du prophète, sur lesquelles elle est fondée, y sont un article de foi. Que le prophète les ait dites ou non, elles n'atteignent pas moins sûrement le but que s'est proposé leur auteur. Le peuple arabe aime les honneurs, le pouvoir, les richesses; lui dire que tout cela tient aux crins de son cheval, c'était le lui rendre cher, le lier à lui par l'attrait de l'intérêt personnel. Le génie du prophète allait plus loin encore, sans aucun doute ; il avait compris que la mission de conquête qu'il a léguée à son peuple ne pouvait s'accomplir que par de hardis cavaliers, et qu'il fallait développer chez eux l'amour pour les chevaux en même temps que la foi dans l'islamisme.

Ces prescriptions, qui toutes tendent vers un même but, revêtent toutes les formes : le marabout et le thaleb les ont réunies en sentences et légendes, le noble (*Djieud*) en traditions, et enfin l'homme du peuple en dictons et proverbes. Plus tard, proverbes, traditions et légendes ont pris un caractère religieux qui les a pour jamais accrédités dans la grande famille des musulmans.

Quand Dieu a voulu créer la jument, proclament les *âoulâmas*, il a dit au vent : « Je ferai naître de toi » un être qui portera mes adorateurs, qui sera chéri » par tous mes esclaves, et qui *fera le désespoir de tous* » *ceux qui ne suivent pas mes lois ;* » et il créa la jument en s'écriant :

« Je t'ai créée sans pareille, les biens de ce monde » seront placés entre tes yeux, *tu ruineras mes enne-* » *mis,* partout je te rendrai heureuse et préférée sur » tous les autres animaux, car la tendresse sera partout dans le cœur de ton maître. Bonne pour la » charge comme pour la retraite, tu voleras sans » ailes, et je ne placerai sur ton dos que des *hommes* » *qui me connaîtront,* m'adresseront des prières,

» des actions de grâces, *des hommes enfin qui m'ado-*
» *reront.* »

La pensée intime du prophète se dévoile ici tout entière ; il veut que son peuple seul, à l'exclusion des infidèles, se réserve les chevaux arabes, ces puissants instruments de guerre qui, dans les mains des chré-tiens, pourraient être si funestes à la religion musul-mane.

Cette pensée, que le bas peuple de la tente n'a pas vue peut-être sous le voile symbolique dont elle est revêtue, n'a point échappé aux chefs arabes. L'émir Abd-el-Kader, au plus fort de sa puissance, punissait impitoyablement de mort tout croyant convaincu d'avoir vendu un cheval aux chrétiens ; dans le Maroc, on frappe l'exportation des chevaux de droits tels, que la permission d'en sortir de l'empire devient il-lusoire ; à Tunis, on ne cède qu'à regret à des néces-sités impérieuses de politique ; il en est de même à Tripoli, en Égypte, à Constantinople, dans tous les États musulmans enfin [1].

Parlez-vous de chevaux avec un djieud, ce noble de la tente, qui tire encore vanité de ce que ses ancêtres ont combattu les nôtres en Palestine, il vous dira :

> *Rekoub el ferass,*
> *Ou telong el merass,*
> *Yeguelaâ edoude men erass.*

---

[1] J'ai la certitude que dans certains pays musulmans, sur la liste des présents obligés, en regard d'un nom chrétien le donateur avait mis : *Kidar ala Khrater el Roumi. — Une rosse pour le chrétien.*

> Le *montement* des chevaux,
> Et le *lâchement* des levriers,
> Vous ôtent les vers d'une tête.

En causez-vous avec l'un de ces cavaliers (mekha-zeni), dont la figure bronzée, la barbe *poivre et sel*, et les exostoses [1] prononcées de ses tibias annoncent qu'il a vu bien des aventures, il s'écriera :

> *El Kheil lel bela*
> *El ybel lel Khela*
> *Ou el begueur*
> *Lel fekeur.*

> Les chevaux pour la dispute,
> Les chameaux pour le désert,
> Et les bœufs pour la pauvreté.

Ou bien il vous rappellera que, lorsque le prophète faisait des expéditions pour engager les Arabes à soigner leurs chevaux, il donnait toujours deux parts de prise à celui qui l'avait accompagné bien monté.

Le voluptueux thaleb, homme de Dieu pour le monde, qui vit dans la paresse contemplative, sans autres soins que ceux de sa toilette, sans autre travail que celui d'écrire des talismans et faire des amulettes pour tous et pour toutes, vous dira les yeux baissés :

---

(1) *Les exostoses prononcées de ses tibias.* L'œil de l'étrier arabe occasionne toujours des exostoses sur le devant des jambes. Par eux l'on peut, à première vue, distinguer le riche du pauvre, le cavalier du fantassin.

Djennet el ard âla dohor el Kreïl,
Ala Montalat el–Ketoube.

Le paradis de la terre se trouve sur le dos des chevaux.
Dans le fouillement des livres,
Ou bien entre les deux seins d'une femme.

Ajoutera-t-il, s'il n'y a point là d'oreilles trop sévères :

Ou beine Guerabeus Enneça !

Que si vous interrogez l'un de ces vieux patriarches arabes *(chikh)*, renommés pour leur sagesse, leur expérience et leur hospitalité, il vous répondra :

— Sidi-Aomar, le compagnon du prophète, a dit :

« Aimez les chevaux, soignez-les, ils méritent votre
» tendresse ; traitez-les comme vos enfants, et nour-
» rissez-les comme des amis de la famille, vêtissez-
» les avec soin ! Pour l'amour de Dieu, ne vous né-
» gligez pas, car vous vous en repentiriez *dans cette*
» *maison et dans l'autre.* »

Avez-vous enfin le bonheur de rencontrer sur votre route l'un de ces trouvères errants *(medahh, fessehh)* qui passent leur vie à voyager de tribu en tribu, pour amuser les nombreux loisirs de nos guerriers-pasteurs, aidé d'un joueur de flûte *(kuesob)*, et s'accompagnant du tambourin *(bendaïr)*, d'une voix sourde, mais non sans harmonie, il vous chantera :

Mon cheval est le seigneur des chevaux !
Il est bleu comme le pigeon sous l'ombre,

Et ses crins noirs sont ondoyants ;
Il peut la soif, il peut la faim, il devance le coup-d'œil,
Et véritable buveur d'air,
Il noircit le cœur de nos ennemis,
Aux jours où les fusils se touchent.
Mebrouk ¹ est l'orgueil du pays.

Mon oncle a des juments de race, dont les aïeux lointains
Se comptent dans nos tribus depuis les temps anciens ;
Modestes et timides comme les filles du Guebla ²,
On dirait des gazelles
Qui paissent dans les vallées, sous les yeux de leurs mères.
Les voir, c'est oublier les auteurs de ses jours !

Couvertes de Djellale   qui font pâlir nos fleurs,
Elles marchent en sultanes parées pour leurs plaisirs.
Un nègre du Kora les soigne ⁴,
Leur donne l'orge pure, les abreuve de laitage
Et les conduit au bain.
Dieu les préserve du mauvais œil ⁵ !

(¹) *Mebrouk* veut dire l'heureux.

(²) *Guebla*, sud, Sahara, désert.

(³) *Djellale*, couvertes en laine plus ou moins ornées de dessins, suivant la fortune des chefs de tente, très larges, très chaudes, et enveloppant le poitrail et la croupe du cheval.

(⁴) *Un nègre du Kora les soigne.* Les esclaves du Kora sont très recherchés par les musulmans ; ils apprennent très difficilement l'arabe, sont très attachés à leurs devoirs et très fidèles à leurs maîtres.

(⁵) *Dieu les préserve du mauvais œil !* Voici ce que les Arabes entendent par le mauvais œil (*aïn*) : quelqu'un vient vous dire : oh ! quel beau cheval, quelle belle jument vous avez là ! Craignez tout de lui, car il n'a parlé que par envie ; s'il l'eût fait avec bienveillance, il n'aurait pas manqué d'ajouter : que Dieu vous protége ou vous accorde sa bénédiction ! Ce mauvais œil cependant n'appartient pas à tout le monde.

Pour ses juments chéries,
Mon oncle m'a demandé Mebrouk en mariage,
Et je lui ai dit ; non :
Mebrouk, c'est mon appui, je veux le conserver
Fier, plein de santé, adroit et léger dans sa course.
Le temps tourne sur lui-même et revient,
Sans dispute aujourd'hui, demain peut-être verrons-nous
S'avancer à grands pas l'heure de l'*entêtement.*
Pour une outre pleine de sang, me répondit mon oncle,
Tu m'as jauni la figure [1] devant tous mes enfants.
La terre est vaste ; adieu.

Mebrouk, pourquoi hennir ainsi, pendant le jour, pendant la nuit?
Tu dénonces mes embuscades et préviens mes ennemis,
Tu penses trop aux filles de nos chevaux,
Je te marierai, ô mon fils !

Mais où trouver mes amis,
Dont les juments sont si nobles et les chamelles des trésors?
Leurs nouvelles sont enterrées,
Où sont leurs vastes tentes qui plaisaient tant à l'œil?
On y trouvait le tapis et la natte ;
On y donnait l'hospitalité de Dieu,
Et le pauvre y rassasiait son ventre.
Elles sont parties !
Les éclaireurs ont vu les mamelons,
Les braves ont marché les premiers,
Les bergers ont fait suivre les troupeaux,
Et les chasseurs, sur les traces de leurs levriers si fins,
Ont couru la gazelle.

---

[1] *Tu m'as jauni la figure.* Le rouge, les couleurs éclatantes , sont

Avez-vous entendu parler de la tribu de mes frères?

Non; eh bien, venez avec moi compter ses nombreux chevaux;
        Il est des couleurs qui vous plairont.

Voyez ces chevaux blancs comme la neige qui tombe en sa saison;

Ces chevaux noirs comme l'esclave ravi dans le Soudan;

Ces chevaux verts [1] comme le roseau qui croît au bord des fleuves;

Ces chevaux rouges comme le sang, premier jet d'une blessure,

Et ces chevaux bleus [2] comme le pigeon quand il vole sous les cieux.

Où sont ces fusils si droits, plus prompts que le clignement de l'œil;

Cette poudre de Tunis, et ces balles fabriquées dans des moules [3],
        Qui traversaient les os, déchiraient le foie,
        Et faisaient mourir la bouche ouverte?

Quand je cesse de chanter, mon cœur m'y porte encore;

Car il brûle pour mes frères d'un feu qui dévore mon intérieur.
        Nulle part je n'ai vu de pareils guerriers.

O mon Dieu! rendez aveugles ceux qui pourraient leur porter envie!

N'ont-ils pas de vastes tentes bien pourvues de tapis,
        De nattes, de coussins, de selles et d'armes riches?

Le voyageur et l'orphelin n'y sont-ils pas toujours reçus
        Par ces mots de nos pères : « Soyez les bien venus! »
        Leurs femmes, fraîches comme le coquelicot,

---

chez les Arabes le partage du bonheur; les couleurs sombres, le jaune principalement, sont des indices de malheur.

(1) *Ces chevaux verts.* — Les Arabes considèrent comme vert le cheval que nous appelons *louvet*, surtout quand il se rapproche de l'olive un peu mûre.

(2) *Et ces chevaux bleus.* — Les Arabes appellent *bleu* le cheval gris étourneau foncé.

(3) *Et ces balles fabriquées dans des moules.* — C'est, en général, un luxe pour les Arabes, et surtout pour ceux du désert, que d'avoir des balles fabriquées dans des moules. La plupart du temps ils font des baguettes de plomb et les coupent ensuite par morceaux.

Ne sont-elles pas portées sur des chameaux,
   Ces vaisseaux de la terre [1],
  Qui marchent du pas noble de l'autruche?
  Ne sont-elles pas couvertes de voiles
Qui, traînant loin derrière elles, désespèrent même nos marabouts?
Ne sont-elles pas parées d'ornements, de bijoux enrichis de corail,
Et le tatouage bleu de leurs membres ne fait-il pas plaisir à voir?
  Tout en elles ravit l'esprit de ceux qui croient en Dieu ;
Vous diriez les fleurs des fèves que l'Eternel a créées.

  Vous vous êtes enfoncés dans le sud,
   Et les jours me paraissent bien longs !
Voici près d'un an que, cloué dans ce *Teul* ennuyeux [2],
Je n'ai plus vu de vous que les traces de vos campements.

   O mon pigeon chéri,
Qui portez un pantalon qui vous tombe jusqu'aux pieds,
Qui portez un bernouss qui sied si bien à vos épaules,
Dont les ailes sont bigarrées et qui savez le pays ;
   O vous qui roucoulez !
Partez, volez sous les nuages, ils vous serviront de couverture,
  Allez trouver mes amis, donnez-leur cette lettre,
   Dites-leur qu'elle vient d'un cœur sincère.

([1]) *Ces vaisseaux de la terre.* — Le chameau est un animal tellement utile aux Arabes du désert, qu'ils l'appellent avec raison le vaisseau de la terre. En effet, il est sobre, ne demande pas de grains pour sa nourriture, supporte admirablement la soif pendant plusieurs jours, enlève et transporte des poids très lourds, dans les déplacements nécessités par la vie nomade.

([2]) *Cloué dans ce Teul ennuyeux.* — Les Arabes du désert aiment tellement leur vie indépendante et nomade, qu'ils regardent comme le moment le plus ennuyeux de leur existence celui où ils sont forcés de venir dans le Teul pour y faire leurs provisions de grains.

Revenez vite et apprenez-moi s'ils sont heureux ou malheureux
    Ceux qui me font soupirer.

    Vous verrez Cherifa [1], c'est une fille fière,
    Elle est fière, elle est noble, je l'ai vu par écrit.
    Ses longs cheveux tombent avec grâce
    Sur ses épaules larges et blanches :
    Vous diriez les plumes noires de l'autruche
Qui habite les pays déserts et chante auprès de sa couvée.

    Ses sourcils sont des arcs venus du pays des nègres ;
    Et ses cils, vous jureriez la barbe d'un épi de blé
    Mûri par l'œil de la lumière [2], vers la fin de l'été.

    Ses yeux sont des yeux de gazelle,
    Quand elle s'inquiète pour ses petits,
Ou bien c'est encore un éclair devançant le tonnerre,
    Au milieu de la nuit.

    Sa bouche est admirable,
    Sa salive sucre et miel,
    Et ses dents bien rangées ressemblent aux grêlons
    Que l'hiver en furie sème dans nos contrées.

Son col c'est l'étendard que plantent nos guerriers,
    Pour braver l'ennemi et rallier les fuyards,
    Et son corps sans défaut vient insulter au marbre
    Qu'on emploie pour bâtir les colonnes de nos mosquées.

---

(1) *Vous verrez Cherifa.* — Cherifa, féminin de cherif, qui veut dire descendant du prophète.

(2) **Dans leurs poésies,** les Arabes appellent souvent le soleil, *aâin ennour, œil de la lumière.*

Blanche comme la lune que vient entourer la nuit,
Elle brille comme l'étoile qu'aucun nuage ne flétrit.
    Dites-lui qu'elle a blessé son ami
De deux coups de poignard, l'un aux yeux, l'autre au cœur.
    L'amour n'est pas un fardeau léger.

Je demande au Tout-Puissant qu'il nous donne de l'eau ;
        Nous sommes au printemps,
Et là pluie a trop tardé pour les peuples à troupeaux.
J'ai faim, je suis à jeun comme une lune de Ramadan.

    Ils sont à Askoura, Dieu soit loué !
        Qu'on m'amène mon cheval !
        Et vous, pliez les tentes !
        Je vais trouver mon oncle ;
    Il saura pardonner à l'enfant de son frère,
        Nous nous réconcilierons,
        Et, par la tête du prophète,
Je donnerai une fête où paraîtront les jeunes gens,
Les étriers qui brillent et les selles richement brodées ;
On y frappera la poudre [1] au son de la flûte et du tambour :
        Je marierai Mebrouk,
Et ses fils seront nommés les fils des juments bien soignées.

    O tribus du Sahara !
Vous prétendez posséder des chameaux [2],
        Mais les chameaux, vous le savez,

---

(1) *On y frappera la poudre.* — Chez les Arabes il n'y a pas de fêtes
sans coups de fusil.

(2) *Vous prétendez posséder des chameaux.* — Quand une tribu du désert est tranquille, elle envoie ses chameaux paître quelquefois à 10

Ne recherchent que ceux qui peuvent les défendre ;
   Et ceux qui peuvent les défendre sont mes frères,
Parce qu'ils savent dans les combats briser les os des rebelles.

On le voit, chez le peuple arabe, tout concourt à développer l'amour des chevaux ; la religion en fait un devoir, comme la vie agitée, les luttes incessantes et les distances à franchir dans un pays où les moyens de communications rapides manquent absolument, en font une nécessité ; l'Arabe ne peut mener que la vie à deux, *son cheval et lui.*

---

ou 12 lieues en avant d'elle, et l'on conçoit que si un coup de main a été tenté sur eux, il faille d'excellents chevaux et de vigoureux cavaliers pour les reprendre.

DES RACES.

Les tribus qui habitent le *Sahara* ont toujours pu, mieux que celles du Tell, se soustraire aux caprices oppressifs et spoliateurs des divers conquérants de l'Afrique ; c'est donc évidemment chez elles que la race *barbe* a dû conserver toutes les qualités d'élégance, de vitesse et de sobriété qu'on s'accorde universellement à lui reconnaître. Aussi nous nous occuperons seulement des chevaux de cette contrée ; et, afin d'éviter de redire ce que chacun peut avoir lu dans les livres, nous laisserons parler les nombreux Arabes que nous avons interrogés.

Voici le portrait qu'ils donnent du cheval de race, *chareb er'ehh,* le buveur d'air.

Le cheval de race est bien proportionné, il a les oreilles courtes et mobiles, les os lourds et minces, les joues dépourvues de chair, les naseaux larges comme la gueule du lion, les yeux beaux, noirs et à fleur de tête, l'encolure longue, le poitrail avancé, le garot saillant, les reins ramassés, les hanches fortes, les côtes de devant longues et celles de derrière courtes, le ventre évidé, la croupe arrondie, les testicules serrés et bien sortis, les rayons supérieurs longs comme ceux de l'autruche et garnis de muscles comme ceux du chameau, les saphènes peu apparentes, la corne noire, d'une seule couleur, les crins fins et fournis, la chair dure, et la queue très grosse à sa naissance, déliée à son extrémité.

Il doit avoir, en résumé,

    Quatre choses larges :

        Le front,

        Le poitrail,

        La croupe

        Et les membres ;

    Quatre choses longues :

        L'encolure,

        Les rayons supérieurs,

        Le ventre

        Et les hanches ;

    Quatre choses courtes :

        Les reins,

        Les paturons,

        Les oreilles

        Et la queue.

Toutes ces qualités dans un bon cheval, — disent les Arabes, — prouvent d'abord qu'il a de la race et aussi qu'il est à coup sûr un bon coureur, car sa conformation tient tout ensemble de celle du lévrier, de celle du pigeon et de celle du *mahari* (chameau coureur)[1].

La jument doit prendre :

Du sanglier,

Le courage et la largeur de la tête ;

De la gazelle,

La grâce, l'œil et la bouche ;

De l'antilope,

La gaîté et l'intelligence ;

De l'autruche,

L'encolure et la vitesse ;

De la vipère,

. Le peu de longueur de la queue.

Un cheval de race *(hôor[2])* se connaît à d'autres

---

[1] Voir notre livre, *le Grand Désert*, qui contient, pages 185 et suivantes, de longs détails sur les *mahara* (singulier : *mahari*). Nous nous contentons de transcrire ici ce que nous y avons dit de la conformation générale du *mahari*. « Le mahari est beaucoup plus svelte dans ses » formes que le chameau vulgaire (*Djemel*), il a les oreilles élégantes » de la gazelle, la souple encolure de l'autruche, le ventre évidé du » Slougui (lévrier), sa tête est sèche et gracieusement attachée à son » cou, ses yeux sont noirs, beaux et saillants, ses lèvres longues et fer- » mes cachent bien ses dents ; sa bosse est petite, mais la partie de sa » poitrine qui doit porter à terre lorsqu'il s'accroupit est forte et pro- » tubérante, le tronçon de sa queue est court ; ses membres, très secs » dans leur partie inférieure, sont bien fournis de muscles, à partir » du jarret et du genou jusqu'au tronc, et la face plantaire de ses » pieds n'est pas large et n'est point empâtée ; enfin ses crins sont » rares sur l'encolure, et ses poils, toujours fauves, sont fins comme » ceux de la gerboise. » Dans le désert le mahari est au chameau porteur, ce que, chez nous, le cheval de course est au cheval de trait.

[2] *Hôor* fait au pluriel *Harare*. Probablement ce mot, rapporté des croisades par nos ancêtres, est l'étymologie de haras.

signes encore. Ainsi, on ne pourrait le décider à manger l'orge dans une autre musette que la sienne; il aime les arbres, la verdure, l'ombrage, l'eau courante, jusqu'à hennir de joie à l'aspect de ces objets; rarement il boit avant d'avoir troublé l'eau, et, si des obstacles de terrain s'opposent à ce qu'il le fasse avec les pieds, quelquefois il s'agenouille pour le faire avec la bouche; à chaque instant il crispe les lèvres, ses yeux sont toujours en mouvement, il abaisse et relève alternativement les oreilles, et tourne son encolure à droite ou à gauche comme s'il voulait parler ou demander quelque chose. Si à tous ces caractères un cheval joint la sobriété, celui qui le possède peut se considérer comme ayant deux ailes.

Un tel cheval ne consentira jamais à saillir sa mère, sa sœur ou sa fille.

Un grand seigneur avait un cheval magnifique, issu d'une jument fameuse dans le désert; il voulait lui faire couvrir sa mère, et ne put y réussir : l'étalon s'en approchait par moments, mais s'éloignait tout-à-coup avec horreur. Pour triompher de cette répugnance, on imagina un jour de lui bander les yeux et de lui présenter la jument enveloppée elle-même de longs *haïcks* qui la rendaient tout-à-fait méconnaissable; il la saillit alors, mais aussitôt après le fils reconnut sa mère, s'enfuit de toute sa vitesse et alla, de désespoir, se jeter dans un précipice.

Ce conte, populaire chez les Arabes, nous semble

prouver que pour eux les unions incestueuses amènent nécessairement la dégénérescence des races.

On a remarqué que le cheval vite à la course avait
la tête bien attachée et l'apophyse transversale de
l'atloïde toujours très protubérante.

« *Il a des cornes,* » disent les Arabes.

Les races estimées dans la partie occidentale du
Sahara algérien sont au nombre de trois : celle
Hâymour, celle de *Bou-Ghareb* (le père du Garot), et
celle de *Merizigue.* Leurs rejetons sont répandus
chez un grand nombre de tribus ; nous citerons les
Hamyâne, les *Oulad-sidi-Chikh,* les *Leghrouâte-Kuesal,*
les *Oulad-Yagoub,* les *Makena,* les *Aâmoure,* les *Oulad-
sidi-Nasseur* et même les *Harares*[1].

Chacun, selon ses goûts ou selon le service qu'il
fait, vient offrir sa jument aux descendants de l'un de
ces trois types. *Hâymour* produit ordinairement des
chevaux bais, *Bou-Ghareb* des chevaux blancs, et
Merizigue des chevaux gris.

Les *Hâymour* sont les plus recherchés ; ils sont
d'une belle conformation, bien étoffés et pourtant
très légers. Ils passent pour les plus vites coureurs
du Sahara ; ils demeurent sans tares jusqu'à un

---

[1] Toutes ces tribus : les *Hamyâne,* les *Oulad-Siki-Chikh,* les
Leghrouate-Kuesal, les *Oulad-Yagoub*, les *Makena,* les *Aâmoure,* les
Oulad-Sidi-Nasseur et les *Harares*, sont énumérées avec de longs détails sur leurs mœurs, leur histoire et leur situation géographi-
que, etc., dans notre livre du *Sahara Algérien,* « *Partie occidentale,
route d'Alger à Insalah.* » (Voir cet ouvrage depuis la page 209 jusqu'à la page 260).

âge très avancé; ils portent bonheur et ne sont possédés que par les familles les plus riches et les plus nobles.

Vient ensuite la race de *Bou-Ghareb* : elle donne des produits d'une plus grande taille. Les *Bou-Ghareb* courent très longtemps sans se fatiguer, mais sont moins vites que les *Hâymour*; comme eux, ils se conservent sains jusqu'à une très grande vieillesse.

Enfin les *Merizigue*, qui ont moins de taille et de fond que les précédents, sont solides, bien membrés, très sobres; ils sont surtout recherchés des simples cavaliers qui ont de longues courses à fournir et de grandes fatigues à supporter.

La race *Hâymour* est supérieure à toutes les autres, aussi l'imagination arabe n'a pas manqué de lui trouver une origine merveilleuse.

Voici la légende de cette race :

Un chef possédait une jument magnifique, elle fut blessée dans une chasse à l'autruche, on craignait qu'elle ne restât boiteuse; son maître ne la voyant pas guérir et ennuyé de la traîner avec lui dans tous ses déplacements, ne pouvait cependant se résoudre à la tuer : il l'abandonna dans les pâturages. Au retour d'un long voyage, il se souvint de sa jument et s'enquit de ce qu'elle était devenue : elle était en très bon état et sur le point de mettre bas.

Il se la fait amener, en prend le plus grand soin, et bientôt se voit le maître d'un poulain qui n'avait pas son pareil dans tout le désert. Aucune tribu n'avait passé depuis longtemps dans le lieu où la bête avait été laissée, les Arabes voulurent croire qu'elle avait été saillie par un âne sauvage, *Hamar el ouâhhch*, et ils donnèrent au poulain le nom de *Hâymour*, qui est celui des produits de ce dernier animal.

Dans la partie centrale du Sahara algérien, les *Arbâa*[1] prisent fort la descendance de *Rakeby*.

Elle a de la taille et du fond, elle est répandue chez les *Aghrazelyas*, *Oulad-Chayb*, *Oulad-Mokhtar*, et même *Oulad-Krelif*[2]. La plupart des produits sont gris ou bai-bruns, ils supportent aisément la faim et la soif, et peuvent, sans souffrir, faire, plusieurs jours de suite, des traites de vingt-cinq à trente lieues. Les plus beaux sont aujourd'hui dans la fa mille des *Seuffrân*.

Rakeby aurait été jadis amené du Maroc par les ancêtres de Sidi-Hamed-ould-*Tedjiny*, le fameux marabout d'*Aain-Mady*.

Les *Oulad-Nayl*[4] font usage des rejetons d'un étalon

---

(1) *Arbâa*. — La tribu nomade des *Arbâa* campe aux environs d'*El-Ar'ouat'*, divisée en trois grandes fractions ; *el Mamera, el Hedjadj* et *Ouled-Salah'*. (*Sahara Algérien*, page 45 et suivantes).

(2) *Aghrazelyas*, etc..... Ces tribus campent dans le quadrilatère compris entre **Sidi-Khaled**, *Tougourt*, les *Beni-mzab* et *Leghrouate*. (Consulter le *Sahara Algérien*, page 49 et suivantes.)

(3) *Aain-Mady*. Je me suis étendu au sujet de cette ville et de son marabout *Tedjini*, l'ennemi d'Abd-el-Kader, dans mon livre du *Sahara*. (Voir de la page 32 à la page 43.)

(4) *Oulad-Nayl*, immense tribu qui occupe tout le *Djebel-Sah'ri* et la plus grande partie du bassin de l'*Oued-Djedi*. (*Sahara Algérien* de la page 158 à celle 162.)

fameux nommé *El Biod* (le blanc), que possédaient autrefois les *Oulad-si-Mahmed*, une de leurs fractions; cette race est renommée pour sa sobriété et sa vitesse.

Un bon cheval, dans le désert, doit faire, pendant cinq à six jours de suite, des traites de vingt cinq à trente lieues. Deux jours de repos, une bonne nourriture, et il pourra recommencer.

« Avec un cheval qui, arrivé à la couchée, se se-
» coue et urine, gratte la terre du pied et hennit à
» l'approche de l'orge, puis, la tête entrée dans la
» musette, commence par mordre avec furie trois
» ou quatre fois de suite le grain qu'on lui présente,
» on ne doit jamais s'arrêter en route. »

Les voyages, dans le Sahara, ne sont pas toujours d'aussi longue haleine, mais il n'est pas rare, d'un autre côté, de voir des chevaux faire cinquante ou soixante lieues dans les vingt-quatre heures.

Une tribu, avertie que ses ennemis méditent une razzia contre elle, enverra pour les observer des éclaireurs (*chouâfin*[1]) montés sur des juments filles de juif *(benate el ihoude)*, tant elles seront adroites et rusées. Ces cavaliers n'emporteront qu'une ration d'orge, le souper du cheval, ils voyageront aux diverses allures, mais de manière à ménager habilement leurs montures, et iront s'embusquer à une

---

[1] Singulier *Chouaf* (*voyeur*) du verbe *Chaf*, il a vu.

trentaine de lieues de leur point de départ pour *tuer la terre* (découvrir). Si leurs observations sont de nature à leur faire concevoir des craintes immédiates pour les leurs, ils reviendront au plus vite, afin de prévenir la tribu qu'elle ait à fuir sans aucun retard ; dans le cas contraire, ils s'en retourneront plus sagement et arriveront encore dans leurs tentes avant la prière du soir, après avoir fait quelquefois ainsi cinquante ou soixante lieues en vingt-quatre heures. S'il y a combat le lendemain, le cheval pourra y prendre part. Quand le cheval d'un chouaf vient à mourir dans une reconnaissance tentée pour le salut commun, il est remplacé aux frais de la tribu entière.

On cite au sujet de distances considérables parcourues par des chevaux du désert, des faits qui paraîtraient fabuleux, si les héros n'existaient encore, si des témoins n'étaient là pour confirmer leurs dires. En voici un, entre mille, qui m'a été raconté par un homme de la tribu des *Arbâa*.

Je le laisse parler :

« J'étais venu dans le Teull avec mon père et
» les gens de ma tribu pour y acheter des grains.
» C'était sous le pacha *Aly*. Les *Arbâa* avaient eu
» de terribles démêlés avec les Turcs, et, comme
» leur intérêt du moment les portait à feindre une
» soumission complète, pour obtenir l'oubli du
» passé, ils convinrent qu'ils gagneraient à prix
» d'argent l'entourage du pacha et lui enverraient

» à lui-même, non un cheval médiocre, comme
» d'habitude, mais une bête de la plus grande dis-
» tinction. C'était un malheur, mais Dieu l'avait
» voulu, il fallait se résigner. Le choix tomba sur
» une jument *gris-pierre-de-la-rivière*, connue dans
» tout le Sahara, elle appartenait à mon père.
» On le prévint qu'il eût à se tenir prêt à partir
» le lendemain pour la conduire à Alger.

» Après la prière du soir, mon père, qui s'était
» bien gardé de faire la moindre observation, vint
» me trouver et me dit : — Ben-Zyan, *y a-t-il de toi
» aujourd'hui?* Laisseras-tu ton père dans l'étroit ou
» bien lui rougiras-tu la figure?

» — Il n'y a en moi que votre volonté, Monsei-
» gneur, lui répondis-je, parlez, et si vos ordres ne
» sont point exécutés, c'est que je serai vaincu par la
» mort.

» — Écoute, ces enfants du péché veulent me
» prendre ma jument pour arranger leurs affaires
» avec le sultan, tu sais, ma jument grise qui a
» toujours porté bonheur à ma tente, à mes en-
» fants, à mes chamelles, ma jument grise, celle
» qui est née le même jour que ton frère le plus
» jeune! Parle!... souffriras-tu que l'on fasse cette
» honte à ma barbe blanche? La joie et le bon-
» heur de ta famille sont entre tes mains; *Mord-
» jana* (c'était le nom de la jument) a mangé l'orge,
» si tu es mon fils de la vérité, soupe, prends tes
» armes, et puis, à la tombée de la nuit, fuis au

» loin dans le désert avec le bien que nous aimons
» tous.

» Sans répondre un seul mot, je baisai la main de
» mon père, je pris le repas du soir, je quittai
» *Berouaguia*, heureux de prouver ma tendresse
» filiale, et riant par avance du désappointement qui
» attendait nos cheikhs à leur réveil. Je marchai
» longtemps, craignant d'être poursuivi, mais
» Mordjana donnait dans la main, et je m'étudiais
» plutôt à la calmer qu'à l'exciter.

» Vers les deux tiers de la nuit, le sommeil me
» gagnant, je m'arrêtai, mis pied à terre, saisis
» les rênes et les roulai autour de mon poignet.
» Je plaçai mon fusil sous ma tête et m'endormis
» enfin, mollement couché sur l'un de ces pal-
» miers-nains si communs dans notre pays. Au
» bout d'une heure, je me réveillai ; toutes les
» feuilles du palmier-nain avaient été mangées par
» Mordjana ; nous partîmes. La pointe du jour
» nous trouva à *Souagui ;* ma jument avait sué et
» séché trois fois, je lui donnai du talon, elle
» but à *Sidi-bou-Zid*, dans l'*Ouad-Etouyl*, et, le
» soir, je priai la prière du soir à *Leghrouat*[1],
» après lui avoir présenté un peu de paille pour
» lui faire attendre patiemment l'énorme musette
» d'orge qui l'attendait.

---

[1] *Berouaguia*, à six lieues sud de Médéah, *Souagui* à trente-une lieues
de *Berouaguia*, *Sidi-Bouzid* vingt-cinq lieues plus loin, et enfin

» Ce ne sont pas là des courses pour vos chevaux,
» me dit Si-ben-Zyan en terminant, pour vos che-
» vaux à vous autres chrétiens, qui allez d'Alger à
» Blidah, treize lieues, *loin comme de mon nez à*
» *mon oreille*, et croyez pourtant avoir fait beau-
» coup de chemin. »

Cet homme avait fait, lui, quatre-vingts lieues en
vingt-quatre heures ; sa jument n'avait mangé que les
feuilles du palmier-nain sur lequel il s'était couché ;
elle n'avait bu qu'une fois, à moitié chemin, et il me
jura par la tête du prophète qu'il aurait pu aller coucher le lendemain à *Gardaya* (quarante-cinq lieues
plus loin), si sa vie avait été en péril.

Si-ben-Zyan appartient à une famille de marabouts
des *Oulad-Salahh*, fraction de la grande tribu des
Arbâa. Il vient souvent à Alger, racontera cette histoire à qui voudra l'entendre, et l'appuiera, au
besoin, de témoignages authentiques.

Un autre Arabe, nommé *Mohamed-ben-Mokhtar*,
était venu acheter des grains dans le Teull, après la
moisson ; ses tentes étaient déjà placées sur l'*Ouad-
Seghrouan*, et il s'occupait de son commerce avec les
Arabes du Teull [1], quand le bey *Bou-Mezrag* (le père

Leghrouat à vingt-quatre lieues au-delà, c'est-à-dire à cent-sept lieues
sud d'Alger. Voir sur *Leghrouat*, le Sahara Algérien à la page 27.

(1) J'ai donné de longs détails sur le commerce des Sahariens avec
les Arabes du Tell, dans mes livres du *Sahara* et du *Grand Désert*.
« Le Tell, ai-je dit, est le grenier du Sahara, le maître du Tell en tient
» les habitants par la famine. — Ils le savent si bien qu'ils s'en expri-
» ment franchement par cette phrase devenue proverbiale : Nous ne

de la lance) vint fondre sur lui, à la tête d'une nombreuse cavalerie, pour châtier l'un de ces délits imaginaires que savaient inventer les Turcs comme prétextes à leur rapacité. Aucun bruit n'avait transpiré ; la razzia fut complète, et les cavaliers du Makhzen se livrèrent à toutes les atrocités ordinaires en pareil cas. *Mohamed-ben-Mokhtar* monte alors rapidement sur sa jument bai-brûlé, magnifique bête enviée et connue de tous les Sahariens, et, comprenant la gravité de la position, il se décide à sacrifier toute sa fortune au salut de ses trois enfants ; il met l'un d'eux, âgé de quatre ans, sur le devant de sa selle ; un autre, âgé de six ou sept ans, derrière lui, embrassant le troussequin, et il allait emporter le dernier dans le capuchon de son bernous, quand il en fut empêché par sa femme, qui lui dit : « Non, non, » je ne te le donnerai pas : ils n'oseront jamais tuer » un enfant à la mamelle. Pars, je le garde avec moi, » Dieu nous protégera ! » Mohamed-ben-Mokhtar s'élance alors, fait le coup de fusil, et sort de la mêlée ; mais, vivement pressé, il marche le jour et la nuit suivante, et entre le lendemain soir dans Laghrouat, où il est en sûreté.

Peu de temps après, il sut que sa femme avait été sauvée par des amis qu'il avait dans le Teull.

Mohamed-ben-Mokhtar et sa femme vivent encore,

» pouvons être ni musulmans, ni juifs, ni chrétiens : nous sommes
» forcément les amis de notre ventre. »

et les deux enfants qu'il a emportés sur sa selle sont aujourd'hui cités parmi les plus beaux cavaliers de la tribu.

Est-il une scène plus dramatique, plus digne du pinceau, que cette famille sauvée par un cheval au milieu du pillage et de l'ardente mêlée ?

Et pourquoi chercherais-je à prouver ces faits? Tous les anciens officiers de la division d'Oran peuvent raconter qu'en 1837, un général, attachant la plus grande importance à obtenir des renseignements de Tlemcen, donna son propre cheval à un Arabe pour aller les lui chercher. Celui-ci parti du Château-Neuf [1] à quatre heures du matin, y rentrait le lendemain à la même heure, après avoir fait 70 lieues sur un terrain bien autrement accidenté que le désert.

L'un des meilleurs et des plus dangereux cavaliers de cette tribu des Arbâa est encore *El-Arby-ben-Ouaregla.* « *Sa balle ne tombe jamais à terre.* » Il appartient à la fraction des *Hadjadj,* où il est connu autant par la réputation personnelle qu'il s'est faite, que par une aventure de son enfance :.

Il était encore à la mamelle ; son père, *Mohamed-ben-Dokha,* surpris également par les ennemis, le coula dans sa large habaya [2] et l'y maintint avec sa ceinture, puis, tandis que sa famille et ses trou-

---

[1] Fort bâti par les Espagnols, résidence du général commandant la province.
[2] Espèce de chemise de laine que portent souvent les Arabes.

peaux s'enfuyaient, monté sur une jument qui « *ar-rachait la larme de l'œil*, » il fit le coup de fusil toute la journée à l'arrière-garde, sauva ses richesses et tua sept hommes.

Voici comment les Arabes du Sahara résument la perfection d'un cheval : Il doit porter un homme fait, ses armes, ses vêtements de rechange, des vivres pour tous deux, un drapeau, même au jour du vent, traîner au besoin un cadavre et courir toute la journée sans penser ni à boire ni à manger.

Dans l'opinion des Arabes, le cheval vit 20 à 25 ans et la jument de 25 à 30. Quant à l'usage qu'on en peut faire, un proverbe exprime leur idée à cet égard.

Sebâa el Khrouya, sept ans pour mon frère;
Sebâa lya, sept ans pour moi;
Sebâa li adouya, sept ans pour mon ennemi.

C'est donc de 7 à 14 ans, que le cheval est le plus apte à supporter les fatigues de la guerre.

J'ai eu plusieurs fois la curiosité de demander aux Arabes s'ils savaient d'où leur venaient ces chevaux, dont ils étaient si fiers. A cette question, ils désignaient du doigt l'Orient, et répondaient : « Ils » viennent de la patrie du premier homme, où ils » ont été créés un jour ou deux avant lui. »

Et ils ajoutaient à l'appui de cette croyance :

Dieu a dit :

« J'ai créé pour l'homme tout ce qui est sur la

» terre. Je donne tout à Adam et à ses descendants.
» L'homme sera la plus noble des créatures, comme
» le cheval le plus noble des animaux. »

« Or, quand un chef doit venir commander, on
» lui prépare la tente pour l'abriter, les tapis sur
» lesquels il doit s'asseoir, les aliments qui doivent
» satisfaire ses goûts, et surtout les cavaliers qui
» doivent le suivre pour exécuter ses ordres. Donc
» le cheval a dû être créé avant la venue d'Adam. »

DE L'ÉTALON,

DE LA MONTE, DE LA GESTATION, DE LA PARTURITION
ET DU SEVRAGE.

Les Arabes prétendent que l'âge le plus favorable à la reproduction est pour les juments de 4 à 12 ans et pour les chevaux de 6 à 14.

En fait, les gens riches appliquent seuls ce principe, les autres, mus par la nécessité ou par une cupidité mal entendue, ne s'en écartent que trop souvent.

Exigeants pour la jument, qui doit être vite à la course, d'une haute taille, d'une bonne santé, de formes gracieuses, avoir le ventre et le bassin larges ; les Arabes se montrent, en outre, très difficiles sur le choix de l'étalon. Il n'est pas rare de les entendre dire [1] : « *Choisissez l'étalon et choisissez-le*

---

[1] *Choisissez l'étalon*, etc. Pensant que ce principe des Arabes trouverait de nombreux contradicteurs, j'ai voulu connaître, à ce sujet, l'opinion d'un homme qui passait pour l'un des plus habiles cavaliers de son peuple, et je me suis adressé à l'émir Abd-el-Kader lui-même. Voici ce qu'il m'a répondu :

« La noblesse du père est la plus importante. Les Arabes préfèrent

» *encore ; car les produits ressemblent toujours plus à*
» *leurs pères qu'à leurs mères, souvenez-vous que la*
» *jument n'est qu'un sac, vous en retirerez de l'or si*
» *vous y avez mis de l'or, et vous n'en retirerez que du*
» *cuivre si vous n'y avez mis que du cuivre.* » Ils ne voient pourtant aucun inconvénient à ce que le cheval soit plus petit de taille que la jument, pourvu qu'il soit de bonne race et parfaitement constitué.

L'usage oblige tout saharien à prêter son cheval quand on vient le lui demander ; c'est dire que tous les chevaux bien conformés sont inévitablement affectés à la monte. Il en résulte que si les reproducteurs sont de qualités diverses, ce désavantage est racheté par la conservation de leur vigueur. En effet, le service de la monte se trouvant réparti entre un grand nombre, un étalon n'a jamais plus de cinq ou six juments à servir dans une saison, il ne connaît pas l'épuisement. Les hommes de grande tente n'accordent même pas plus de deux saillies pour les chevaux qu'ils affectionnent, l'une avec une jument qui vient de mettre bas, et l'autre avec une *Bokra*, jument qui voit le mâle pour la première fois. C'est le moyen, croient-ils, d'entretenir la santé

» beaucoup le produit d'un cheval de sang et d'une jument commune
» au produit d'une jument de sang et d'un cheval commun. Ils considèrent la mère comme presque étrangère aux qualités des produits;
» c'est, disent-ils, un vase qui reçoit un dépôt et qui le rend sans
» en changer la nature. Toutefois si la race se rencontre avec la race;
» sans nul doute c'est de l'or. »

de leurs chevaux, et de ne pas les ruiner avant l'âge ; grâce à ces ménagements, les crins se consolident, le poil devient luisant, l'animal est plus gai.

Le propriétaire d'une belle jument craint d'autant moins de s'adresser au maître d'un cheval en grande réputation, que ce dernier, nous l'avons dit plus haut, peut difficilement se soustraire à cette demande. — Les gens du peuple disent à leur chef :

« Monseigneur, pour l'amour de Dieu, prêtez-
» nous votre cheval ; cela ne peut qu'augmenter
» votre *goum*[1], nous sommes *des maîtres du bras,*
» *des plumes de vos ailes,* et demain, mon frère,
» mon fils ou moi nous saurons mourir pour vous.»

Mais le noble résiste à ces protestations de dévouement, il refuse encore ; le solliciteur ne se décourage pas — ce n'est plus une faveur qu'il demande, c'est presque une aumône — il lui présente sa selle renversée : la misère est grande pour le cavalier, il n'a plus même les ressources qui font l'homme de guerre.

Ce n'est pas assez, le chef reste inflexible. De la réclamation du compagnon d'armes, l'Arabe descend alors jusqu'à l'humble supplication de la femme, de l'esclave ; il entre dans la tente, il prend le petit moulin à bras (raha) avec lequel on y broie les grains, et puis il se met à moudre un peu de farine, indiquant ainsi l'obéissance sans bornes

---

(1) Troupe de cavaliers, d'une tribu ou fraction de tribus, armés en guerre.

à tous les désirs du protecteur, la servitude fémi-
nine à toutes ses volontés.

Comment repousser une femme, une pauvre esclave, qui se fait vôtre? Le grand seigneur cède
enfin et en échange de cette abnégation absolue, il
prête son cheval.

D'égal à égal, cet acte de complaisance se paye,
suivant les tribus, d'une grande musette remplie
d'orge, d'une brebis, d'une peau de bouc pleine de
lait. Il serait honteux d'offrir ou d'accepter de l'argent : on se ferait appeler « *marchand d'amour du
cheval.* »

L'usage de prêter son cheval n'est pas toutefois
sans limite ni condition. Le propriétaire d'un bel
étalon peut refuser de s'y soumettre quand on lui
présente une jument de race trop inférieure, ou s'il
a déjà donné le nombre de saillies qu'il avait réser-
vées dans son esprit. Il adoucira néanmoins son re-
fus par des paroles honnêtes :

« Tu es mon ami, je ne demanderais pas mieux,
» je te donnerais mes enfants. Mais fais attention
» que mon cheval, *c'est mon cou*, si tu viens à me
» le ruiner, qui sauvera mes chameaux et ma fa-
» mille au jour du danger? »

Quand un Arabe a vu sa demande refusée, il ne
prendra pas pour cela le premier cheval venu. Il
est des vices, tares ou maladies héréditaires, qui
sont une cause constante d'exclusion : il ne donnera
pas, par exemple, à sa jument un cheval rétif ou

méchant. Il se gardera bien aussi de la présenter à un étalon poussif (*menôoudje*), ou qui aurait une jarde, une forme, une courbe, un éparvin avoisinant la saphène, ou à celui dont la vue serait mauvaise, ces défauts reparaissant chez les produits. Il ne voudra pas non plus d'un cheval belle face, avec quatre balzanes chaussées, quelle que soit du reste la couleur de sa robe, d'un cheval pie (*Begâa*), ou d'un cheval isabelle à queue et crins blancs qu'il appelle, lui, *Sefeur-el-Jhoudi*, le jaune du juif.

Un étalon trop vieux sera également repoussé. Si l'Arabe se méfie de ses connaissances au sujet de l'âge, après avoir scrupuleusement examiné l'état des membres de l'animal, il ne manque jamais de pincer la peau du front et de la tirer fortement à lui. Reprend-elle sa forme première sans garder trace de ses doigts, il accepte le sujet; dans le cas contraire, il le repousse comme trop vieux ou trop mou?

On donne l'étalon à la jument dans les premiers jours du printemps, afin que le poulain ait au moins deux saisons devant lui pour prendre la force qui lui permettra de supporter les rigueurs de l'hiver.

On reconnaît que la jument veut l'étalon quand elle urine aussitôt qu'elle l'entend hennir, qu'elle répand une liqueur blanchâtre, et qu'ensuite elle baisse et contourne la tête pour écouter s'il vient. Avant de la présenter, il convient de diminuer sa nourriture, et, la nuit qui précède la saillie, on ne lui donne rien à manger; de la sorte, elle conçoit mieux et plus vite.

Si la chaleur de la jument a besoin d'être décidée, il faut l'envoyer au pâturage avec un petit cheval ardent, qui, à force de jouer avec elle, de la mordre, de l'agacer, excite son ardeur et la mette en état.

On fait saillir de préférence un vendredi; ce jour est le dimanche des Musulmans : il porte bonheur.

Soit par un sentiment de pudeur, soit pour ne pas distraire l'étalon, la saillie a toujours lieu loin des tentes. La jument est placée sur un plan incliné. Le cheval est en licol *(reseunn)*, tenu par la longe ; un homme écarte la queue de la jument, tandis qu'un autre conduit le membre du reproducteur.

Les Arabes préfèrent la monte dirigée à la monte en liberté, à cause des accidents qui peuvent naître de cette dernière. Il n'est pas rare, en effet, que le cheval mette son membre entre les cuisses de la jument et se blesse; ou bien il l'introduirait dans le rectum et causerait la mort de la bête. Le cheval d'ailleurs s'épuise davantage dans la monte en liberté.

La saillie se fait le matin pour éviter la chaleur; on s'abstient totalement quand l'air est chargé de ces grosses mouches que les Arabes nomment *debabe.* Elles inquiètent l'animal, le piquent jusqu'au sang, et, croit-on, déposent dans l'épiderme des œufs qui paraissent d'abord n'avoir causé aucune perturbation, mais amènent la mort dès les premiers froids, ou quand la neige commence à tomber.

Au moment de présenter l'étalon, promenez-le autour de la jument, permettez-lui de la sentir, puis, quand il est en état, éloignez-le, et laissez-le monter seulement après que vous l'aurez vu répandre une eau blanchâtre. Autrement vous l'exposez à éjaculer en touchant la jument. L'opération faite, il faut, s'il est possible, laver l'étalon et lui donner ensuite une bonne musette d'orge. La jument sera promenée doucement après qu'on lui aura frappé trois ou quatre coups de suite du plat de la main au-dessous des flancs. Quelques-uns, croyant aider à la conception, s'empressent aussi de lui faire une application de *henna* [1] sur la tunique abdominale.

L'étalon qui ne produit pas est celui dont le membre est trop court pour lui permettre d'atteindre l'ouverture de la matrice de la jument, ou celui dont le sperme est liquide, peu blanc et sans consistance. Les Arabes, pour s'en assurer, échauffent l'étalon avec une jument jusqu'à ce qu'ils aient été mis à même d'en constater la qualité.

On reconnaît que la jument a conçu, quand, après la saillie, elle se retourne pour regarder ses flancs ;

---

(1) Le *Henna* est le *lawsonia inermis* des naturalistes. C'est un joli arbrisseau qui a une très grande ressemblance avec le troène et qui s'élève à la hauteur de trois ou quatre mètres. Ses feuilles sont l'objet d'un grand commerce. On les cueille en juillet et on les fait sécher au soleil, puis on les réduit en poudre très fine. Les indigènes, et surtout les femmes, s'en servent pour teindre leurs ongles, l'extrémité des doigts, la paume des mains, les orteils, les cheveux ; elles sont employées pour teindre la crinière, le dos, les jambes des chevaux, surtout lorsqu'ils sont d'une couleur blanche. (Le *Grand Désert*, page 394.)

l'on n'a plus à en douter si, au bout de sept jours présentée à l'étalon, elle serre la queue et le repousse par de vigoureuses ruades, ou si elle ne répand plus cette liqueur blanchâtre qu'à l'approche ou aux hennissements du mâle elle laissait écouler.

Quand une jument ne veut pas concevoir, on lui fait faire une course rapide, et on la présente ensuite à l'étalon, haletante et toute en nage, les deux jambes de devant dans un ruisseau. Si elle était présumée stérile, il faudrait alors lui donner un âne de haute taille *(masery)*; elle jettera un mulet et deviendra bonne pour la reproduction.

Les Arabes ont encore d'autres méthodes pour chasser la stérilité : Un homme se frotte le bras et la main avec du beurre, du savon ou de l'huile, il pénètre dans le vagin de la jument, arrive jusqu'au col de la matrice, l'entr'ouvre avec précaution au moyen d'une datte qu'il tient entre ses doigts allongés, et finit par y introduire la main entière, puis aussitôt son bras retiré, il présente l'étalon : la jument conçoit, car elle n'était que nouée *(maâgouda)*. Cette opération demande de grands ménagements, et celui qui la pratique doit se couper soigneusement les ongles. Ne serait-ce pas un fait curieux que les Arabes fissent faire une découverte précieuse à notre faculté et à la science?

Trois autres procédés employés en certains pays ont une grande analogie entre eux sans être complétement identiques. Le premier consiste à pénétrer dans le vagin, comme nous l'avons dit, à entr'ouvrir le col de la matrice et à y déposer une balle de plomb. La jument concevra, mais cette balle se retrouvera chez le poulain.

Suivant d'autres, il faut prendre les feuilles d'une herbe appelée *lema*, les presser entre les doigts pour en exprimer le suc, étendre ce suc sur une parcelle de laine brute, puis réunir le tout au moyen d'un morceau de datte et le déposer dans la matrice. Cette plante se trouve dans le Serresou.

Enfin quelques-uns emploient du goudron, de la laine brute et une matière blanchâtre ressemblant à du lait caillé et que l'on trouve ordinairement dans l'estomac du jeune chevreau, du petit de la gazelle ou de l'agneau.

Ces méthodes, que l'on retrouve partout chez les Arabes, dans le Teull comme dans le Sahara, sont d'une application trop constante et trop générale pour que des succès n'aient point concouru à leur propagation.

La superstition a fait penser que la jument ne concevait que les jours de la semaine où sa mère a mis bas. Ce préjugé, sans être universel, est assez accrédité cependant, pour que grand nombre de familles prennent note de ce jour afin de le choisir plus tard pour donner l'étalon.

Quand la jument a conçu, on l'éloigne du mâle avec le plus grand soin ; un nouvel étalon pourrait, en la tourmentant, gâter son fruit, et même causer l'avortement. On se garde aussi de la surmener ou de la charger de fardeaux trop lourds pendant les deux premiers mois qui suivent la conception. Ces deux mois écoulés, on peut encore se servir de la jument pour la guerre ou pour la chasse, mais alors il faut augmenter sa nourriture. Dans les deux derniers mois, on la ménage; les gens aisés ne la montent plus. Enfin, quand elle approche du terme, on redouble de soins, on la couvre la nuit, on choisit ses aliments, et jamais devant elle on ne donne l'orge à d'autres animaux sans qu'elle en mange elle-même. Ce serait une cause d'avortement aussi infaillible que la soif dont on la laisserait souffrir pendant la gestation.

La jument qui avorte devient l'objet des plus attentives précautions; on la couvre bien nuit et jour, on lui fait des fumigations avec du *chiehh* [1], enfin on lui donne une potion composée de fine fleur de froment et de cumin *(kuemoune)* délayés dans de l'huile tiède.

Les Arabes croient avoir remarqué que la jument pleine d'un poulain maigrit considérablement de la croupe.

Elle est bien près de mettre bas quand les mamelles se gonflent et répandent du lait.

---

[1] *Chiehh*, petit arbuste *arthemisia judaïca* qui s'élève à peine à 50 centimètres et qui couvre presque seul d'immenses étendues, sur les limites du Teull et du Sahara. On le désigne ordinairement sous le nom de petite absinthe, d'absinthe du Pont. (*Grand Désert*; page 385.)

« *Tayeret el messamir*.
« Elle a fait sauter les clous. »
disent les Arabes.

La parturition a lieu dans les premiers jours du printemps : on prend alors les plus grandes précautions pour sortir l'arrière-faix *(sela)* sans le rompre, ce qui pourrait causer la mort ; on veille à ce que la jument ne le mange pas, car ce serait la source de graves perturbations.

Beaucoup d'Arabes, à l'aide d'une aiguille à passer, percent le *sela* d'une multitude de trous, la première fois surtout qu'une jument met bas. « Ainsi, disent-« ils, elle ne produira plus que des femelles. » Ce préjugé prouve du moins la préférence des gens du Sahara pour les juments. D'autres pensent, en cachant le *sela,* arriver au même but que ceux qui le percent. Ils le portent au loin, dans un marais, dans un trou où il ne puisse être ni découvert ni mangé par les chiens ou les chacals.

Aussitôt que la jument a jeté son poulain, on la couvre avec soin, les riches la font entrer dans la tente ; on lui donne à boire du lait dans lequel on a fait fondre du beurre rance nommé *déhan,* on lui donne en petite quantité de l'orge grillée encore chaude, ce qui la remet de ses fatigues et la réchauffe ; on lui place ensuite sur le dos une espèce de coussin *(mezoueud)* rempli de laine, et on lui resserre le ventre en l'enveloppant dans quatre ou cinq tours d'une pièce d'étoffe assez large pour ne pas la blesser. Comme complément de ces précautions, on la laisse deux jours sans boire ; on veut, par la sécheresse, faire rentrer dans leur état naturel les organes qui ont été forcément distendus pendant la gestation. Il est concevable, au surplus, que la jument mettant bas dans une saison où les herbes sont abondantes et aqueuses, n'éprouve pas un grand besoin de boire. Le coussin et la ceinture lui sont laissés pendant sept jours et sept nuits.

On nettoie le poulain aussitôt qu'il est né, et on lui souffle dans la bouche pour en chasser l'écume qui s'y trouve, puis on lui fait avaler une potion composée de gomme *(œulk senouber)* de *Tertar* [1] et de poivre rouge, le tout pilé et dissous dans du beurre chaud. On provoque ainsi de salutaires purgations.

On apprend au poulain à téter sa mère au moyen d'une figue ou d'une datte trempée dans du lait un peu salé et qu'on lui met dans la bouche ; il suce, et, après quelques essais, il suffit de le tenir sous la jument ; on le couvre aussi avec soin pour le préserver du froid de la nuit.

Pour l'habituer à boire du lait de brebis ou de chamelle, on remplit d'air une peau de bouc qui en a contenu pendant plusieurs années, et, pressant cette peau de bouc, on lui en insuffle l'air dans les

---

[1] *OEulk snouber* : résine.

naseaux; au bout de quelques jours, le poulain y est
fait.

On attache une grande importance à ce que le
poulain s'accoutume à boire du lait, d'abord parce
qu'on peut ainsi le laisser dans la tente et se servir
de la mère, ensuite parce que plus tard, à défaut
d'eau, il prendra du lait pour boisson, ou pour nourriture, à défaut d'orge.

Quelques jours ou quelques mois après la naissance
du poulain, il est des Arabes qui lui fendent une
oreille ou toutes les deux. On a fait beaucoup de
contes à ce sujet. Les uns ont prétendu qu'on prati-
quait cette opération seulement aux animaux nés
pendant la nuit, parce qu'ils devaient avoir la vue
meilleure que ceux venus au monde pendant le jour;
les autres aux poulains nés le vendredi, jour de la
réunion des Musulmans a la mosquée, parce que
c'est un signe heureux.

Voici la vérité :

Le maître d'une tente a un enfant en bas âge, il
l'aime tendrement, il déclare en fendant l'oreille à
son poulain qu'il le réserve à son fils un tel. S'il
vient à mourir, personne n'en peut contester la possession à l'enfant désigné.

D'autres fendent l'oreille au poulain qui a des coliques, cette saignée le sauve.

Peu de temps après la naissance du poulain, on
lui met au cou des amulettes, des talismans enrichis par les gens aisés de petits coquillages appelés

oudâa. Ces talismans, nommés *heurouze aâdjab*, sont des sachets de cuir renfermant des paroles tirées des livres saints, ayant surtout pour objet de préserver l'animal du mauvais œil (*aâïn*) [1].

Parfois, en temps de guerre, on tue le poulain immédiatement après sa naissance, afin de pouvoir se servir de la mère ; jamais on ne tue une pouliche [2], on la sèvre et on la laisse dans la tente pour la préserver du soleil, et souvent les femmes parviennent à la sauver en lui donnant du lait de brebis ou de chamelle.

Si la pouliche est née en route, dans une course quelconque entreprise pour le commerce ou pour la guerre, dans le but de lui éviter les fatigues de la marche, les soins vont jusqu'à la placer sur un chameau où on lui fera une espèce de nid aussi doux que possible. Elle ne verra plus sa mère qu'aux haltes ou pendant la nuit.

---

(1) J'ai déjà, dans une note, page 22, expliqué au long ce que les Arabes entendent par le mauvais œil *aâïn*.

(2) *Jamais on ne tue une pouliche.* Ici l'on sera peut-être tenté de me dire : mais vous le voyez, vous êtes en contradiction avec vous-même ; car si les Arabes ne tuent jamais une pouliche, c'est qu'évidemment ils attachent plus de prix à leurs juments qu'à leurs chevaux. Je réponds : Dans le désert, on préfère les juments aux chevaux, *non parce qu'on leur attribue une plus grande part dans l'acte de la reproduction*, mais tout simplement parce qu'elles sont plus sobres, qu'elles supportent mieux la chaleur et la soif, qu'elles peuvent uriner, sans s'arrêter, dans les courses où la vie est en jeu, qu'elles ne dénoncent pas leurs cavaliers par des hennissements dans les entreprises aventureuses, et enfin, parce que leurs produits augmentent les richesses de leurs maîtres.

J'ai vu dans l'expédition de Taguedempt (1841) un cavalier du Makhzen, qui n'avait pas de moyen de transport, porter devant lui, sur sa selle, pendant les quatre premiers jours après la naissance, une pouliche que sa jument avait donnée au bivouac. Ce terme passé, elle suivit très bien sa mère et fit toute la campagne.

Quand on ne tue pas les poulains, on les vend d'habitude dans le Teull, au moment de l'achat des grains, tandis que les pouliches sont conservées comme devant être une source de richesses par la reproduction.

Les possesseurs de juments de distinction tuent quelquefois aussi le poulain, aussitôt après sa naissance, dans le seul but de ne pas fatiguer la mère. Quand ils prennent ce parti, ils n'oublient pas de la faire traire par les femmes, jusqu'à ce que son lait soit passé. Ils donnent alors l'étalon à la jument sept jours après qu'elle a mis bas, plus une seconde fois, vingt jours après, si elle n'a pas conçu.

Seuls, les gens pauvres, qui comptent sur les bénéfices de la reproduction, font saillir la jument qui vient de mettre bas; les gens aisés n'en ont garde, c'est, disent-ils, vouloir ne posséder que des chevaux faibles et mal conformés. Ils lui laissent ordinairement un an et même deux ans de repos.

Si, cependant, une jument était saillie par surprise et si l'on s'en apercevait au dépérissement du poulain, il faudrait aussitôt le sevrer et lui continuer du lait de brebis ou de chamelle, jusqu'à ce qu'il eût repris assez de force pour pouvoir s'en passer.

Il arrive aussi qu'une pouliche de dix-huit mois à deux ans, lâchée dans les paturages, a été saillie, malgré la volonté du maître. Si elle a conçu et mis bas, les Arabes la laisseront deux ou trois ans sans lui redonner le mâle. Ils appellent *guetita* (petite chatte), le poulain qu'elle a jeté, et ils ont cru remarquer que, si les produits de cette espèce étaient toujours de faible taille, ils étaient en revanche d'une vitesse remarquable.

Quand la jument allaite, et qu'on a été contraint de s'en servir pour une course rapide, il faut l'empêcher de donner à téter aussitôt après son retour à la tente. Son lait échauffé produirait chez le poulain une maladie que l'on nomme *serba*, dont les symptômes sont l'inflammation de l'anus et les vers qui en sortent. Les Arabes guérissent ce mal, en faisant prendre au poulain, dans sa musette, en guise d'orge, du blé bouilli séché au soleil et imprégné de beurre. Hors le cas de la *serba*, on donne au poulain qui tète de l'orge moulue.

Plus on attache de prix à la jument, plus on avance l'époque du sevrage. Il a lieu généralement du sixième au septième mois.

Pour sevrer le poulain, on l'éloigne de sa mère, pendant un jour entier d'abord, puis pendant deux,

et ainsi de suite en augmentant progressivement.
Afin que la transition lui paraisse moins brusque,
on lui donne du lait de chamelle sucré avec du miel
de datte, et pour l'empêcher d'aller trouver sa mère,
on l'attache avec des cordes de laine par les jambes
de devant ou celles de derrière, mais, dans l'un
comme dans l'autre cas, toujours au-dessus des genoux ou des jarrets. De là ces marques blanchâtres
souvent remarquées. Si, à cet âge, on entravait l'animal par les paturons, il surviendrait de graves accidents; le poulain ne restant jamais tranquille, et
ne sachant pas se rendre compte de sa position, les
formes, qu'ils appellent *louzze* (amandes), ne tarde-
raient pas à se déclarer.

On redouble de surveillance à l'égard du poulain
qu'on est en train de sevrer : s'il venait à se lâcher et
à téter sa mère, il tomberait malade pour avoir sucé
un lait aigre et corrompu ; il contracterait la *serba*,
cette maladie dont nous avons déjà parlé.

Pendant le jour, lorsque la jument est en marche,
ou au pâturage, on met au poulain une espèce de licol (*kuemama*) dont la muserolle est garnie de petites
défenses de porc-épic, la mère se refuse alors d'elle-
même à laisser téter son petit.

Le poulain. une fois sevré, il faut, pour éviter l'accumulation du lait, traire la jument et diminuer
un peu sa nourriture.

Après le sevrage, l'on continue au poulain l'orge
moulue en plus grande quantité, mais cependant

avec progression, de manière à ne jamais le dégoû-
ter. On se sert d'une mesure en bois nommée *Feutra*.
Cette mesure représente trois jointées, elle est répandue chez toutes les tribus du désert, parce que
son origine a une tradition religieuse. A l'*aïd ese-
ghrir*, c'est-à-dire à la petite fête qui a lieu après le
ramadan, le prophète a commandé à tout Musulman
aisé de donner aux pauvres un *Feutra* de nourriture,
blé, orge, dattes, riz, etc., suivant les productions
du pays où il se trouve.

ÉDUCATION DU POULAIN.

Quoique sevré, le poulain suit encore sa mère au pâturage ; il y trouve cet exercice si nécessaire à sa santé et au développement de ses facultés. Le soir, il revient coucher auprès de la tente de son maître : là il est pour toute la famille l'objet des plus grands soins ; les femmes et les enfants jouent avec lui, lui donnent du kouscoussou, du pain, de la farine, du lait et des dattes. Ce contact de tous les jours prépare cette docilité qu'on admire chez tous les chevaux arabes.

Souvent on voit des poulains à qui il sort des crochets dès l'âge d'un an ; ils maigrissent considérablement, mangent peu ; on leur arrache ces crochets, et la santé leur revient.

Si le poulain, lorsqu'il a de quinze à dix-huit mois, n'annonce pas une grande liberté d'épaules, on n'hésite point à lui mettre le feu à l'articulation scapulo-humérale. On le pose habituellement en forme de croix dont les quatre points extrêmes sont réunis par un cercle. — On a soin, avant de commencer cette opération, d'indiquer le dessin avec du goudron, si le cheval est de couleur claire; avec du plâtre, si le cheval est de couleur foncée.

Les genoux du poulain sont-ils mal conformés, annoncent-ils des dispositions aux tumeurs osseuses ou à l'empâtement, on y met le feu sur trois lignes parallèles.

Enfin, lorsqu'on craint de voir le poulain devenir droit, soit du devant, soit du derrière, on lui met le feu aux boulets, mais seulement sur la partie antérieure, ce qui prouve que les Arabes connaissent les tendons et les ménagent.

Le feu se met ordinairement avec une faucille. Pour cette opération, on évite autant que possible les grandes chaleurs de l'été. L'époque la plus favorable est la fin de l'automne ou le commencement du printemps; il y a moins de mouches, et le temps est plus frais.

Il faut commencer l'éducation du poulain à dix-huit mois, d'abord parce que c'est le seul moyen de l'habituer à la docilité, ensuite parce qu'on arrête ainsi le développement de sa rate, ce qui est, disent les Arabes, une chose fort importante pour son avenir. Si on le monte plus tard, il paraîtra plus fort à l'œil, mais, en réalité, il sera moins propre à la fatigue et à la course.

« Koul aoûd mederouk, mebrouk. »
« Tout cheval endurci porte bonheur. »

Et Dieu sait si le cheval arabe est endurci! Il marche pour ainsi dire toujours : il marche avec son maître, il marche pour chercher sa nourriture, il parcourt de grandes distances pour trouver sa boisson; ce genre de vie le rend sobre, infatigable, et c'est ainsi qu'il devient apte à donner en tout temps ce que l'on veut en exiger.

A dix-huit ou vingt mois donc, on commence à faire monter le poulain par un enfant qui le mène boire, va à l'herbe, le conduit au paturage, et, pour ne pas lui offenser les barres, le dirige avec une longe ou un mors de mulet assez doux. Cet exercice convient à tous deux : l'enfant se fait cavalier, le poulain s'habitue à porter un poids qui est en rapport avec sa force, il apprend à marcher, à ne s'effrayer de rien, et c'est ainsi, disent les Arabes, que nous parvenons à n'avoir jamais de chevaux rétifs.

C'est à ce même âge qu'on commence à entraver le poulain. Les entraves sont alors très rapprochées, parce que, sans cette précaution, le jeune animal pourrait fausser ses aplombs et se faire mal au poitrail ou aux épaules, soit en se couchant, soit en se relevant; elles doivent être tenues un peu lâches pour ne pas occasionner de formes (*Louzze*).

Ce mode d'entraver est sans contredit le meilleur : il évite les accidents. Le cheval étant forcé de se baisser et de se pencher en avant pour manger, on serait tenté de croire qu'il ne peut manquer à la longue de fausser ses aplombs; cette crainte est imaginaire, tous les chevaux barbes sont bien plantés et possèdent une ligne admirable du dos et du rein. Les Arabes blâment rudement notre manière d'attacher les chevaux avec des longes, ils prétendent qu'en sus des vices ou des accidents graves qu'elles peuvent occasionner, tels *qu'enchevêtrures, tics*, etc., elles ont encore le grave inconvénient d'empêcher l'animal de se reposer. Il est de fait qu'avec les entraves le cheval allonge la tête et l'encolure, et se place, quand il veut dormir, absolument dans la position du lévrier qui s'étend au soleil.

Le poulain étant entravé devant la tente, on place à côté de lui, pour l'habituer à rester tranquille, un petit nègre, avec une baguette. Ce jeune esclave a mission de le corriger doucement, soit quand il donne des coups de pied à ceux qui passent derrière lui, soit quand il veut mordre ses voisins. On le surveille ainsi jusqu'à ce qu'il soit amené à la douceur la plus complète.

Quand on envoie le poulain au pâturage, les entraves lient un pied de devant à un pied de derrière du même côté (*bipède latéral*), et on a soin de tenir la corde très courte. On a observé que, lorsque le poulain se baisse pour brouter, la mesure dont nous parlons force sa colonne vertébrale à se maintenir droite et à devenir plutôt convexe que concave. Si au contraire la corde qui va d'un pied à un autre est trop longue, rien ne maintenant plus la colonne vertébrale, elle prend facilement de mauvaises directions.

A l'âge de vingt-quatre à vingt-sept mois, on commence à brider et à seller le poulain, mais ce n'est point encore sans de grandes précautions. Ainsi on ne le sellera que lorsqu'il sera déjà habitué à la bride. Pendant plusieurs jours on lui met un mors entouré de laine brute, tant pour ne pas offenser ses barres que pour l'engager à le conserver dans sa bouche par ce goût salé qui lui plaît. Il est bien près d'y être fait quand on le voit mâcher. Cet exercice préparatoire se fait matin et soir. Le jeune animal arrive ainsi bien ménagé à n'être monté qu'au commencement de l'automne où il aura moins à souffrir des mouches et de la chaleur.

Dans quelques tentes de distinction, avant de faire monter le poulain par un homme fait, on le promène doucement pendant une quinzaine de jours, chargé d'un bât surmonté de paniers (*chouaryâte*) que l'on remplit de sable. Il passe ainsi progressivement du premier poids de l'enfant qu'il a porté à celui de l'homme qui va bientôt le monter.

Le poulain est arrivé à *trente mois*. Sa colonne vertébrale a acquis de la force; les entraves, la selle et la bride lui sont familières; un cavalier le monte alors. L'animal est encore bien jeune, mais il ne sera mené qu'au pas et on lui choisira un mors très léger. Il faut seulement l'habituer à la docilité : aussi le cavalier, sans éperons, tenant à la main

une petite baguette dont il se garde bien d'abuser,
ira au marché, visitera ses amis, ses troupeaux, ses
pâturages, et vaquera à ses affaires, sans exiger
autre chose que douceur et obéissance. Il l'obtiendra
le plus souvent en ne lui parlant jamais qu'à voix
basse, sans emportement et en évitant toute occasion
de résistance qui pourrait amener une lutte, dont
il ne sortirait vainqueur qu'aux dépens de son cheval.

On voit des gens du peuple monter leurs poulains
avant trente mois. Quand on leur fait des reproches,
ils répondent : Vous avez raison, nous le savons bien ;
mais que voulez-vous? Nous sommes pauvres et
placés entre la nécessité de le faire ou d'aller à pied,
nous préférons le premier parti malgré ses chances
défavorables. Dans notre vie pleine de périls, le moment présent est tout.

En voyant les Arabes abuser de leurs poulains, les
monter à deux ans pour en exiger des travaux considérables, des courses forcées, les mettre même au
bât sans avoir égard ni à leur âge, ni à leurs forces,
beaucoup de personnes ont conclu que ce peuple
n'avait aucune connaissance des vrais principes hippiques ; elles lui ont même refusé tout amour du
cheval. C'est qu'elles n'ont point voulu réfléchir que,
tantôt pour sauver leurs familles, tantôt pour conserver leurs biens, et souvent pour obéir aux lois de
la guerre sainte *(djéhad)*, ces mêmes Arabes ont dû,
que l'on me passe l'expression, faire flèche de tout
bois : ils étaient forcés de se servir de leurs chevaux

en raison des besoins qu'ils éprouvaient, des circonstances qui les dominaient ; mais ils savaient parfaitement qu'il eût été préférable de ne point agir ainsi.

C'est encore vers l'âge de trente mois que l'on apprend aux poulains à ne jamais fuir leurs cavaliers
une fois qu'ils ont mis pied à terre, et même à ne
pas bouger de la place où on leur a passé les rênes
par dessus la tête, pour les laisser traîner à terre. On
apporte à cette éducation le plus grand soin, parce
qu'elle est très importante dans la vie de l'Arabe. On
répète donc à cette occasion le manége employé déjà
pour habituer le poulain aux entraves : on met à côté
de lui un serviteur, qui, posant les pieds sur les
rênes chaque fois que l'animal veut fuir, lui fait ainsi
éprouver une secousse désagréable aux barres. Après
plusieurs jours de cet exercice, il arrive à rester
comme un terme à l'endroit où il a été laissé, il y
attend son maître des journées entières. Ce principe
est tellement répandu dans le Sahara, que le premier soin d'un homme qui a tué un cavalier, s'il veut
avoir le cheval de celui-ci, est de lui passer immédiatement les rênes par dessus la tête. Par ce moyen,
il ne bouge plus et laisse au vainqueur le temps de
dépouiller sa victime ; sans cette précaution, l'animal
rejoindrait son goum.

De *trente mois à trois ans*, on continue l'application
des principes précédents pour confirmer le jeune
animal dans cette docilité si nécessaire à la guerre.
On s'attache, en outre, à le rendre très sage au mon-

toir, en usant toujours des plus grands ménagements. L'Arabe, dans sa vie aventureuse et pleine de périls, a besoin avant tout d'un cheval qui se laisse monter facilement. Les leçons dureront autant de jours qu'il sera nécessaire, mais elles seront courtes, pour ne pas ennuyer le poulain. Dans les commencements, le cavalier se fera aider par deux hommes, dont l'un tiendra les rênes et l'autre l'étrier, et il finira, avec de la patience, par obtenir une immobilité absolue. Les chevaux souffrants ou mal conformés, disent les Arabes, résistent seuls à ces leçons.

De *trois à quatre ans*, on exige davantage du cheval, mais on le nourrit bien ; on commence à le monter avec des éperons, il s'affermit dans les leçons précédentes, il y joint le courage et apprend à ne s'effrayer de rien. Les cris des animaux qui vivent avec lui dans le Douar, ceux des bêtes féroces qui rôdent pendant la nuit, et les coups de fusil qu'il entend constamment l'ont bientôt aguerri.

Si, malgré tous les ménagements dont nous venons de parler, on vient à rencontrer un cheval qui se cabre par paresse ou par malice, rue, mord, ne veut pas quitter la tente ou les autres chevaux, s'effraie des moindres objets extérieurs au point de ne vouloir passer, on emploie alors la puissance des éperons, on les aiguise, on recourbe leur pointe en forme de crochet légèrement arrondi, et on fait au cheval, sur le ventre et les flancs, de longues raies sanglantes qui finissent par lui inspirer une terreur telle, qu'il n'est pas rare de le voir pisser sous le cavalier, devenir doux comme un mouton, et, semblable au chien, suivre son maître à la piste. Les chevaux qui ont reçu ce châtiment retombent rarement dans leurs premiers écarts. Pour augmenter la puissance des éperons, on va jusqu'à mettre du sel ou de la poudre sur les blessures encore saignantes qui leur ont été faites. Les Arabes sont tellement convaincus de l'efficacité de ce châtiment qu'ils ne croient un cheval réellement dressé pour la guerre que lorsqu'il a passé par ces rudes épreuves. Chez eux, en un mot, la leçon des éperons est au cheval ce qu'est au chien de chasse, chez nous, la leçon du collier de force.

En même temps que le cavalier se sert des éperons pour châtier le cheval décidément rétif, il le frappe, un peu en arrière de la têtière de la bride, avec un bâton fort et court qu'il tient toujours à la main quand il veut corriger des animaux de cette espèce.

Dans certaines localités, pour empêcher le cheval de se cabrer, on lui met un anneau de fer à l'oreille. Quand il veut s'enlever, on donne un coup de bâton sur cet anneau : la douleur que le coup occasionne a bientôt dégoûté l'animal de cette défense.

Les Arabes disent que les éperons ajoutent un quart à l'équitation du cavalier et un tiers à la vigueur du cheval. Ils cherchent à le prouver par cette fable :

« Quand les animaux furent créés, ils parlaient.

Le cheval et le chameau s'étaient juré de ne se faire jamais aucun mal et de vivre au contraire toujours en bonne intelligence. Un jour, un Arabe, mis aux abois par une circonstance de guerre, vit avec désespoir s'enfuir le chameau sur lequel il comptait sauver sa fortune. Le temps pressait; — Qu'on m'amène mon cheval, — s'écrie-t-il, et il s'élance sur lui; il l'excite, le pousse, le talonne. Vains efforts ! le cheval ne bouge, se rappelant la promesse faite à son ami. L'Arabe alors chausse ses éperons qui étaient dans sa *djebira* [1]. Le cheval, sentant ses flancs déchirés, bondit, s'élance, et, en un éclair, atteint le fuyard. — Ah, traître ! lui dit le chameau, *tu as volé notre serment,* tu avais juré de ne me faire jamais de mal et tu viens de me remettre au pouvoir de mon tyran. — N'en accuse pas mon cœur, reprend le cheval, je ne voulais pas courir, mais ce sont les *épines de la misère* qui m'ont amené jusqu'à toi. »

Il n'est pas facile de bien se servir des éperons arabes; les cavaliers qui possèdent ce talent sont cités, même parmi eux. Les uns ne savent que pousser le cheval en lui chatouillant constamment les flancs, mais sans le blesser (*tenbache*). D'autres ne connaissent que le *tekerbéaa*, c'est-à-dire le talent de faire résonner bruyamment leurs éperons de fer sur

---

(1) *Djebira*, espèce de giberne ou sabretache qui s'accroche au pommeau de la selle et dans laquelle les Arabes mettent leur poudre, leurs papiers, etc... Il y a des *Djebira* d'un travail de broderie merveilleux. — On donne également à la *Djebira* le nom de *Grab*.

leurs étriers de fer pour exciter l'animal. Les plus forts seuls savent faire ces raies sanglantes dont nous avons parlé (*djebide*). Quand on dit d'un cavalier : il raye sa monture depuis le nombril jusqu'à la colonne vertébrale, on exprime le suprême degré de l'art. *Yedjebeud el aoud men ecerra hatta el sensoule.* Pendant mon séjour à Mascara, combien de fois n'ai-je pas entendu les Arabes me dire pour vanter les talents en équitation del eur émir : « *Abd-el-Kader, mais il croise ses éperons sur les reins de son cheval !* »

Ces éperons sont dangereux pour les cavaliers inexpérimentés, il leur arrive souvent de piquer le cheval à la rotule, et de l'estropier si le coup est profond (*tefena*) ; lorsque le cheval s'abat, l'éperon peut aussi lui entrer dans le corps. Par ces motifs, les Arabes tiennent ordinairement assez lâches les courroies de leurs *chabirs* (éperons), afin de réparer par le peu de fixité de ceux-ci les mauvaises chances de leur maladresse ; ils y trouvent encore la facilité de s'en débarrasser à la guerre, lorsque leur cheval tué, ils sont obligés de s'enfuir à pied pour sauver leur tête. Cette dernière raison fait également préférer pour les combats sérieux des savates non chaussées (*belgha*) aux bottes (*temague*).

Ils regardent nos éperons comme tout-à-fait insuffisants. « Quel effet, dans un cas où il s'agit de la « vie, en obtiendrez-vous avec un cheval déjà très « fatigué? *Ce n'est bon qu'à chatouiller les chevaux et à « les rendre rétifs. Avec nos chabirs, nous suçons le che-*

« *val; tant que la vie est chez lui, nous allons l'y cher-*
« *cher; ils ne sont impuissants que devant la mort.* »

L'Arabe fait lui-même l'éducation de son cheval. Dans le Sahara, les professeurs d'équitation sont la pratique, les traditions et l'exemple. Le nom de cavalier ne s'acquiert qu'après de grandes preuves d'habileté. Pour être réputé tel, il ne suffit pas de savoir conduire un cheval sur des surfaces unies; il faut, le fusil à la main, pouvoir tirer parti d'un cheval aux allures vives, dans un pays accidenté, boisé, difficile enfin. « Un tel, disent-ils, *c'est un cavalier* « *du fusil*; mais un tel n'est qu'un *cavalier du talon.* » Le seul parfait est donc celui qui réunit le fusil et le talon. Ils vont même jusqu'à établir une différence entre celui qui monte bien un cheval sur un terrain sec et celui qui le mène hardiment sur un terrain glissant. Il y a pour eux le *cavalier d'été* et le *cavalier d'hiver.*

Quelles leçons ne comporte pas cet apprentissage! Nous ne les pourrions dire toutes; mais il est une étude qu'ils négligent : ils ne s'inquiètent guère sur quel pied galope leur monture. Le cheval arabe a toujours des moyens et de belles épaules qui, grâce à l'habitude contractée par le poulain de brouter dans les montagnes, les bois et les lieux accidentés, se sont développées bien plus sûrement que par la platelonge et le manége. Et puis, le cheval est toujours juste, parce que le cavalier se lie si bien à tous ses mouvements qu'il ne les contrarie jamais.

Le proverbe dit :

El Fereus men el Fareus
Ou zoudja men e radjel,

Le cavalier fait le cheval
Comme le mari fait la femme.

Mais ce n'est point assez d'avoir assoupli le cheval, de l'avoir dompté; quand, à force de bons traitements, d'un commerce de tous les jours, de châtiments habilement ménagés, il est devenu docile, quand surtout son pas est bien formé, son éducation n'est point encore complète; il convient de la perfectionner, et on le dresse aux exercices suivants :

El djery, la course.—On fait courir le cheval d'abord seul sur une surface plane en l'excitant avec une baguette et les éperons; on ne lui fait parcourir que de courtes distances dans les commencements, puis on le fait courir tête avec un vieux cheval qui a de la réputation; le poulain s'anime et cherche à soutenir la lutte. Ces exercices répétés servent aussi à donner au cavalier une connaissance exacte des moyens de son élève, de ce que plus tard il pourra entreprendre avec lui. Ces essais ne sont pas sans danger, mais « les anges ont deux missions spéciales dans ce monde : présider à la course des chevaux et à l'union de l'homme et de la femme. » Ce sont eux qui préservent cavaliers et montures de tout accident et qui veillent à ce que la conception soit heureuse.

El kyama, la franchise.—On lance le cheval sur un mur, sur un arbre, sur un homme, et on l'arrête court. Progressivement, on arrive à le faire s'arrêter brusquement, après une course rapide, sur le bord d'une rivière, d'un ravin, d'un précipice : précieuse faculté fréquemment mise à profit dans la guerre.

Si le jeune cheval n'est pas franc, hésite et surtout s'obstine à ne point se séparer des autres chevaux, défaut qui est d'une conséquence mortelle pour un Arabe, on le corrige par cette manœuvre : on fait monter à cheval quelques amis, on les place sur deux rangs, se faisant face à trois ou quatre pas de distance; puis on fait passer le cheval entre ces deux haies. S'il s'arrête, les cavaliers lui donnent des coups de baguette, pendant que son maître l'attaque vigoureusement de l'éperon. Le plus entêté ne résiste pas à quinze jours de ces leçons.

El lotema, le renversement.—Cet exercice consiste à tourner brusquement à droite ou à gauche, mais le plus ordinairement à gauche, aussitôt que le cavalier a tiré son coup de fusil. Dans le principe, le coup à peine parti, on porte assez vivement la main en arrière et à gauche, en donnant à droite, et en même temps, un coup de l'autre main sur l'encolure; le cheval comprend et bientôt il obéit à la seule inclinaison du corps du cavalier. Cette instruction est suivie avec le plus grand soin, elle est d'une haute importance pour l'Arabe, toujours exposé aux combats individuels.

El feuzzâa, départ au galop de pied ferme. — On se sert pour l'obtenir à peu près des mêmes principes que nous, avec la seule différence que le *tekerbeâa*, dont nous avons déjà parlé, venant à l'appui des aides, il faut qu'un cheval soit tout-à-fait sans moyens pour ne pas exécuter ce qu'on lui demande.

Les cavaliers renommés ne bornent pas là l'éducation de leurs chevaux. Outre ces manœuvres nécessaires pour le combat, ils leur apprennent encore, pour briller dans les fêtes et les fantasias :

El nechacha, l'excitation. — On amène le cheval à monter sur celui de son adversaire pour mordre l'un ou l'autre; on forme des temps d'arrêt, on pousse des jambes, en faisant entendre le bruit répété de *cheït*, et l'on réussit d'autant plus vite que l'animal est de nature plus irritable. Les Arabes prétendent que des chevaux ainsi dressés ont souvent, dans le combat singulier, désarçonné l'ennemi. Grâce à cette instruction, parfois, dans les razzias, les chevaux accélèrent la marche des chameaux en les mordant.

J'ai vu un cavalier du Maghzen faire ainsi hâter le pas aux animaux restés en arrière. Son cheval leur courait sus et les mordait avec une sorte de plaisir.

El entrabe, la caracole. — Le cheval marche, pour ainsi dire, sur les pieds de derrière; à peine a-t-il posé les pieds à terre, qu'il s'élève de nouveau. Une main bien d'accord avec les jambes a bientôt plié à cet exercice le cheval qui a des moyens.

El guetcâa, le coupement, la ballotade. — Le cheval s'enlève des quatre pieds; en même temps, le cavalier jette son fusil en l'air et le reprend adroitement. Pour obtenir cette action, on forme des temps d'arrêt, on pousse des jambes, on rend quand le cheval s'enlève pour soutenir quand il va poser à terre. Rien de plus pittoresque que cet exercice : les chevaux quittent la terre, les fusils volent en l'air, les amples plis des longs burnous flottent et se déroulent au vent rejetés en arrière par les bras vigoureux de l'enfant du désert. C'est proprement le charme et le triomphe de la fantasia.

Enfin, *el berraka,* l'agenouillement. — Le cavalier restant monté fait mettre son cheval à genoux. C'est le *nec plus ultrà* de l'homme et de l'animal. Tous les chevaux ne sont pas propres à cet exercice, on y prépare le poulain en le chatouillant à la couronne, en le pinçant aux ars, en le forçant de plier le genou. Plus tard le cavalier retrouvera l'application de ces dispositions préliminaires; il n'aura qu'à débarrasser ses pieds des étriers, étendre les jambes en avant, tourner la pointe des pieds en dehors, toucher avec ses longs éperons les avant-bras du cheval, et quand aux noces et aux fêtes, le coup de fusil parti, son cheval s'agenouillera, il entendra les jeunes filles l'applaudir en perçant l'air de leurs cris de joie.

Puis, quand les chevaux sont préparés par tous ces exercices, viennent les jeux suivants :

Laâb el hazame, le jeu de la ceinture. — Quand le

cheval est tout-à-fait dressé, dans les fêtes de famille, dans les solennités religieuses, le cavalier lancé au grand galop ramasse une ceinture étendue à terre : les plus habiles la prennent à trois endroits différents.

Laáb ennichan, le tir à la cible. — Le but est ordinairement une pierre large ou un omoplate de mouton. On part de loin pour bien asseoir son cheval; arrivé à cinquante ou soixante pas, on lâche le coup de fusil. Le Saharien se rappellera ces leçons, quand à la chasse, lancé au galop, il tuera une gazelle ou une autruche.

Ce n'est pas à un habitant du Tell qu'il faudra demander ces prodiges d'adresse, d'habileté, de science équestre. Vous ne lui verrez jamais non plus, les vêtements légers, la belle et fine laine de l'enfant du désert, que, du reste, vous reconnaîtrez toujours à son cheval svelte et élancé, à son adresse à manier le fusil, et à cette gracieuse inclinaison en avant au moyen de laquelle il rend plus rapides les allures de son coursier.

Combien y en a-t-il aussi dans le Tell qui courraient une traite sans laisser tomber des pièces de monnaie placées entre la plante de leurs pieds et leurs étriers![1]

« Et vous autres les chrétiens, vous allez au trot;

---

[1] Voici encore une différence bien notable dans les principes d'équitation : Chez nous, l'étrier ne doit porter que le poids de la jambe; chez les Arabes, au contraire, tout le poids du corps, aux allures vives, doit porter sur les étriers.

» nous aussi, mais en temps ordinaire, et pour lais-
» ser souffler nos chevaux. A la guerre nous ne
» voulons que le pas et le galop. Si nous ne sommes
» pas pressés, le pas nous suffit, c'est le galop de
» toujours ; si nous sommes en danger, le galop
» sauve nos têtes. »

Un chef arabe ne conserverait pas un cheval dont le pas ne serait point formé.

Ces exercices ne sont pas suivis par tous les Arabes : chacun en prend ce qui convient à sa position, à sa fortune, à ses goûts. Mais tous se conforment aux principes que nous avons exposés pour l'éducation du poulain. Ces principes sont résumés dans un pro verbe très répandu, qui prouve combien ils attachent d'intérêt à commencer de bonne heure cette éduca- tion. Le voici :

> Heurezou djedaa
> La yensedaa
> Erkebou Teny
> Hatta inhany
> Heurezou Rebaa Telata
> Erkebou Rebaa arbaa
> Ila ma yenfaa.
> Yenbâa.

> Fais-le manger poulain d'un an,
> Il ne se fera pas d'entorses ;
> Monte-le de deux à trois ans,
> Jusqu'à ce qu'il soit soumis ;
> Nourris-le bien de trois à quatre.

Remonte le ensuite ;
S'il ne convient pas,
Vends-le sans balancer.

L'éducation du cheval terminée, il peut encore arriver que des vices se déclarent chez certains sujets. Mais les Arabes ne s'en alarment nullement, parce que, suivant eux, ils ne peuvent plus provenir que d'un excès de repos qui les rend ou paresseux par habitude, ou capricieux par surabondance vitale. Ils les corrigent par le travail, les fatigues de la guerre, ou la chasse. La commode disposition de leurs selles leur permet de tenir malgré les défenses opiniâtres de l'animal, ils ne s'en étonnent donc ni ne s'en effraient et finissent toujours par le dompter complétement. On ne voit personne se défaire de son cheval parce qu'il se cabre, saute ou veut la jument, on se réjouit au contraire de ces preuves de vigueur ; un temps viendra de les mettre à profit.

L'homme à qui ils attribuent l'honneur d'avoir su le premier dompter les chevaux est Ismaïl, l'aïeul commun des Arabes ; ils s'appuient sur ces paroles de Dieu :

« Nous lui avons soumis les chevaux pour qu'il les » montât. »

Et sur ce serment célèbre d'Ismaïl lui-même :

« Les chevaux, la nuit et l'espace m'en sont té- » moins comme le sabre, le papier et la plume. »

Toujours, on le voit, toujours la tradition religieuse.

6

Quant aux vices de méchanceté ; mordre, ruer, donner des coups de pied, il sont à peu près inconnus. C'est à les prévenir qu'ils ont tendu tous leurs efforts ; ils font vivre le cheval auprès de la tente, l'admettent en quelque sorte comme partie intégrante de la famille. Au milieu des femmes, des enfants, des esclaves qui le choyent et le caressent, il ne peut, par ce contact de tous les jours, que prendre des habitudes de douceur et de soumission.

Au reste, ces soins pour le cheval, ce n'est pas seulement l'intérêt personnel bien entendu du maître qui les commande, c'est aussi la religion. Le prophète a dit : « *Le croyant qui a dressé son cheval de ma-* » *nière à briller dans la guerre sainte (djehad), la* » *sueur, les poils, le crottin et l'urine de ce même cheval* » *entreront pour lui dans la balance du bien, au jour du* » *jugement dernier.* »

Malgré tous ces liens qui unissent l'homme au cheval, malgré cette solidarité que leur font l'habitude, l'intérêt, la religion, le musulman ne donnera jamais à son cheval un nom d'homme. Les noms d'hommes ont été portés par des saints, ce serait un énorme péché, un sacrilège de les appliquer à un animal, fût-il de tous les animaux le plus noble. On ne donne, au reste, des noms qu'aux chevaux illustres, et encore dans les grandes tentes seulement.

On les appelle :

Salem, le Sauveur.

Sâad, le Bonheur.

Merzoug, l'Enrichissant.

Rabahh, l'Heureux.

Messaoud, l'Heureux.

Bel Khrer, le Bien.

Nadjy, le Persévérant.

Rezki, mon Bien.

Ghrezala, la Gazelle.

El Guetaya, la Coupeuse.

Naâma, l'Autruche.

Mordjana, le Corail.

El Aroussa, la Future.

On donne à peu près les mêmes noms aux esclaves.

Il est un usage constant chez les Arabes, qu'ont pu observer tous ceux qui ont fait la guerre en Afrique; c'est celui de couper les crins du toupet, de l'encolure et de la queue. Voici les règles de cet usage, peut-être trouvé bizarre :

Lorsque le poulain a un an *(djedâa)*, on lui coupe tous les crins, moins un bouquet qu'on lui laisse au toupet, au garot et au tronçon de la queue.

A deux ans *(teny)*, on recommence la même opération et on coupe le tout.

A trois ans *(rebâa telata)*, troisième printemps, nouvelle tonte.

De trois à cinq ans, on laisse tout pousser pour couper de nouveau le tout à cinq ans faits (*khremassi*). Cette dernière opération s'appelle *el halafya*.

Après cinq ans, on ne touche plus aux crins : ce serait même un péché, parce qu'on ne pourrait avoir d'autre but que de tromper ses frères sur l'âge de son cheval.

On ne manque jamais, après chaque tonte, de frotter les parties mises à nu avec du crottin de mouton mêlé de lait, ou avec du bleu de Prusse *(nila)* délayé dans du beurre chaud. Ce procédé adoucit la peau et épaissit la crinière.

Cette bizarrerie apparente a plusieurs raisons d'être ; d'abord elle indique, à première vue, l'âge des chevaux jusqu'à huit ans, puisqu'il faut au moins trois ans pour que, les crins ayant pris toute leur longueur, le cheval puisse être appelé *Djarr* (le traîneur avec sa queue). Ensuite, point important dans les pays chauds, elle accoutume à endurer patiemment les piqûres de mouches ; et enfin, l'on croit obtenir ainsi des crins plus fournis, plus longs et plus soyeux.

Si les Arabes expliquent et justifient cette méthode de couper les crins du cheval jusqu'à l'âge de cinq ans, il n'en est pas de même de notre manière de raccourcir le tronçon de la queue. C'est, à leurs yeux, une barbarie sans nom ; c'est aussi le texte d'inépuisables plaisanteries. Ils nous raillent, à ce sujet, jusque dans les conjonctures les plus graves.

Je raconterai à l'appui un fait dont je garantis la réalité.

En **1841**, la colonne conduite par M. le maréchal

Bugeaud se rendait à Taguedempt pour y détruire le fort élevé à grands frais par l'émir Abd-el-Kader.

Nous campâmes sur l'*Ouad-Khrelouk*, l'un des affluents de la Mina.

La nuit, nous fûmes réveillés par un coup de fusil parti de l'intérieur du camp. Chacun de sortir de sa tente, de se porter au lieu de l'événement et de s'enquérir. Un Arabe était par terre, la cuisse cassée ; il tenait à la main un petit couteau très affilé, et, comme tous les voleurs de profession, il n'avait d'autre vêtement qu'une ceinture de cuir garnie d'un pistolet.

La sentinelle qui avait fait feu raconta qu'ayant remarqué un buisson marcher, s'arrêter et puis marcher encore, elle avait, soupçonnant quelque ruse, tiré dessus à dix pas, au moment où il s'approchait des chevaux de son capitaine.

Au récit du vieux soldat d'Afrique, ses camarades furieux voulaient achever l'Arabe, mais des officiers se trouvaient là qui calmèrent cette première excitation bien naturelle, et rendirent compte à l'autorité. L'Arabe ne tarda pas à être transporté à l'ambulance et pansé.

Le lendemain, l'armée devait continuer sa route. Notre homme avait une blessure grave ; il était inutile de s'en embarrasser. Le mettre à mort n'avançait peut-être sa destinée que de quelques jours, et ne faisait pas grand bien à nos affaires. On pouvait tirer de l'aventure un meilleur parti. Le gouverneur général décida qu'on le laisserait sur l'emplacement du camp, et qu'on lui donnerait une lettre pour la grande tribu des Flittas, sur le territoire de laquelle nous nous trouvions. Dans cette lettre on faisait comprendre à cette population si hostile, que son acharnement contre nous lui serait de jour en jour plus funeste, que la lutte n'était pas possible, que la France était puissante en guerriers et en richesses, qu'Abd-el-Kader, en continuant la guerre, ne pouvait qu'attirer sur elle des malheurs incalculables, et qu'enfin, ce qu'elle avait de mieux à faire, c'était de séparer sa cause de celle de cet homme, si elle ne voulait voir dès à présent ses belles moissons ravagées et incendiées.

A la pointe du jour, la colonne expéditionnaire se mit en marche, et l'arrière-garde n'était pas à mille mètres de notre bivouac, qu'elle vit des cavaliers arabes y arriver, mettre pied à terre et emporter le blessé que nous y avions laissé. Le jour suivant, nous reçûmes la réponse des *Flittas;* elle était adressée « *au général Bugeaud, kaïd du port d'Alger* [1], » et à peu près ainsi conçue :

« Vous nous dites que vous êtes une nation forte » et puissante et que nous ne pouvons lutter contre

---

[1] Il y a de cela neuf ans à peine, les Arabes reconnaissaient à la France la suprématie du port d'Alger. Et l'on s'étonne qu'il n'y ait pas encore en Algérie une population de 2 millions d'Européens! Quelle réponse à faire à ceux qui accusent « l'inintelligente domination du sabre » que cette suscription dérisoire — au général Bugeaud (au représentant de la France), kaïd du port d'Alger!

» vous. Les puissants et les forts sont justes. Vous
» voulez cependant vous emparer d'un pays qui ne
» vous appartient pas. Et puis, si vous êtes si riches,
» que voulez-vous faire chez un peuple qui n'a que
» de la poudre à vous donner? Au surplus, quand il
» le veut, le maître du monde abat les forts et fait
» triompher les faibles. Vous nous menacez encore
» d'incendier nos moissons ou de les faire manger
» par vos chevaux et vos bêtes de somme; que de fois
» déjà n'avons-nous pas éprouvé de pareils malheurs!
» Nous avons eu de mauvaises années, nous avons vu
» les sauterelles, la disette, et Dieu pourtant ne nous
» a point abandonnés; car nous sommes croyants,
» Arabes, et la misère ne peut tuer les Arabes. —
» *El arbi krou el kelb, — el ouad ma iddih, — ou*
» *cheurr ma ikoutelou. — L'Arabe son frère est le chien,*
» *— la rivière ne peut l'emporter, — et la misère ne peut*
» *le tuer.* — Nous ne nous soumettrons donc jamais à
» vous, vous êtes des ennemis de notre religion, cela
» est impossible. Cependant, si le Tout-Puissant, pour
» nous punir de nos péchés et des péchés de nos
» pères, venait à nous infliger un jour *cette horrible*
» *maladie,* nous serions encore fort embarrassés, nous
» sommes forcés de l'avouer : chez nous la marque
» de soumission, c'est la présentation d'un cheval au
» vainqueur *(gada),* nous savons que vous n'aimez
» que les chevaux à courte queue, et nos juments
» n'en font pas. »

Plus tard, les Flittas furent néanmoins obligés de

nous donner des chevaux que leurs juments faisaient, mais leur résistance fut opiniâtre. Depuis, ils ont toujours les premiers jeté les cris de guerre et de révolte; ce sont eux qui nous ont tué le brave général Mustapha-ben-Ismaïl [1]; ce sont eux qui ont reçu Bou-Maza, ce sont eux enfin qui sont les derniers rentrés dans l'ordre.

---

(1) **Le général Mustapha-ben-Ismaïl.** — C'est à la haine de Mustapha-ben-Ismaïl contre Abd-el-Kader que la France doit l'attachement qui ne s'est jamais démenti de ce chef illustre de la puissante tribu des Douairs.

Il avait été pendant plus de trente ans l'agha des Turcs. Aussi, quand le fils de Mahi-Eddin, fut, à l'âge de vingt-cinq ans, proclamé par les tribus de la province d'Oran, le vieux guerrier refusa de se soumettre, disant que : « *jamais, avec sa barbe blanche, il n'irait baiser* » *la main d'un enfant.* »

Les suites de cette inimitié le forcèrent de se réfugier dans le mechouar de Tlemcen; là, pendant deux ans, il se maintint contre les hadars (citadins) dévoués à la cause de celui qui prenait le titre de commandeur des croyants. Mais, à bout de ressources, il demanda et obtint le secours du maréchal Clauzel, dont la colonne le dégagea en 1836.

A partir de cette époque, à la tête des goums des Douairs et des Zmélas dont il avait suivi toutes les vicissitudes, il prit part, malgré son grand âge, à tous les combats livrés dans la province d'Oran.

La France récompensa cet énergique dévouement par le grade de maréchal de camp et la croix de commandeur de la Légion d'honneur.

Mustapha-ben-Ismaïl a été tué chez les Flittas le 19 mai 1843, à l'âge de quatre-vingts ans, faisant le coup de fusil dans une affaire d'arrière-garde. Il protégeait avec quelques cavaliers de son goum l'immense butin pris sur les Hachem Gharabas, au moment de l'enlèvement de la Zmala.

PRINCIPES GÉNÉRAUX DU CAVALIER ARABE.

Le cavalier de la vérité doit peu manger et surtout peu boire. S'il ne sait supporter la soif, il ne fera jamais un homme de guerre, ce n'est plus qu'une grenouille des marais.

Achète un bon cheval: si tu poursuis, tu atteins; si tu es poursuivi, l'œil ne sait bientôt plus où tu as passé.

Préfère le cheval de montagne au cheval de plaine, et celui-ci au cheval de marais, qui n'est bon qu'à porter le bât.

Quand tu viens d'acheter un cheval, étudie-le avec soin, donne-lui l'orge progressivement jusqu'à ce que tu sois arrivé à la quantité qu'exige son appétit. Un bon cavalier doit connaître la mesure d'orge qui convient à son cheval, aussi bien que la mesure de poudre qui convient à son fusil.

Ne permettez ni aux chiens ni aux ânes de se coucher sur la paille ou sur l'orge que vous devez donner à vos chevaux.

Le prophète a dit: Chaque grain d'orge donné à vos chevaux vous vaudra une indulgence dans l'autre monde.

Donnez de l'orge à vos chevaux, privez-vous pour leur en donner encore, car Sidi-Hamed-ben-Yousseuf a ajouté : Si je n'avais pas vu la jument faire les chevaux, je dirais que c'est l'orge.

Il a dit encore :

> Khrer men chabir
> Ghrer chaïr,
>
> Au-dessus des éperons
> Il n'est que l'orge.

Ne fais boire qu'une fois par jour à une ou deux heures de l'après-midi et ne donne l'orge que le soir au coucher du soleil; c'est une bonne habitude de guerre, et, en outre, c'est le moyen de rendre la chair du cheval ferme et dure.

Pour préparer un cheval trop gras aux fatigues de la guerre, fais-le maigrir par l'exercice, jamais par la privation de nourriture.

Ne laisse pas ton cheval à côté d'autres chevaux qui mangent l'orge sans qu'il la mange aussi ; il serait atteint du *meghrela*.

Ne fais jamais boire après avoir donné l'orge, ce serait tuer ton cheval: *Medroube be chaïr* (frappé par l'orge.)

Ne fais jamais boire un cheval après une course rapide, tu risques de le voir frappé par l'eau : *Medroube bi el ma* (arrêt de transpiration.)

Après une course rapide, fais boire avec la bride, fais manger avec la sangle, et tu t'en trouveras toujours bien.

Soyez propres et faites vos ablutions avant de monter sur votre cheval. Le prophète vous aimera.

Celui qui commet une incongruité sur le dos de son cheval n'est pas digne de le posséder. Au surplus, il en sera puni, son cheval se blessera.

Quand on fait courir son cheval, il faut le ménager pour le trouver au besoin. On en doit user comme d'une peau de bouc. L'ouvrez-vous progressivement et en resserrant son embouchure, vous conservez facilement de l'eau ; mais si vous l'ouvrez brusquement, l'eau s'échappe d'un seul coup, il ne vous reste plus rien pour la soif.

Un cavalier ne doit jamais faire courir son cheval en montant ou en descendant, à moins qu'il n'y soit forcé. Il doit au contraire alors ralentir le pas.

Qu'aimes-tu mieux, demandait-on au cheval, de la montée ou de la descente ? Il répondit : que Dieu maudisse leur point de rencontre !

Quand vous avez une longue course à faire, ménagez votre cheval par des interruptions au pas qui lui permettront de reprendre haleine. Répétez ce manége jusqu'à ce qu'il ait sué et séché trois fois, laissez-le uriner, resanglez-le et faites ensuite ce que vous voudrez, il ne vous laissera jamais dans l'embarras. Le cheval ainsi ménagé s'appelle *El aoud cheheub.*

Lorsque en marche vous avez un vent très fort en tête, arrangez-vous, s'il est possible, pour l'éviter à votre cheval : vous lui épargnerez des maladies.

Si vous avez mis votre cheval au galop et que d'autres cavaliers vous suivent, calmez-le, ne l'excitez pas, il s'animera assez de lui-même.

Si vous poursuivez un ennemi et qu'il commette la faute de pousser son cheval, contenez le vôtre, vous êtes sûr d'atteindre le fuyard.

Quand, après avoir marché longtemps dans les montagnes et par des sentiers étroits, le cavalier vient à déboucher dans la plaine, il est bon qu'il fasse un peu courir son cheval.

Au départ, le cavalier ne doit pas craindre de jouer avec son cheval pendant quelques minutes; de la sorte il lui déliera les jambes et il s'assurera du repos pour toute la journée. De même, après une course pénible et fatigante, au moment d'arriver à sa tente, qu'il fasse un peu la fantasia. Les femmes du douar applaudiront, diront *voilà un tel, fils d'un tel*, et puis il saura ce que vaut son cheval.

Le cavalier qui ne donne pas un bon pas à son cheval n'est point un cavalier, il excite la pitié.

Celui qui, le pouvant, ne s'arrète pas pour laisser uriner son cheval, commet un péché. Ses compagnons doivent s'arrêter aussi, c'est une action méritoire.

Quand à la guerre ou à la chasse vous avez mis votre cheval en nage et que vous rencontrez un ruisseau, ne craignez pas de laisser votre cheval avaler sept à huit gorgées avec son mors. Cela ne lui fera aucun mal et lui permettra de continuer sa course.

Après une longue course, ou bien dessellez immédiatement votre cheval et jetez-lui de l'eau froide sur le dos en ayant soin de le faire promener en main, ou bien laissez-le sellé jusqu'à ce qu'il soit entièrement sec et qu'il ait mangé l'orge. Point de terme moyen entre ces deux partis.

Quand après un long voyage en hiver, par la pluie et le froid, vous regagnez enfin votre tente, couvrez bien votre cheval, donnez-lui de l'orge grillée, du lait chaud, et ne le faites pas boire ce jour là.

Ne faites pas courir vos chevaux, à moins de force majeure, dans les grandes chaleurs de l'été. Souvenez-vous de ce dicton de vos pères :

> El aoud igoul
> Ma tedjerriniche fe seïf
> Bach neselekck men ecif.

> Le cheval dit :
> Ne me fais pas courir en été
> Si tu veux que je te sauve un jour du sabre.

Si dans un cas de vie ou de mort vous sentez votre

cheval près de manquer d'haleine *(chebaa)*, ôtez-lui la bride, ne fût-ce qu'un instant, et donnez-lui sur la croupe un coup d'éperon assez fort pour amener du sang. Il urinera et pourra encore vous sauver.

Quand après une course rapide vous pouvez donner du répit à votre cheval, le moment de recommencer vous sera signalé par l'épuisement du mucus qui sort de ses naseaux.

Voulez-vous savoir, après une journée de courses et de fatigues excessives, quel fonds vous pouvez faire sur votre cheval, mettez pied à terre et tirez-le fortement à vous par la queue; s'il résiste sans être ébranlé, fixé au sol, vous pouvez compter sur lui.

Dans les expéditions, quand, après de grandes fatigues, vous n'avez qu'un instant pour vous reposer, prenez pour oreiller quelques brides de vos frères, vous ne serez jamais abandonné, oublié, quoiqu'il puisse arriver.

Un cavalier doit étudier les habitudes de son cheval, connaître à fond son caractère. Il saura alors si, ayant mis pied à terre, il peut avoir toute confiance en lui, s'il est tranquille au milieu des juments, ou s'il doit le surveiller et l'entraver. Aucun de ces détails n'est indifférent en présence de l'ennemi.

NOURRITURE.

Dans le Sahara, si l'on donne souvent aux chevaux du lait de chamelle ou de brebis, il ne faut pas croire que ce soit là leur unique boisson. Il remplace d'ailleurs plus souvent l'orge, qui est rare, que l'eau, encore assez facile à trouver. Les Arabes sont convaincus que le lait maintient la santé et consolide la fibre, sans augmenter la graisse. Inutile de dire aussi que les gens riches, possédant beaucoup de chamelles, sont moins avares de lait que les gens pauvres, dont c'est la ressource à peine suffisante pour les besoins de leurs familles. Ces derniers l'étendent d'eau quand ils le peuvent.

Au printemps, on emploie le lait de brebis ; dans les autres saisons, on y joint le lait de chamelle.

A *Souf*, *Tougourt*, *Ouargla*, *Metlili*, *Gueléâa* et dans le *Touat*[1], où il y a plus de chameaux que de chevaux,

---

[1] Voir pour toutes ces localités mon livre *Le Sahara Algérien*.

où les grains sont plus rares que dans la première zône du désert, les dattes tiennent souvent lieu d'orge. Quand elles sont sèches, on les présente dans une musette; le cheval en les mangeant rejette de lui-même les noyaux avec une grande adresse. Dans certains pays, on sépare les noyaux, on les écrase dans un mortier, puis on les fait manger mélangés avec les dattes, qui ont été aussi légèrement broyées.

On donne également les dattes au cheval lorsqu'elles ne sont pas tout-à-fait mûres *(belahh)*, il les mange alors avec les noyaux ; tendres encore, ceux-ci ne peuvent lui faire de mal.

Quand on veut mélanger les dattes avec la boisson, voici comment on procède : Après la récolte, on prend trois ou quatre livres de dattes fraîches, on les manipule dans un grand vase rempli d'eau, jusqu'à ce que la chair de la datte soit devenue une espèce de pâte liquide, on ôte les pellicules, les noyaux, et le tout, bien remué, est présenté au cheval.

Le régime de la datte engraisse les chevaux, mais n'affermit pas leur fibre.

Dans la première zône du *Sahara*, voici, par saison, le régime obligé des chevaux :

Au printemps, on les déferre et on les envoie dans les pâturages qui, à cette époque, sont abondants en herbes succulentes et odoriférantes, connues sous le nom générique de *el aâcheub*. Ils sont entravés. On a l'attention de fuir les contrées où pousse le *ledena,* plante veloutée dont la feuille ressemble à une *oreille de rat*. Elle est près de terre, ordinairement recouverte et cachée par le sable ; elle occasionne au cheval qui la mange, des coliques le plus souvent terminées par la mort.

Riche ou pauvre, aucun ne fait manger d'orge ; on la remplace par le lait de brebis, très abondant en cette saison. Il maintient les chevaux dans un état parfait.

On fait boire une seule fois par jour, à deux heures de l'après-midi.

En été, on vient dans le Teull faire sa provision de grains ; on y est entouré d'étrangers malveillants, quelquefois d'ennemis, on n'a garde d'envoyer les chevaux aux pâturages, ils risqueraient d'y être volés ; ensuite, on n'est pas fâché de les avoir toujours sous la main pour l'une des mille circonstances qui peuvent survenir. On achète de la paille d'orge et de l'orge à ses hôtes. C'est l'époque de l'année où les animaux sont dans l'abondance.

J'ai dit de la paille d'orge, parce que les Arabes ne consentiraient pas à nourrir leurs chevaux de paille nouvelle de froment ; elle cause la jaunisse, pensent-ils, quand on l'emploie avant l'hiver.

Outre la crainte d'un voisinage suspect ou d'éventualités fâcheuses, un autre motif empêche les Sahariens d'envoyer, en cette saison, leurs chevaux au pâturage. Les chevaux entiers s'y trouveraient mêlés aux juments, dont la vue leur rappellerait les amours du printemps. Se barbouillant, à toute occasion, les naseaux de leur urine, ils contracteraient une maladie grave que l'on nomme *el kuerrefa*. L'animal maigrit, son poil devient terne, il hennit sans cesse, aspire l'air, et ne veut plus manger. Pour le guérir, on l'éloigne des juments et on lui frotte l'orifice des naseaux avec du goudron imprégné de jus d'oignon. Les Sahariens sont tellement imbus de cette opinion, qu'un cavalier dans le désert aimerait mieux laisser son cheval saillir dix fois que de lui permettre de sentir l'urine des juments.

Si une raison quelconque empêche d'aller acheter des grains dans le Teull, les plaines ne présentant plus que des herbes desséchées par le soleil, on se rapproche des montagnes du Sahara où l'on a plus de chances de trouver de l'eau, des mares ou même des marais. Si cette ressource fait défaut, on s'en va camper à proximité des Kuesours[1], on s'y fournit de paille à prix d'argent ou à titre d'échange. Dans les deux cas, les juments seules sont envoyées au pâturage; les chevaux restent entravés devant la tente, par crainte du *kuerrefa*.

On fait boire deux fois par jour, le matin de bonne heure et le soir après le coucher du soleil, l'expérience ayant démontré qu'à ces heures l'eau était plus saine et plus fraîche. En cette saison, l'orge est indispensable.

En automne, on remet les chevaux dans les pâtu-

---

(1) *Kuesours*, singulier, *Ksar*, hameau, village ou ville du désert.

rages ; ils y trouvent le *chiehh* [1], précieuse ressource dans le Sahara, où pour vanter un homme capable et modeste en même temps, on dit :

Flane ky Echiehh
Inedjem ou ma icheâa.

Un tel est comme le chiehh ;
Il peut, et pourtant on ne parle pas de lui.

Voilà pour le jour. La nuit, on donne à poignées le *Seurr*, espèce d'arbuste épineux. On le coupe près de terre, on le bat ensuite avec une baguette, pour le débarrasser des épines sèches qui pourraient offenser l'œsophage ou les membranes de l'estomac. On en fait grand cas pour les principes nutritifs qu'il contient.

On prépare encore une autre plante assez semblable à la ronce sauvage et nommée *el ádem.*

On ne fait plus boire qu'une fois par jour, vers les deux heures de l'après-midi. Ce moment semble le plus favorable dans une saison où, la température devenant de plus en plus froide, l'eau a déjà perdu de sa fraîcheur.

Les gens aisés donnent l'orge ; les pauvres ne le peuvent pas toujours.

En hiver, les chevaux continuent à aller aux pâtu-

---

[1] *Chiehh.* — Voir la note de la page 54, *chapitre* DE L'ÉTALON.

rages, qui déjà seront abondants en proportion des pluies survenues. Ils y trouveront le *chiehh, el âdem.* le *derine*[1], etc., etc., qui suffiront largement à leur nourriture.

La nuit on leur prodiguera le *bouse,* que les Arabes nomment *le frère de l'orge,* tant ils apprécient ses propriétés nutritives. Le *bouse* n'est autre chose que l'*alfa*[2], qui, au moment où il forme son épi, a été tiré par sa partie supérieure, a cédé et s'est dégagé de son enveloppe. Quand il est réuni en petites gerbes, on le coupe par morceaux, et il joue le rôle de la paille hachée.

On utilise encore *el alfa* d'une autre manière. Avec une pioche on met à jour ses racines, on les débarrasse de leur enveloppe rougeâtre, l'animal les mange avec avidité. Cet aliment prend alors le nom de *gueddeine* ou *zemouna,* suivant les localités. Il est donc nourrissant, mais ne dispense pas de l'orge.

---

(1) **Derine.** — C'est le *stippa barbata* de Desfontaines, cette plante croît abondamment dans le Sahara. Les habitants de cette contrée peu productive vont courir au loin pour ramasser les graines de cette graminée; ils en rapportent souvent de bonnes charges. Ces graines appelées *el loul,* servent aux mêmes usages que le blé : on en fait de la farine (*Le Grand Désert,* page 386).

(2) **Alfa.** — Cette plante est très répandue en Algérie; elle est d'une grande ressource pour la nourriture des chevaux; dans nos expéditions, les chevaux n'ont eu souvent que cette plante pour se nourrir.

C'est le ligé sparte (*lygeum spartum*). Les chaumes de cette graminée ne s'élèvent qu'à environ dix ou douze centimètres de hauteur. Cette plante est la *stepa tenacissima,* servant à faire en Orient les ouvrages dits sparterie. Dans quelques contrées de l'Algérie, les indigènes en font des nattes (*Le Grand Désert,* page 377).

On ne fait boire qu'une fois par jour, comme en automne.

C'est une locution proverbiale, chez les Arabes, que de dire : la nourriture du matin s'en va au fumier, mais celle du soir passe à la croupe.

Avec ce régime, les chevaux restent sveltes et élancés, ils sont toujours prêts à marcher, à courir, à faire enfin le rude service qu'on en exige dans le Sahara. Ils gagnent d'une manière étonnante quand, au lieu de quelques jointées d'orge et de la pâture dans des plaines desséchées par un soleil brûlant, ils trouvent la nourriture du Tell. Que serait-ce donc si on les mettait au régime des chevaux européens? Au lieu d'être en chair, ils deviendraient gras, ils nous plairaient davantage, mais perdraient aux yeux des Arabes, fort peu appréciateurs de cette sorte de beauté le plus souvent acquise aux dépens des qualités du cheval de guerre.

Toutefois, si l'Arabe est trop véritablement cavalier pour ne pas tenir avant tout à ces qualités, il est aussi trop amoureux de la pompe, de l'éclat, de la fantasia, s'il m'est permis d'employer un mot déjà populaire en France, pour ne pas se donner, quand il le peut, le luxe d'un cheval de montre et de parade. Aussi n'est-il pas rare de voir des Arabes de distinction laisser leurs juments chéries trois ou quatre mois attachées devant la tente, sans les monter. Elles prennent alors de l'embonpoint, et ne sont plus employées que dans les fêtes, les noces, dans toutes les circonstances où les chefs veulent représenter d'une manière brillante. Pour les chasses, les *razzias* et les courses pénibles et lointaines, ils ont des chevaux de moins de valeur apparente, mais dont ils sont sûrs, et qu'ils ne craignent pas de fatiguer. Les juments dont nous venons de parler sont équipées avec un grand luxe, les *stara* (couvertures) et les brides sont brodées en or fin, les étriers sont argentés ou dorés, et les feutres (*beda*) sont aussi beaux que du drap; les plus estimés viennent de Ouareglâa.

PANSAGE, HYGIÈNE.

MESURES, PROPORTIONS.

On ne connaît pas le pansage dans le *Sahara*. On essuie seulement les chevaux avec des chiffons de laine et on les couvre de très bons *djellale* (couvertures), qui enveloppent la croupe et le poitrail. A vrai dire, on sent peu la nécessité de ce travail, les chevaux étant constamment placés dans des lieux sains, sur des terrains élevés et à l'abri des courants d'air. Les Arabes qui nous ont vus panser nos chevaux le matin et le soir avec un soin minutieux, prétendent que ce frottement continuel de l'épiderme, avec l'étrille surtout, nuit à leur santé, les rend délicats, très impressionnables, et, par suite, incapables de supporter les fatigues de la guerre, ou tout au moins plus sujets aux maladies.

Lorsqu'il fait chaud et qu'on en a la facilité, on les lave matin et soir. Souvent, en hiver, on les attache dans les tentes qui sont très vastes, pour les préserver du soleil et de la pluie.

Le principe est de les tenir propres. On conduisit un jour un cheval au prophète, il l'examina, se leva, et, sans mot dire, il lui essuya la face, les yeux, et les naseaux avec les manches de sa chemise. — Quoi! avec vos vêtements! lui dirent les assistants. —Certainement, répondit-il, et c'est l'ange Gabriel qui m'a plus d'une fois réprimandé et ordonné d'en agir ainsi.

En hiver, on met la couverture jour et nuit. En été, on la met à 10 heures du matin pour l'ôter de 5 à 8, instant où on la replace pour toute la nuit, afin de préserver le cheval du froid ou de la rosée, d'autant plus dangereux, disent les Arabes, que la peau a été échauffée toute la journée par un soleil ardent. Le proverbe suivant exprime combien ils redoutent le froid des nuits d'été.

Beurd es seif
Ou la derba becif.

Le froid de l'été,
Ou bien un coup de sabre.

Si les Arabes n'attachent pas, comme nous, de l'importance au pansage, ils sont en revanche très attentifs et très scrupuleux dans le choix des aliments, et surtout de l'eau dont ils abreuvent leurs chevaux. Bien des fois, dans les premiers temps de la conquête, en expédition, j'ai vu, après de longues journées de marche par des chaleurs intolérables, par un vent

du sud qui nous étouffait et nous soufflait le sable et
la poussière au visage, quand cavaliers et fantassins,
tous haletans, inertes, épuisés, nous nous laissions
aller, affaissés, à un repos fatigant encore et souvent troublé par les alertes que nous causait l'ennemi
rôdant et tournoyant aux environs, j'ai vu, dis-je,
des indigènes se rendre à une lieue du bivouac pour
faire boire leurs chevaux à une source pure qui leur
était connue. Ils aimaient mieux ainsi risquer leur vie
que d'avoir la douleur d'abreuver leurs chevaux dans
les ruisseaux souvent peu abondants du camp, ruisseaux dont le piétinement des hommes et des bêtes
de somme avait bientôt fait autant d'infects cloaques.

Je ne crois pas avoir besoin de m'étendre davantage sur l'hygiène du cheval chez les Arabes. Je ne
pourrais, d'ailleurs, ajouter que des redites. Il me
semble préférable de renvoyer le lecteur à tous les détails parsemés dans les pages précédentes, et surtout
aux principes formulés dans le chapitre de l'ÉDUCATION
DU POULAIN.

Si je me suis bien fait comprendre, j'ai exposé comment tout propriétaire d'un cheval, chez les Arabes,
est un maître attentif, vigilant, j'allais dire dévoué,
qui suit et dirige les progrès, corrige les écarts, per-
fectionne les qualités de son élève depuis le premier
jour. Cette éducation embrasse tout ; aussi bien que
ce que j'appellerais volontiers les facultés morales,
elle augmente, modifie, améliore les facultés physi-
ques. Tout est pesé, prévu, la boisson, les aliments,

les exercices, la tenue au repos, tout est gradué et proportionné aux âges, aux lieux, aux saisons, tout est l'objet de soins incessants et soutenus.

Encore une fois, la question n'est pas de savoir si les soins sont bien entendus, s'ils ont tort ou si nous nous trompons; mais, après avoir avancé que dans la vie de l'Arabe l'occupation dominante, à peu près unique, est l'éducation et l'entretien de son cheval, j'ai constaté que l'Arabe n'obéit pas au hasard, que sa passion n'est pas aveugle et irréfléchie, comme le croient ceux qui l'observent de loin et d'un rapide coup d'œil. Il est guidé, comme pourra s'en convaincre tout homme qui l'étudiera avec opiniâtreté, qui l'examinera au microscope, si je puis ainsi parler, qui analysera ses faits et gestes de chaque jour, il est guidé par un parti pris traditionnel et motivé. En un mot, cette éducation et cet entretien du cheval sont subordonnés à des règles constantes et certaines qui toutes ont pour but de donner au cheval la vigueur, le fonds, la santé.

Qu'est-ce autre chose que de l'hygiène?

Les Arabes, dit *Ben-el-Ouardy*, ont toujours préféré les beaux chevaux à leurs propres enfants, et ils aiment tant à en faire parade dans leurs jours de fête ou de poudre, qu'ils se priveraient de toute nourriture plutôt que de les voir souffrir de la soif ou de la faim. Dans les circonstances pénibles et difficiles, dans les années de disette surtout, ils vont jusqu'à leur donner le pas sur leurs propres personnes et sur leurs

familles. Les traits qu'on raconte à ce sujet le prouvent, ainsi que les chants composés par leurs
poëtes.

Voici des vers adressés par le savant *Ben-Sassa* à
la grande tribu des Beni-Aâmer. Nous les reprodui-
sons dans toute leur originalité :

Beni-Aâmer [1], pourquoi vois-je vos chevaux
    Flétris, changés par la misère?
    Cet état ne peut leur convenir.
Quoique la mort ait une heure que nul ne peut retarder,
    Les chevaux sont votre sauvegarde,
    Donnez-leur les biens que vous préférez ;
    D'orge pure remplissez leurs musettes
    Et de fer garnissez leurs sabots.

    Aimez les chevaux, soignez-les :
    En eux seuls gît l'honneur et la beauté.

    En les soignant, vous soignez vous-mêmes.
L'Arabe qui n'a pas un bon cheval, ne peut viser à la réputation.
Pour moi, sur cette terre, je ne connais pas d'autre bonheur,
    Et, si j'avais force soulthanis d'or [2],
Je ne m'en réjouirais que pour les partager avec lui.
    J'en soutiendrais aussi ma famille,
    Et s'ils venaient à me manquer,

---

[1] *Beni-Aâmer.* — Tribu très importante située au sud-ouest
d'Oran.

[2] *Soulthanis d'or.* — Pièces d'or frappées en pays musulman et
qui valent de 10 à 12 francs.

Je saurais abaisser mon orgueil
Jusqu'à demander fièrement l'aumône pour mon ami.
Tous les trésors de Karoune [1], sans cheval,
Ne sauraient me rendre heureux.

Le vent du nord vient-il à souffler,
Et le ciel s'ouvre-t-il sur la terre,
Garantissez vos chevaux de la pluie froide,
Réchauffez-les, ils méritent ces égards.
Pour les jeux, pour la guerre,
Parez-les de vos selles les plus riches,
De brides brodées d'or, de vêtements superbes,
Et le prophète vous aimera.

Chagrinez-vous aussi pour les juments de vos serviteurs pauvres.
Quand, malgré tous leurs labeurs,
Ils n'ont pu suffire à leurs besoins,
Donnez leur une hospitalité généreuse,
Partagez avec elles, la nourriture de tous les jours.
Associez-les à vos familles ;
Bien des péchés vous seront remis.

Les sabres sont tirés,
Les guerriers se sont rangés,
Le cheval va devenir plus précieux que l'épouse
Le feu des combats s'est allumé,
Je le dirige au milieu des hasards,
Il me protège de sa tête, de sa croupe,
Et fait fuir mes ennemis.

---

(1) *Karoune.* — Prince indien qui vivait avant la naissance du prophète et dont les richesses étaient proverbiale.

Que Dieu préserve ce cheval à crinière
Dont les yeux sont flamboyans !

Aimez les chevaux, soignez-les,
En eux seuls git l'honueur et la beauté.

On le voit, dans le Sahara, le cheval est la plus belle créature après l'homme ; la plus noble occupation est de l'élever, le plus délicieux amusement de le monter, et la meilleure action domestique de le soigner.

Les Arabes croient pouvoir déterminer à l'avance, par certains procédés, quelles seront la taille et les qualités du poulain quand il sera devenu cheval. Ces procédés varient avec les localités. Voici les plus généralement reçus :

Pour la taille, on prend une corde, on la passe derrière les oreilles, sur la nuque, et on en réunit les deux bouts sur la lèvre supérieure au-dessous des naseaux. Cette mesure ainsi établie, on l'applique à la distance qui sépare le pied du garot ; il est admis que le poulain grandira de toute la partie de la dernière mesure qui dépasse le garot.

Quand on veut s'assurer par les proportions de la valeur d'un cheval, on mesure avec la main depuis l'extrémité du tronçon de la queue jusqu'au milieu du garot, et l'on compte le nombre de palmes, puis l'on recommence à compter depuis le milieu du garot jusqu'à l'extrémité de la lèvre supérieure, en passant entre les oreilles.

Si dans les deux cas le nombre de palmes est égal, le cheval sera bon, mais d'une vitesse ordinaire.

Si l'on compte plus de palmes en arrière qu'en avant, l'animal est sans moyens.

Mais si le nombre des palmes qui se trouvent du garrot à l'extrémité de la lèvre supérieure est plus considérable que celui que l'on a compté en mesurant de la queue au garrot, oh ! alors, l'animal, soyez-en sûr, aura de grandes qualités. Plus le nombre diffère à l'avantage de la partie antérieure, plus le cheval a de prix. On peut, disent les Arabes, avec un tel cheval, « *frapper au loin;* » exprimant ainsi la vitesse et le fond qu'une telle conformation lui assure.

DES ROBES.

Couleurs. — Les robes les plus estimées sont :

Le blanc (*el biod, el cheheub*). — Prenez-le blanc comme un drapeau de soie, sans ladre, avec le tour des yeux noir.

Le noir (*el kahal, el deheum*). — Il le faut noir comme une nuit sans lune et sans étoiles.

Le bai (*el hameur*). — Il le faut presque noir (*semm* ou doré (*koummite*).

El hameur semm
Igoul el bela ogood temm.

Le rouge foncé
Dit à la dispute : reste-là.

L'alezan (*el cheggeur*). — Désirez-le brûlé. *Quand il fuit sous le soleil*, c'est le vent. Le prophète affectionnait les alezans.

Le gris foncé pommelé, qu'ils *nomment gris de pi-*

geon sauvage (zereug el goumery). — S'il ressemble à la pierre de la rivière :

> Il remplira le douar
> Quand il sera vide
> Et nous sauvera du combat
> Le jour où les fusils se touchent.

> *Jemmela el merahh*
> *Ida kan khraly*
> *Ou iemenâa men eterad*
> *Men in itkholtou el mekhal.*

Les gris sont, en général, estimés quand la tête est moins foncée que la robe.

Le louvet (el khedeur), le vert. — On le veut foncé, la queue et les crins noirs.

Le blanc, c'est la couleur des princes, mais il ne supporte pas la chaleur.

Le noir porte bonheur, mais il craint les pays rocheux.

L'alezan est le plus léger. Si l'on vous assure avoir vu un cheval voler dans les airs, demandez de quelle couleur il était; si l'on vous répond : alezan, croyez-le.

Le bai, c'est le plus dur et le plus sobre. Si l'on vous dit qu'un cheval a sauté dans le fond d'un précipice sans se faire de mal, demandez de quelle couleur il était. Si l'on vous répond : bai, croyez-le.

Ben Dyab, chef renommé du désert, qui vivait en l'an 905 de l'hégire, se trouvant un jour poursuivi par *Saad el Zanaty, chikh des Oulad Yagoub,* se re-

tourna vers son fils et lui demanda : « Quels sont les
» chevaux en tête de l'ennemi?—Les chevaux blancs,
» répondit son fils. — C'est bien, dirigeons-nous du
» côté du soleil, ils y fondront comme du beurre. »
Quelque temps après, *Ben Dyab* se retournant encore
vers son fils lui demanda : « Quels sont les chevaux
» en tête de l'ennemi? — Les chevaux noirs, lui cria
» son fils. — C'est bien, gagnons les pays pierreux
» et nous n'aurons rien à en craindre; ils ressemblent
» à la négresse du soudan, qui ne peut marcher pieds
» nus sur les cailloux. » Il changea de route, et bientôt les chevaux noirs furent distancés.

.Une troisième fois, *Ben Dyab* demanda : « Et main-
» tenant, quels sont les chevaux en tête de l'ennemi?
» — Les alezans brûlés (*meghlouk, fermé*), et les bai-
» bruns. — En ce cas, s'écria *Ben Dyab*, à la nage,
» mes enfants, à la nage, et du talon à nos chevaux,
» car ceux-ci pourraient bien nous atteindre, si, pen-
» dant tout l'été, nous n'avions pas donné l'orge aux
» nôtres. »
Les robes méprisées sont :
Le Pie (el begâa) : Fuyez-le comme la peste, c'est
le frère de la vache,

> *Jcib taam ky mecha*
> *Ou ycib el bela ghrèr ki necha.*

Le kouskoussou arrive quand il est parti,
Et il trouve la dispute aussitôt qu'il arrive.

L'isabelle à queue et crins blancs. Un chef ne voudrait pas monter un pareil cheval, il y a même des tribus qui ne consentiraient pas à lui laisser passer la nuit chez elles. On l'appelle le jaune de juif *(sefeur el jhoudy).* Cette couleur porte malheur.

> *Zereug hadidi*
> *Ou sefeur el jhoudy*
> *Ila moulah youlli*
> *Kuetâa ly iddi.*

> **Le gris de fer**
> **Et le jaune du juif**
> **Si son maître revient (du combat)**
> **Coupe-moi la main.**

Le Rouan (el hamary), on l'appelle *meghredeur edeum,* une mare de sang, son maître sera pris et ne prendra jamais.

Estimez le cheval sans balzanes avec une pelote en tête *(ghrora)* ou une simple liste *(syâla).*

Il faut qu'elle descende jusqu'aux lèvres, son maître ne manquera jamais de lait. C'est un heureux indice, c'est l'image de l'aurore. — Si la pelote est tronquée et bordée irrégulièrement, elle déplaît à tous, et si le cheval y ajoute une balzane antérieure hors montoir, aucun homme sensé ne doit monter ce cheval, aucun connaisseur ne veut même le tenir. Ce cheval tue comme un poison subtil.

Si le cheval a des balzanes, désirez trois balzanes,

un pied droit exempt, celui de devant ou de derrière indifféremment.

Un bon signe est le pied droit de devant et le pied gauche de derrière blancs tous deux (*bipède diagonal droit*). On appelle cela : « la main de l'écrivain et le pied du cavalier. »

Ide el kateb
Ou ridjel erakeb

Le maître de ce cheval ne peut manquer d'être heureux, car il monte sur du blanc et descend sur du blanc. (On sait que les Arabes montent à droite et descendent pour la plupart à gauche).

Deux balzanes postérieures sont un indice de bonheur :

Mhadjel etoualy
Ma yebkache moulah khraly.

Le balzané des derniers,
Son maître ne sera jamais ruiné.

Il n'en est pas de même du balzané des premiers, son maître aura toujours la figure jaune.

N'achetez jamais un cheval belle face avec quatre balzanes (*el ghrecháa*), car il porte son linceul avec lui.

Les idées des Arabes sur les balzanes sont résumées dans le petit conte suivant :

« Un Arabe avait une jument de race, d'avance

on se disputait son poulain ; aussi, quand elle fut sur le point de mettre bas, convoqua-t-il tous ses amis. Le nouveau-né présenta d'abord la tête , elle portait une pelote, l'Arabe se réjouit, son cheval devancerait un jour l'aurore, il en avait la marque sur le front. Parut ensuite le pied gauche de devant, et le maître enthousiasmé demanda 100 douros de son poulain. Le pied droit antérieur se montra ensuite, il avait une balzane, et le prix fut réduit à cinquante dou- ros. Vint après, le pied gauche de derrière, il avait une balzane , et l'Arabe au comble de la joie jura qu'il ne donnerait pas son poulain pour tout au monde. Mais voici que le quatrième pied se pré- sente aussi avec une balzane ; dans sa fureur l'habi- tant du Sahara fit jeter le poulain sur les ordures , il ne put se résoudre à garder un pareil animal. »

Epis. — Le cheval a quarante épis; de ces qua- rante, il en est vingt-huit qui, en général, sont con- sidérés comme n'étant ni de bon ni de mauvais au- gure, et douze auxquels on attribue une influence. On s'accorde à en regarder six comme augmentant les richesses, portant bonheur, et six autres comme causant la ruine, amenant l'adversité.

Epis qui sont d'un bon augure :

L'épi qui est entre les deux oreilles (*nekhlet el âadar*, l'épi de la têtière), le cheval est vite à la course.

L'épi qui règne sur les faces latérales de l'enco- lure *Sebâa Enneby*, (le doigt du prophète), son maî- tre meurt bon musulman, dans son lit.

L'épi du sultan (*nekhlet essoultane*). Il règne le long de l'encolure, en suivant la trachée artère : — amour, richesses, prospérité. — Le cheval qui le porte fait trois vœux par jour :

Dieu fasse que mon maître me considère comme ce qu'il possède de plus précieux au monde ;

Que Dieu lui fasse un sort heureux, pour que le mien s'en ressente ;

Que Dieu lui accorde la faveur de mourir martyr sur mon dos.

L'épi du poitrail (*zeradya*) remplit la tente de butin.

L'épi du passage des sangles (*nekhlet et hazame)* augmente les troupeaux.

L'épi qui est aux flancs (*nekhlet echebour*, l'épi des éperons), s'il se dirige du côté du dos, il préserve le cavalier de tout accident à la guerre ; s'il se dirige du côté du ventre et en bas, il est un signe de richesses pour son maître.

Epis qui portent malheur :

Netahyat, — épi qui se trouve au-dessus des sourcils, — son maître mourra frappé à la tête.

Nekhlet el nâache, — l'épi du cerceuil. Il se trouve auprès du garrot et va en descendant vers l'épaule. Le cavalier ne peut que périr sur le dos d'un pareil cheval.

Neddabyat, — les pleureurs. Epi qui se trouve sur les joues. Dettes, pleurs, ruine.

Nekhlet el khriana, — l'épi du vol. Il se trouve placé au boulet ; matin et soir, il dit : ô mon Dieu fais que je sois volé, ou que mon maître meure.

L'épi que l'on trouve à côté de la queue, — il annonce le trouble, la misère et la famine.

L'épi qui règne à la partie interne des cuisses, — femmes, enfants, troupeaux, tout doit disparaître.

J'ai donné la classification généralement adoptée, elle n'est pas absolue, elle varie suivant les localités; chaque tribu augmente ou diminue le nombre de ses épis heureux et malheureux.

Comme on le voit, je n'ai parlé que des robes principales, sans vouloir entrer dans la dégradation des teintes, ce qui m'aurait conduit beaucoup trop loin. La part étant faite des préjugés et des superstitions, il restera établi que les Arabes aiment les robes franches, foncées, et regardent les robes claires et lavées, ainsi que les taches blanches à la tête, sur le corps et aux extrémités, quand elles sont longues et larges, comme des dégénérescences de races et des indices de faiblesse.

Chaque arabe a sa robe de prédilection. Les uns veulent des chevaux noirs, les autres des chevaux gris, ceux-ci des bais, ceux-là des alezans, etc. Leurs affections ou leurs antipathies sont en général motivées par des souvenirs de famille : Leurs ancêtres ont eu un grand succès avec telle robe, éprouvé de grands revers avec telle autre. On voit donc des Arabes refuser un bon cheval, donnant pour toute raison. « *Ce n'est pas mon poil.* »

CHOIX ET ACHAT DES CHEVAUX.

———

Dans le Sahara, les chevaux renommés par leur sang et leur vitesse se vendent bien et se vendent cher.

Il est des causes qui font totalement exclure un cheval du service de guerre. Les voici :

(*El maatenk.*) Le poitrail étroit et enfoncé accompagnant des épaules maigres et perpendiculaires. On ne peut se faire une idée de l'importance que les Arabes attachent au développement des muscles du poitrail *(zebadyat)*.

Le garrot gras et peu protubérant. Jamais vous ne pouvez fixer convenablement la selle sur un pareil cheval, ni vous en servir hardiment pour courir en descendant ;

La jarde *(bou-chiba)*, le père du blanchiment, de la barbe sous-entendu.

La courbe, quand elle est prononcée ;

Les vessigons chevillés *(beïdat)*.

L'éparvin, surtout quand il avoisine la saphène *(Djerend)*.

La forme nommée *louzze*, (l'amande) sur les côtés et *fekroune* (la tortue) sur le devant;

L'exostose *(adom)* quand elle est près des tendons;

Le paturon allongé et fléchi;

Le paturon court et droit *(terrekuib el ghrezal* le redressement de la gazelle);

Les molettes soufflées et remontant le long des tendons *(menafeuss);*

Le dos long et concave *(maaoudje, ensellé);*

Le cheval qui ne voit pas la nuit *(mebouheur)* ou quand il y a de la neige. On le reconnaît à la manière dont il lève les pieds, dès que l'obscurité commence. On peut encore s'en assurer en lui présentant, pendant le jour, une surface noire; s'il marche dessus sans inquiétude, le cas est constant. La vie de l'Arabe se passant à faire des marches de nuit pour surprendre l'ennemi ou le fuir, que ferait-il d'un pareil animal?

Nekabe.— Les épaules chevillées.

Maintenant voici les défauts ou tares qui, pour être redoutés généralement, n'empêchent pas un cheval d'entrer en circulation:

Les naseaux étroits, il vous laissera dans la peine;

Les oreilles longues, molles et pendantes;

L'encolure raide et courte;

Faites peu de cas d'un cheval qui ne se couche point;

Estimez peu les chevaux qui fouettent avec leur queue en courant ;

Les chevaux qui se grattent l'encolure avec leurs pieds, ceux qui se reposent sur la pince, ceux qui atteignent leurs pieds de devant avec leurs pieds de derrière, ceux qui « battent le briquet » (se touchent, se coupent) méprisez-les.

Pour reconnaître si un cheval se coupe, passez les deux poignets réunis entre les avant-bras et placez-les au-dessous du poitrail ; s'ils sont touchés par la partie interne des avant-bras, soyez sûr que l'animal a la poitrine trop étroite et ne peut manquer de se couper.

Méfiez-vous du cheval qui mouille sa musette en mangeant l'orge, qui a l'air de goûter l'eau du bout des lèvres, dont l'anus est béant et venteux, signes de mollesse, ou dont les crottins ne sont pas égaux.

Un ambleur ne peut convenir à un chef, c'est le cheval de ceux qui « frappent les éperons » (montent) pour porter des messages.

Garez-vous du cheval qui « nie les éperons » (rue à la botte), mord, « se sauve des étriers » (difficile au montoir), ou fuit son cavalier qui a mis pied à terre. Ce sont de graves défauts pour la guerre.

Laissez pour le bât le cheval sourd, vous le reconnaîtrez à ses oreilles pendantes, sans expression et rejetées en arrière, et encore à ce qu'il ne répond à aucun appel de langue.

Par la vue, par l'odorat, par l'ouïe, le cheval peut

sinon sauver son maître d'un grand péril, du moins
l'en avertir. Il dit :

> *« Heureuz ni men el Gouddam*
> *» N'heureuz lek men loura. »*

> « Préserve-moi de ce qui est en avant
> » Je te préserverai de ce qui sera en arrière. »

« Le lion et le cheval se disputaient pour savoir
» celui qui avait la meilleure vue. Le lion vit, pen-
» dant une nuit obscure, un poil blanc dans du lait,
» le cheval un poil noir dans du goudron ; les témoins
» se prononcèrent en faveur de ce dernier. »
La meilleure vertu chez le cheval est « la résignation ; » un cheval parfait, à cette qualité, joint la
force. Un cheval est fort quand on peut compter à
partir de ses jambes de derrière douze à quatorze
semelles dans son premier élan. S'il a franchi davantage, il est de force supérieure ; celui qui ne franchit
qu'une distance de huit à dix pieds, est un cheval
lourd.

Un cheval très ardent peut ne pas avoir de résignation contre la fatigue ; ainsi sera celui dont les
jambes sont hautes, le col trop long et les cuisses
trop fortes pour être en harmonie avec les autres
parties du corps, ou bien celui dont les talons
manquent de force ; ce cheval, après une longue
course, sera fatigué des jambes ; il ne sait pas s'ar-

rêter à la volonté du cavalier ; il fait encore quelques pas comme malgré lui.

Le cheval qui n'a ni résignation ni ardeur, se reconnaît facilement : la forme de son corps n'est point réglée, son poitrail est étroit ; il manque d'haleine. La force et l'haleine sont les deux premières qualités du cheval ; le manque de l'une d'elles influe sur sa résignation, et peut diminuer son ardeur.

« Monte toujours, pour le combat, un traîneur avec
» sa queue (cheval de huit ans au moins ; — j'ai ex-
» pliqué d'où vient ce nom de traîneur) ; le jour où
» les cavaliers seront tellement pressés que les étriers
» se heurteront, lui seul pourra te sortir de la mêlée
» et te ramener dans ta tente, fût-il traversé d'une
» balle. »

Mais surtout ne vous chargez jamais d'un cheval malade ou blessé, vînt-on vous dire que ce n'est qu'un accident passager. Souvenez-vous du proverbe de vos pères :

> « *Khaoui bel khaoui*
> » *Elli icheri ou idaoui.* »

> « Ruiné fils de ruiné
> » Celui qui achète pour guérir.

Il n'est pas rare de voir des Arabes acheter des juments de moitié. Voici les conditions les plus ordinaires de ces sortes de marchés :

Un Arabe vend une jument à un autre, 100 douros,

par exemple, il n'en reçoit que 50 douros et entre lui-même dans le marché pour les 50 autres. L'acheteur monte la jument, s'en sert pour son usage, la guerre, la chasse, les voyages, et la fait couvrir. S'il fait une razzia, trois quarts du butin lui appartiennent : l'autre quart est donné à son associé.

Si la jument est tuée dans une action de guerre, une expédition faite de l'assentiment des deux associés, la perte est également supportée : mais si la mort arrive dans une fantasia, une noce, une fête, l'acheteur la supporte seul, il rembourse cinquante douros au vendeur.

Si l'animal est tué devant la tente, à l'improviste ou sous le cavalier, quand celui-ci défend sa femme, ses enfants et ses troupeaux, il y a cas de force majeure, il n'y a plus lieu à remboursement.

Si la jument met bas un poulain, celui-ci est élevé jusqu'à l'âge d'un an, il est alors vendu et l'argent qui en provient est partagé également.

Si la jument a produit une pouliche ; à l'âge d'un an celle-ci est estimée, le vendeur a droit de choisir la mère ou la fille, en recevant ou rendant le surplus de l'estimation.

Ces sortes de marchés ne se font pas pour les chevaux. L'Arabe qui veut vendre un cheval ne consent jamais à en fixer le prix le premier, celui qui se présente dit :

— Vends, tu gagneras.

Le vendeur répond :

— Achète, tu gagneras.

— Parle le premier.

— Non, parle toi.

— Est-il acheté ou élevé?

— Elevé dans ma tente, comme l'un de mes enfants.

— Qu'est-ce qu'on t'en a offert.

— On m'en a offert cent douros.

— Vends-le moi pour ce prix, tu gagneras. Dis-moi donc ce que tu en veux.

— Vois ce qui est écrit chez Dieu.

— Allons, chassons ce premier acheteur, et prends dix douros en sus.

— J'accepte, emmène ton cheval et fasse Dieu que tu sois heureux sur lui autant de fois qu'il a de poils sur le dos.

Quand on veut éviter l'action des cas rédhibitoires, on ajoute, en présence de témoins :

— Et la séparation entre nous dès à présent; tu ne me connais pas, je ne t'ai jamais vu.

— *Ou El ferak men erahba, ma tâarfeni, ma cheuftekche.*

On ne peut monter un cheval pour l'essayer que quand on est tombé d'accord sur le prix. Toutefois, avant de conclure complétement le marché on essaye l'animal contre un cheval qui a de la réputation dans le pays. Cette épreuve a une sorte de singularité ; les coureurs doivent monter pieds nus et ne pas talonner leurs chevaux pendant la course.

Les chevaux dont la réputation est bien établie dans la contrée ne se vendent jamais sur le marché.

C'est une injure grave à faire à un Arabe que de lui demander : « Veux-tu vendre ton cheval? » avant qu'il ait fait connaître ses intentions. « On me croit » donc bien dans la misère, se dit-il, qu'on ose me » faire une pareille proposition ! »

Quelques tribus s'adonnent spécialement au commerce des chevaux, on cite surtout les *Beni-Addas*, les plus renommés des maquignons arabes, on dit à leur sujet :

> « *Aand en nass feraïss*
> » *Aand houm aaraiss,*
> » *Aand ennass inaáfsou*
> » *Aand houm yergousou.* »

> « Chez les autres, ce sont (les chevaux) des charognes,
> » Chez eux sont de jeunes fiancées ;
> » Chez les autres, ils dorment
> » Chez eux, ils dansent. »

Au reste l'Arabe n'est pas maquignon à la manière des Européens, il ne se sert pas de gingembre, il n'emploie pas de ruses pour cacher les tares de son cheval, il le présente tout simplement. Mais il remplace la fraude qu'il dédaigne par un luxe de paroles qui peut séduire. Son intarissable éloquence s'épanche en métaphores et en hyperboles.

Ainsi en vous montrant son cheval, il dira :

« Découvre son dos et rassasie ton œil ! »

Il ajoutera :

« Ne dis pas que c'est mon cheval ; dis que c'est mon fils. »

« Il devance l'amorce, le coup-d'œil. »

« Il est pur comme de l'or. »

« Il a la vue si bonne qu'il voit un cheveu pendant la nuit. »

« Au jour de la poudre, il se réjouit du sifflement des balles. »

« Il atteint la gazelle. »

« Il dit à l'aigle : Descends ou je monte vers toi ! »

« Quand il entend les cris des jeunes filles, il se met à hennir de joie. »

« Quand il court, il arrache la larme de l'œil. »

« Quand il paraît devant les jeunes filles, il mendie avec sa main. »

« C'est un cheval des jours noirs quand la fumée de la poudre vient à obscurcir le soleil. »

« C'est un cheval de race, la tête des chevaux ! »

« Personne n'a jamais possédé son pareil. Je compte sur lui comme sur mon cœur. »

« Il n'a pas de frère dans ce monde, c'est une hirondelle. »

« Il écoute ses flancs et observe toujours les talons de son maître. »

« Il comprend aussi bien qu'un fils d'Adam, il ne lui manque que la parole. »

« Il a le pas si doux que, sur lui, tu porterais une tasse de café sans la renverser. »

« Une musette le rassasie, un sac le couvre. »

« Il est si léger qu'il danserait sur le sein de ta maîtresse, sans le froisser. »

« Moul zin essah ibeaa
» Moul sebok ihalef. »

«Le maître du beau véritable vend,
» Le maître du vite fait des serments. »

Ben Yousseuf ayant un jour donné vingt chamelles, suivies de leurs petits, pour une jument du désert, répondit à son père qui lui en faisait de vifs reproches :

« Et pourquoi vous fâcher, Monseigneur ? Cette jument ne m'a-t-elle pas apporté :

« De la gerboise, la prestesse du demi-tour et la douceur du poil. »

« Du lièvre, le mouvement de l'encolure ?

» De l'autruche, la vitesse et la vue?

» Du lévrier, le défaut de ventre, ainsi que la sé-
» cheresse des membres?

» Et du taureau, le courage et la largeur de la
» tête !

» Elle ne peut que jaunir la figure de nos ennemis:
» Quand je les poursuivrai, elle pillera sans cesse la
» croupe de leurs chevaux, et si j'en suis poursuivi,
» l'œil ne saura bientôt plus où j'aurai passé. »

On le voit, et je l'avais déjà indiqué en retraçant le portrait que les Arabes font du cheval de race, ils tiennent beaucoup à ce qu'il ait quelques rapports, par les formes, avec certains animaux. Il doit réunir en lui toutes les qualités que l'on remarque séparément chez la gazelle, le chien, le taureau, l'autruche, le chameau, le lièvre et le renard.

Ainsi, il convient qu'il ait la longuer et la sécheresse des jambes de la gazelle, la finesse et la force de ses hanches, la convexité de ses côtes, les jambes de devant courtes comme elle, le noir de ses yeux, l'étroit de ses aisselles.

Il doit rappeler la longueur des lèvres et de la langue du chien, l'abondance de sa salive, la longueur du bas de ses pattes de devant.

Ils vont jusqu'à regarder cette assimilation du cheval au lévrier comme un moyen de guider les acheteurs inexpérimentés; c'est du moins ce que me semble prouver une dernière anecdote très répandue chez eux.

« Meslem-ben-Abou-Omar ayant appris qu'un de
» ses parents voyageait du côté de l'Egypte, vou
» lut profiter de cette circonstance pour se procurer
» l'un des chevaux renommés de ce pays. Son parent
» ne se connaissait pas en chevaux, mais il était
» grand chasseur, et avait dès-lors beaucoup de
» chiens, tous très beaux.— Meslem, en lui envoyant
» son serviteur chargé de ses ordres, faisait dire à
» son parent que les formes du cheval qu'il désirait
» devaient répondre à celles du meilleur de ses lé-

» vriers. On amena un animal dont les Arabes ne
» purent jamais trouver le pareil. »

Merou-ben-el-Keyss répondit un jour à des amis
qui l'accusaient de ne rien entendre ni en chevaux
ni en femmes :

Oui j'ai monté des chevaux
Sobres. forts et légers à la course,
Dont les cuisses étaient solides,
Les tendons secs et la croupe arrondie,
Formant comme un ruisseau vers la queue :
Leurs sabots étaient durs, ils pouvaient marcher sans fers
Par Dieu, je me croyais sur une autruche.

Pour trouver l'herbe haute
Qui croît dans les solitudes dangereuses à parcourir,
Dans les solitudes défendues par la pointe des lances,
Et par le parcours des torrents ;
J'ai bien souvent couru
Quand les oiseaux étaient encore endormis dans leurs nids.

Pour chasser le zèbre à la peau blanche
Dont les jambes sont rayées comme une étoffe des Indes,
Ou pour atteindre l'antilope qui vit dans les pays sauvages
J'ai monté des chevauxaux chairs rendues fermes par les courses.
C'est Dieu qui les créa pour le bonheur des croyants !

Combien de fois n'ai-je point appuyé mon cœur
Sur celui d'une jeune femme à la gorge naissante,
Aux jambes ornées de bracelets d'or.

Dans nos invasions de cavalerie
Quand l'œil devait rencontrer l'œil,
Combien de fois n'ai-je pas dit aussi :
Cours, cours ô mon cheval chéri
Et poursuis l'ennemi en déroute !

FERRURE.

———

Contrairement à l'opinion admise, les Arabes du Sahara ferrent généralement leurs chevaux, soit des deux pieds de devant, soit des quatre pieds, suivant la nature du terrain qu'ils habitent. Ceux qui les ferrent des quatre pieds sont les habitants des pays pierreux, c'est le plus grand nombre. On cite principalement les Arbâa, Mekhadema, Aghrazelia, Saâid Mekhalif Oulad Yagoub, Oulad-Nayl, Oulad-Sidi-Chikh, Hamyane, etc., etc.

Il est d'usage universellement reçu de déferrer les chevaux au printemps, quand on les met au vert dans les pâturages. Les Arabes prétendent qu'on doit alors se garder de contrarier le renouvellement du sang qui s'opère en cette saison.

Il existe dans chaque tribu du désert un douar séparé, nommé le douar des maîtres *(douar el maâlle-min)*, ce douar est celui des maréchaux-ferrants.

Une profession ent'èrement et spécialement consacrée à ce complément indispensable de l'Arabe, le cheval, devait être l'objet d'une estime toute particulière, aussi des priviléges nombreux et inappréciables leur sont-ils accordés ; mais je ne sais si dans la concession de ces priviléges, on doit voir seulement un hommage rendu à un art tout équestre, ou si, dans le cas que l'on fait du seul art qui subsiste au désert, il n'y a pas le souvenir des encouragements donnés aux habiles et savants artistes de l'Arabie, de l'Egypte, de l'Afrique et de l'Espagne, par les Arabes d'autrefois, les brillants vainqueurs des Goths, les contemporains d'Aaroun-el-Raschid.

Les Arabes du Sahara disent que les premiers maréchaux leur sont venus des villes du littoral, ainsi que de *Fass*, de *Tunis*, de *Mascara*, de *Tlemsan* et *Constantine*, et puis que leur profession et leur savoir se sont perpétués dans les familles, de génération en génération.

Le maréchal doit être quelque peu armurier et taillandier, seulement pour raccommoder les mors, éperons, couteaux, fusils, sabres et pistolets. Il fabrique les fers à cheval, les aiguilles à passer, les faucilles, les petites haches, les pioches.

Ils jouissent des immunités suivantes :

Le maréchal ne paye pas de contributions ; quand la tribu vient dans le Teull pour y acheter des grains, on se cotise pour lui. — Il partage au reste cette immunité avec l'ouvrier en chaussures : *Sanaâ el hadide ou sanaâ etemmague ma ibezeurche* ; l'ouvrier en fer et l'ouvrier en bottes ne payent pas d'impôts.

Il ne doit à personne le kouskoussou ni l'abri, c'est-à-dire qu'il est exempt de l'hospitalité *(diffa)* qui, dans certains cas, pèse sur tous.

Le travail soutenu qu'exige sa profession, les éventualités inévitables auxquelles le soumettent jour et nuit les besoins urgents de ses frères, les veilles qu'il supporte lui donnent droit à un bénéfice que l'on appelle *aâdet el maâllem*, la coutume du maître. Au retour des achats de grains dans le Teull, chaque tente lui fait abandon d'une *feutra* de blé et d'orge et d'une *feutra* de beurre. Au printemps il reçoit encore une toison de brebis.

Si l'on tue un chameau pour la boucherie, il prélève la partie comprise entre le garrot et la queue, moins la bosse ordinairement chargée de graisse, qui est très recherchée.

Dans les razias et les expéditions, qu'il ait ou non assisté à l'entreprise, il a droit à une part du butin. C'est habituellement une brebis, un chameau, plus ou moins, suivant l'importance des prises. On appelle cette coutume la brebis du cavalier.

Enfin, le plus important privilége des maréchaux, le signe irrécusable de la protection dont ils jouissaient autrefois, de l'estime dont ils jouissent encore aujourd'hui, c'est le don de la vie dans les combats. Si le maréchal est à cheval, les armes à la main, il s'expose à être tué comme tous les cavaliers du *goum* ; mais s'il met pied à terre et, s'agenouillant, imite avec les deux coins de son bournouss, qu'il élève et baisse alternativement, le mouvement de son soufflet de forge, il sera épargné.

Des cavaliers ont plus d'une fois sauvé leur vie au moyen de ce stratagème.

Le maréchal ne peut jouir de cette faveur qu'autant qu'il vit inoffensif, absorbé par les devoirs de sa profession, mais s'il se fait connaître par ses prouesses guerrières, il renonce aux priviléges de son métier et rentre dans la classe commune.

Ce privilége est compensé par un inconvénient très grand. Quand il s'est enrichi, on lui cherche une mauvaise querelle et on lui enlève, d'une manière ou d'une autre, une partie de sa fortune pour l'empêcher de quitter le pays.

Un maréchal dont la tribu a été rasée va trouver les vainqueurs, et, sur la seule preuve de sa profession, se fait rendre sa tente, ses outils, ses fers, ses ustensiles.

Son attirail se compose d'un soufflet (*menafenkh*); c'est simplement une peau de bouc, avec trois orifices, dont deux supérieurs sur la même ligne, et le troisième à la partie opposée ; par ce dernier sort un canon de fusil ou de pistolet qui doit conduire le vent sur le feu. La femme est chargée de manœuvrer ce soufflet ; elle se met à genoux devant le charbon placé dans un trou, et prend dans chaque main un de ces orifices supérieurs qu'elle bouche en ramassant les parois de la peau qui les forment ; puis baissant et étendant alternativement ses mains , elle obtient un mouvement de va et vient qui établit un courant suffisant, sinon expéditif. Les Arabes du Sahara préfèrent, à tout autre plus perfectionné , ce soufflet d'un volume peu embarrassant et plus facile à transporter dans leurs courses nomades.

Au soufflet il joint une enclume (*zebra*), un marteau (*meterka*), des limes *(mebared)*, des tenailles (*Leggate*), et un étau (*ziar*). Ces instruments, pour la plupart, leur viennent du littoral; il en est cependant qu'ils font eux-mêmes.

Ils se procuraient autrefois le fer dans les grands marchés du désert central, à *Tougourt* , chez les *Beni Mezabe*, à *Timimoun*, suivant le plus ou moins de rapprochement de ces points par rapport à leur localité. Ils commencent à nous l'acheter.

Ils font eux-mêmes le charbon avec l'*ârar*, le *remt*, le *senoubeur* et le *djedary*. Ce dernier est le plus estimé.

Les fers sont préparés à l'avance , le débit en est certain , les Arabes faisant toujours leur provision de l'année, qui consiste en quatre paires de fers pour les pieds de devant et quatre paires pour les pieds de derrière.

Les clous sont aussi forgés par les maréchaux.

Lorsqu'un cavalier va chez le maréchal, il apporte ou n'apporte point ses fers. Dans le premier cas, le maréchal est payé par ses priviléges; le cheval ferré, son maître le monte et dit tout simplement : « Que Dieu fasse miséricorde à tes pères, — *Allah ierham oualdik,* » et s'en va ; le maréchal retourne à son ouvrage.

Si le cavalier n'apporte point les fers, il donne deux boudjous au maréchal qui a ferré les quatre pieds, et le remerciement est la plus simple des formules de la politesse arabe. « *Allah yaâtik soha,* Dieu te donne la force » dit-il, et il part.

On ferre à froid dans le Sahara. Il y a dans le pied du cheval, disent les Arabes, des parties vides telles que la fourchette, les talons, etc., qu'il est toujours dangereux d'échauffer, fût-ce seulement par l'approche du fer rouge. Cet éloignement pour le fer chaud, motivé par l'action funeste de la chaleur sur les parties délicates du pied, est tellement prononcé chez eux que, dans les bivouacs, quand ils nous voient ferrer nos chevaux, ils disent : « *Voilà les chrétiens qui mettent de l'huile sur du feu.* » En un mot, ils ne peuvent concevoir comment, dans les marches surtout, où le mouvement amène le sang dans les pieds du cheval, on peut augmenter par l'approche du feu cette chaleur naturelle.

La ferrure est très légère, d'un fer doux et liant. Les fers sont à éponges réunies. On ne met pour ceux de devant que trois clous de chaque côté, les pinces sont libres, jamais on n'y pose de clous, suivant les Arabes des clous en pince gèneraient l'élasticité du pied et feraient éprouver au cheval, au moment où il poserait sur le sol, absolument la même sensation qu'à l'homme une chaussure trop courte. De là une foule d'accidents.

On ne pare pas les pieds, on ne les raccourcit pas non plus. La corne du cheval pousse librement; le terrain fort pierreux et le travail incessant suffisent à l'user naturellement à mesure qu'elle pousse et dépasse le fer. On ne sent la nécessité de parer les pieds que quand les chevaux ont été longtemps attachés devant la tente, sans travailler, ou quand on est resté dans le Teull. Les Arabes se servent alors tout simplement des couteaux affilés qui ne les quittent pas. Cette méthode a encore cet avantage qu'un cheval déferré peut continuer sa route, parce que la sole est dure et résistante. « Chez vous, » disent-ils, avec votre habitude de parer le pied, si » le cheval se déferre, il faut s'arrêter ou le voir » en sang, boîter, souffrir, etc. »

Les fers sont à éponges réunies, parce que le cheval ne pouvant souffrir que de la partie vive et non de la partie dure, c'est la fourchette qu'il faut préserver de tout accident. Les éponges doivent suivre la courbure de la fourchette.

Ils donnent aux têtes de clous la forme d'une tête de sauterelle; seule forme, prétendent-ils, qui permette aux clous de s'user jusqu'à la fin sans se casser. Ils approuvent notre méthode de faire entrer les clous dans les étampures et de les river extérieurement, ce qui empêche les chevaux de se couper;

mais leur pauvreté en fer les force à se contenter, eux, de rabattre les clous sur la corne, afin de pouvoir les faire servir une deuxième fois en refaisant la tête.

Quand un cheval forge on lui raccourcit les talons, on donne des fers légers aux pieds de devant, les fers de derrière sont plus lourds.

Ils se gardent bien de laisser à leurs chevaux un pied ferré et l'autre dégarni. Si, dans une course, un cheval se déferre d'un des pieds de devant, et si le cavalier n'a pas de fers avec lui, il met au pied dégarni l'un des fers de derrière et dégarnit l'autre.

Si le cheval n'est ferré que du devant, on lui déferre l'autre pied plutôt que de le laisser dans cette position.

Quand un cheval, après une longue course, telle que savent en faire les cavaliers du désert, a besoin d'être ferré, il n'est pas rare de lui voir placer un morceau de feutre entre le fer et le pied.

Cette urgence, causée soit par la nature du terrain, soit par la longueur des courses, de ferrer les chevaux du Sahara, a fait sentir la nécessité d'accoutumer le poulain à se laisser ferrer facilement.

On lui donne du kouskoussou, de la galette, des dattes, il laisse lever son pied, on frappe dessus, puis, on lui caresse l'encolure et les joues en lui parlant toujours à voix basse, bientôt il lève de lui-même les pieds quand on les lui touche. Le peu de difficulté qu'on rencontre plus tard, grâce à cette éducation,

a probablement inspiré cette hyperbole arabe :
L'instinct du cheval de race est si merveilleux, qu'à
peine déferré il l'indique lui même en montrant son
pied.

Cette exagération prouve au moins combien les
chevaux sont faciles à ferrer; elle explique aussi
comment, dans le désert, tout cavalier doit en route
pouvoir et savoir ferrer son cheval. Ce point est
d'une haute importance; être très habile en équi-
ttaion, instruire parfaitement un cheval, tout cela
ne suffit pas pour être réputé cavalier : il faut, en
outre, savoir le ferrer au besoin. Aussi quand on part
pour une expédition lointaine, chaque cavalier emporte dans sa *djebira* des fers, des clous, un marteau,
une tenaille, quelques lanières pour réparer son
harnachement et une aiguille à passer. Son cheval
vient-il à se déferrer, il met pied à terre, défait sa
corde de chameau, la passe d'un côté au *kerbouss*
de la selle, de l'autre au paturon, et noue les deux
bouts à la longueur voulue pour que le cheval présente le pied. Le cheval ne bouge pas et le cavalier
le ferre seul; si c'est un fer de derrière qui manque,
il soutient le pied sur son genou et ferre encore sans
aide.

Pour ne pas se tromper, il passe son alène dans
les étampures afin de s'assurer à l'avance de la véritable place où se trouvera le clou.

Quand, par hasard, le cheval est difficile, on se fait
aider, pour les pieds de derrière, par un camarade

qui pincera le nez ou les oreilles de l'animal. Pour les pieds de devant, on lui met simplement la croupe vis-à-vis d'un gros buisson épineux, ou bien encore on lui fait un torche nez avec une musette remplie de terre.

Les Sahariens trouvent notre ferrure beaucoup trop lourde, et prétendent que dans des courses longues et rapides elle doit fatiguer horriblement les articulations du cheval, ou devenir la cause d'une foule de tares du boulet. « Regardez nos chevaux, » disent-ils, comme ils font sauter la terre ou le » sable derrière eux, comme ils sont légers ! Comme » ils lèvent leurs pieds avec aisance, comme ils » étendent ou contractent leurs muscles. Ils seraient » lourds et gênés comme les vôtres, si nous ne leur » donnions des fers légers qui ne leur chargent pas » les pieds, dont la matière, quand ils s'amincissent » vient se fondre avec la corne et forme un seul » corps avec elle. »

Et quand je leur disais que nous n'avions pas remarqué dans notre ferrure les inconvénients signalés par eux, ils me répondaient : « Comment pou » vez-vous le savoir ? Franchissez comme nous, dans » une journée, la distance qui vous demande cinq » ou six jours de marche, et puis vous verrez. Belles » marches que vous faites, vous autres chrétiens, » avec vos chevaux ! »

HARNACHEMENT.

J'ai avancé que la selle arabe donnait au cavalier une solidité telle qu'il ne se chagrinait nullement de certains vices du cheval, dont nous avons l'habitude de nous inquiéter. J'en dirai donc un mot, quoiqu'elle soit aujourd'hui bien connue de tous.

La selle arabe consiste en un arçon de bois, surmonté, en avant, d'un long *kerbouss* ou pommeau, et d'un large troussequin par derrière, assez haut pour défendre les reins. Le tout est recouvert et réuni, sans clous ni chevilles, par une simple peau de chameau qui lui donne une grande solidité. Les bandes reposent sur le dos du cheval; elles sont plates et larges, les libertés du garrot et du rein bien entendues, et le siége vaste et commode. Ce dernier est très dur; il faut une grande habitude pour le supporter; les chefs le recouvrent d'un coussin de laine, mais les simples cavaliers tiennent à honneur de monter sur le bois nu; prétendant que l'usage des coussins est un excès de mollesse qui, tout en diminuant leurs points de contact, ne peut que les inviter au sommeil pendant les longues courses, et par conséquent les exposer à blesser leurs chevaux. Ceci est d'autant plus méritoire que, le plus souvent, en été surtout, ils montent sans culotte.

L'arçon est caché par une *stara*, couverture en maroquin rouge, sans aucun ornement pour les gens pauvres ou peu aisés, et par une *ghrebaria*, couverture en drap ou en velours écarlate, brodée en fil d'or ou d'argent, et ornée de franges pour les chefs et les riches.

Le poitrail (*deïr*) est très large et se place comme celui de notre selle à la française; ses extrémités sont pourvues de deux fortes boucles en fer ou en argent ciselé, et se joignent à l'arçon par de petits contre-sanglons placés avec intelligence pour maintenir la selle bien d'aplomb.

Les Arabes ne veulent pas de croupière ; elle s'oppose, disent-ils, aux mouvements de progression par la gêne qu'elle impose au cheval ; ils en mettent seulement aux mulets et aux ânes qui portent le bât; encore ne passe-t-elle pas sous la queue.

Les *étriers* sont larges et lourds, leurs faces latérales vont en diminuant de manière à se joindre à la branche supérieure qui supporte l'anneau des étrivières. On les porte très courts, et on y chausse tout le pied qui se trouve ainsi garanti des balles et des chutes. Ces étriers sont extrêmement douloureux pour ceux qui n'en ont pas l'habitude, parce que quand on s'élève sur eux, l'œil vient à porter contre l'os de la jambe. A la longue la peau se durcit, et il se forme une exostose (*maâzia*) qui ôte toute sensibilité. C'est à ces exostoses qu'on distingue le cavalier du fantassin, à ce point que, dans la province d'Oran, un bey voulant infliger un châtiment exemplaire à une tribu qui s'était révoltée, fit mettre à mort tous ceux qui lui tombèrent dans les mains, signalés par des *maâzia*. Il savait ne frapper ainsi que des cavaliers. Chez les riches, les étriers sont dorés ou argentés; les chefs turcs les portaient autrefois en or ou en argent massif.

Ces étriers sont soutenus par des étrivières placées en arrière de la sangle, et qui ne sont autre chose que des lanières tassées soit en maroquin, soit en poil de chameau; doublées sept ou huit fois, elles sont d'une grande solidité. Les nobles font confectionner leurs étrivières avec des cordonnets de soie; mais si solides qu'elles puissent être, comme elles pourraient ne pas suffire avec une équitation où l'on ne connaît que l'appui sur les étriers, aux allures vives, on y joint des *maâoune* ou soutiens d'étriers.

En guise de la couverte à cheval, les Arabes se servent de feutres qui sont fixés à la selle afin de seller promptement: ils sont au nombre de sept teints en bleu, jaune et rouge. Le bleu doit couvrir tous les autres. On leur en adjoint un huitième, mais blanc et mobile, qu'on puisse laver ou faire sécher au soleil, si le cheval a transpiré. Quand ces feutres sont bien coupés, les différentes nuances qui s'étagent en se dépassant légèrement forment un ornement d'assez bon goût, tout en préservant le cheval des blessures. On tient à ce qu'ils couvrent un peu les reins.

La sangle se place en avant des étriers, elle est plus étroite que la nôtre. Les Arabes ont pour principe de peu sangler leurs chevaux, ils le peuvent sans inconvénient avec leurs selles qui sont toujours d'aplomb.

La bride est à montants très larges, à œillères, quelquefois mais très rarement avec une sous-gorge. La sous-gorge est lâche, liée à la têtière. L'Arabe du Sahara ne l'aime point, parce que si, dans le combat, son cheval venait à être saisi par la bride, ce qui arrive quelquefois, il n'aurait pas la ressource habituelle de passer les rênes pardessus sa tête et d'échapper ainsi à l'ennemi, lui laissant une bride pour toute capture. Les œillères, elles, ont cet avantage qu'elles empêchent le cheval d'être distrait par les objets extérieurs, et peut-être sont elles une des raisons pour lesquelles le cheval n'a peur de rien.

Les montants et la têtière de la bride sont brodés en soie pour la classe ordinaire et pour les riches en or ou en argent.

Le mors tient à la bride et ne se nettoie jamais. Les branches sont larges, courtes sur la ligne et façonnées à la Condé. Les canons sont plats et la

gourmette est un anneau circulaire fixé à la partie
supérieure de l'embouchure. Le mors arabe n'a pas
de liberté de langue, et son bras de levier est beaucoup plus court que dans le mors français, il est
donc bien moins dur qu'on ne l'a cru jusqu'ici. L'a-
vantage qu'il offre pour la guerre d'être exempt de
ces gourmettes et de ces crochets que l'on est souvent fort embarrassé de remplacer, ne saurait aussi
être trop apprécié.

Les rênes sont longues, on y fait deux nœuds, l'un
à l'endroit d'où l'on peut maintenir son cheval au
pas sans gêner la liberté de ses mouvements, et l'autre à la place où l'on a reconnu que le cheval, après
avoir raccourci les muscles de son encolure au galop, vient à donner dans la main. On les tient à pleine
main, au besoin on s'en sert comme de fouet pour
exciter son cheval.

Les Arabes repoussent le filet qui ne sert, disent-
ils, qu'à embrouiller les aides du cheval, combattant
rarement avec le sabre ils n'en ont jamais senti la nécessité.

Les Arabes du Sahara se servent d'un fouet pour
corriger le cheval quand ils le dressent, ou pour
l'exciter à la chasse ou à la guerre. Ils le nomment
souâte. Ce fouet se compose de cinq ou six lanières
tressées, supportées par un anneau fixé à une branche
de fer de six à sept pouces de longueur, laquelle est
terminée encore par un autre anneau. A ce dernier
s'attache le petit cordon de cuir que l'on se passe

au poignet. Autour du morceau de fer, mais moins long que lui d'un pouce, est un cylindre creux, en fer également, dont le diamètre lui permet un jeu facile. On se sert du *souâte* à tour de bras, il a une telle puissance qu'au bout d'un certain temps il suffit de l'agiter seulement pour que le cheval s'élance de toute sa vitesse, le bruit produit par le contact du cylindre soit avec les anneaux, soit avec la branche qui les unit, lui ayant rappelé un bruit à peu près semblable à celui du *tekerbeâa* dont nous avons parlé en son lieu.

Dans le désert on porte au kerbouss de la selle un bâton long d'une coudée et terminé par une assez grosse tête garnie de clous, et que l'on passe au poignet au moyen d'un morceau de cuir.

Quelques-uns le remplacent par un bâton plus long terminé par un crochet, afin de pouvoir relever le butin à terre, sans descendre de cheval. Ils appellent ce dernier *el aâraya,* la dépouilleuse.

Les *Arbâ* et les *Harrars* ne sauraient monter à cheval, sans avoir un de ces bâtons.

Les éperons sont à une seule branche, lourds, solides et longs. Ils sont maintenus par une simple courroie croisée et se chaussent très-large. Nous en avons donné les motifs. On ne peut les garder étant à pied.

Chaque Arabe porte comme complément de harnachement, pendu au *kerbouss* de la selle; une espèce de sabretache nommée *djebira* ou *guerab.* Cette *dje-*

bira contient plusieurs compartimens, ce qui permet d'emporter du pain, du biscuit, un miroir, du savon, des cartouches, des savates, des pierres à feu, une écritoire et du papier suivant les professions. Il y a des *djebira* excessivement riches. Je suis convaincu que c'est de l'Orient que nous sont venues les sabretaches de nos hussards.

Les hommes du peuple en expédition portent aussi, suspendues au troussequin de leurs selles des espèces de besaces qu'ils appellent *semmâte*. Elles sont plus courtes que les nôtres afin de ne pas fatiguer les flancs du cheval.

Les Arabes, excepté les grands seigneurs, n'ont point de fontes à leurs selles. Ils portent leurs pistolets à la ceinture *(mhazema)* ou dans un étui en forme de cœur *(kuebourâte)*, qui repose sur le côte gauche, bien maintenus par une courroie d'épaule et une de corps. L'Arabe préfère ce dernier mode de porter les pistolets, parce qu'il y trouve l'avantage de les avoir encore sur lui quand il lui arrive d'être séparé de son cheval tué.

Ceux qui ne mettent pas de sous-gorge à leur bride ornent ordinairement leurs chevaux de dents de lion, de sanglier, ou de talismans qu'ils leur pendent au cou au moyen de cordons de soie ou de laine.

Dans nos idées, il est généralement reçu que plus un cheval de race est nu, mieux il fait ressortir la beauté ou l'élégance de ses formes. Les Arabes ne sont pas de notre avis, ils disent, eux :

> El koheul (1) izyen el oulya
> Ou enedjâa yzien tenya
> Ou serdj izien el metya.
> Le koheul embellit la faiseuse d'enfant,
> Une tribu embellit un défilé,
> Et la selle embellit les chevaux.

Pendant mon séjour en Afrique, j'ai vu tant de chevaux qu'on n'avait pu vendre munis d'une selle anglaise, être enlevés avec fureur revêtus du harnachement arabe, que je suis bien près d'adopter le préjugé indigène. Bien des fois également, j'ai pu m'en convaincre, un Arabe venant d'acheter un cheval à un Européen et l'ayant couvert de sa selle, a laissé des regrets au vendeur s'apercevant trop tard d'une beauté jusqu'alors méconnue.

Il est vrai de dire que tout le luxe des Arabes est dans le harnachement. Car si le prophète a sévèrement défendu l'or dans les habits, il l'a, par contre, autorisé, prescrit même pour les armes et les chevaux. Il a dit : celui qui ne craint pas de dépenser pour l'entretien des chevaux de guerre sainte (*djehad*) sera considéré, après sa mort, à l'égal de celui *dont la main aura toujours été ouverte* (qui aura fait beaucoup d'aumônes). Aussi n'est-il pas rare de voir, même par

---

(1) Koheul, sulfure d'antimoine qui sert à teindre les paupières.

Quand une femme s'est ornée les yeux de koheul, paré de henna et qu'elle a mâché la branche de souak qui parfume l'haleine, fait les dents blanches et les lèvres pourpres, elle est plus agréable aux yeux de Dieu, car elle est plus aimé de son mari.

ce temps de perturbations et de misère, un chef Arabe se donner une selle de deux à trois mille francs.

Si le harnachement arabe n'est pas irréprochable dans tous ses détails, il a cependant une supériorité incontestable sur notre selle de cavalerie légère, la selle dite à la hongroise.

En effet, le siége de la selle arabe n'est-il pas mieux entendu que le loup de la nôtre ? Ce dernier est incommode, fatigant, il éloigne le cavalier du cheval et l'empêche d'avoir une bonne assiette. L'autre au contraire, rapproche le cavalier du cheval, ce dont tout le monde doit comprendre l'importance. Il lui permet de bien s'asseoir ; par sa structure il lui fait gagner de nombreux points de contact, car il lui donne la facilité d'embrasser d'en haut, c'est-à-dire avec la partie supérieure des cuisses.

La sangle n'est-elle pas mieux placée sur les côtes sternales ou vraies que sur les fausses côtes, ou asternales, qui jouent un si grand rôle dans l'acte de la respiration ? Le jeu des poumons n'en est-il pas plus libre ?

Les étriers courts et placés en arrière de la sangle n'ont-ils pas l'avantage dont manquent les nôtres, celui de forcer le cavalier, quelle que soit sa conformation, à tenir les jambes près de son cheval ? Ne donnent-ils pas aussi une plus grande solidité, en permettant de s'élever sur eux tant pour se servir des armes que pour faciliter les allures vives du cheval.

Leur poitrail se place facilement et sans perte de

temps, il ne gêne pas les épaules et ne cause pas de blessures au garrot, comme le nôtre, dont l'éternelle tension sur la partie inférieure du pommeau est si funeste à nos chevaux.

Tout ce qui est inutile et fatigue le cheval sans raison est exclu de leur harnachement, aussi les Arabes ne comprennent-ils pas du tout notre scha- braque. Ils demandent si le cheval n'a déjà pas assez à porter à la guerre sans qu'on l'en surcharge en- core.

Je ne sais si ces observations sont judicieuses, mais je sais que les Arabes acquièrent très promptement la tenue et la confiance à cheval, tandis qu'il nous faut plusieurs années pour obtenir un médiocre ca- valier. Nos hommes sont cependant vigoureux et bien constitués, d'où peut donc venir un tel état d'infé- riorité ? Suivant moi, de notre harnachement, qui veut des bassins larges, des reins souples, des con- formations privilégiées, en un mot, quand le leur convient à tous les bassins, à tous les reins, à tous les ventres, à toutes les cuisses imaginables, sert aux vieillards comme aux jeunes gens et obtient de tous ce que nous ne saurions, nous, exiger aujourd'hui que d'un petit nombre.

Sans contredit, nous avons de grandes améliora- tions à introduire dans notre harnachement. Un peuple ne peut se condamner à ne pas monter à cheval par la seule raison que la selle dont il fait usage n'est appropriée qu'aux exceptions.

MÉDECINE VÉTÉRINAIRE CHEZ LES ARABES.

Je n'ai pas cru devoir terminer la partie la plus réellement spéciale de ce livre, sans donner un aperçu des connaissances des Arabes en médecine vétérinaire. Tel est le but que je me suis proposé dans les quelques pages qui vont suivre. — C'est répéter que je ne fais qu'exposer, sans nullement prétendre enseigner.

De même que j'avais demandé sur l'œuvre entière l'avis des autorités compétentes, j'ai voulu appeler sur la question spéciale de la médecine vétérinaire l'appréciation d'un homme d'un savoir éprouvé, **M.** Riquet, vétérinaire principal, secrétaire de la commission d'hygiène hippique.

En publiant l'avis de ce praticien distingué, je n'ai, cette fois encore, pour but que d'offrir, en quelque sorte, une garantie de la conscience qui a présidé à mes études.

« Paris, le 17 février 1851.

« Mon général, j'ai lu avec intérêt les documents que vous m'avez fait l'honneur de me confier et qui sont relatifs aux principales maladies dont les chevaux barbes sont le plus ordinairement atteints.

» Je vous dirai que j'ai été frappé de l'esprit d'observation dont les Arabes font preuve pour ce qui concerne les tares des membres, et de la simplicité des moyens curatifs auxquels ils ont recours pour les guérir. Mais il n'en est pas de même pour les maladies internes, leur ignorance de l'anatomie et des différentes fonctions vitales leur fait croire à une foule de causes imaginaires et faire usage de moyens de traitement que repousse la science.

» Cependant, comme rien n'a encore paru sur cette matière, et que dans la liste des maladies que contiennent vos notes il y en a plusieurs qui ne se trouvent pas dans notre cadre nosologique vétérinaire, je suis persuadé que la publicité des documents que vous avez recueillis chez les tribus nomades de l'Algérie, offrira de l'intérêt aux personnes qui s'occupent de science hippique.

» J'ai l'honneur d'être avec respect, mon général, votre bien dévoué serviteur.

» Le vétérinaire principal, secrétaire de la commission d'hygiène hippique,

» RIQUET. »

Avant d'indiquer les différents remèdes qu'on applique dans le désert aux maladies des chevaux, disons quelques mots sur l'art des vétérinaires chez les Arabes. Ce qui est chez nous une science complète, s'enseignant dans les écoles et engendrant une profession spéciale, est, parmi eux, une tradition multiple dont on ne peut réunir les parties qu'en consultant un grand nombre d'hommes placés dans les conditions les plus variées. Autrefois, il existait sur cette importante matière des traités soigneusement conservés par les Tolbas; maintenant les livres ont à peu près disparu, mais leur esprit subsiste encore. Ce qui se lisait se raconte, et ceux qu'une particulière aptitude pousse vers l'hippiatique trouvent auprès des lettrés des documents précieux.

Ces documents sont un bien dont ils doivent compte, en quelque sorte, à leur nation tout entière. Tel est l'amour religieux qui entoure le cheval chez les Arabes, qu'on n'aurait pas de paroles assez amères pour flétrir l'homme qui ferait tourner à son profit ses connaissances de vétérinaire. Celui qui possède l'art de guérir les chevaux doit à tous ses coreligionnaires la complète et continuelle jouissance du don qu'il a reçu. Investi d'une fonction sacrée, il sera toujours à la disposition de qui requerra sa science. Si la pensée lui venait de mettre un prix aux soins qu'il donne, on l'appellerait un quémandeur ou un usurier. Son premier devoir est le désintéressement le plus absolu.

Une obligation non moins rigoureuse pour qui sait traiter les maladies du cheval, c'est de ne pas cacher sa science. On ne saurait trop le dire, l'art du vétérinaire est un bien qui n'appartient à personne; c'est un véritable trésor national réparti entre plusieurs à titre de dépôt. Quand on songe au rôle que joue le cheval dans la vie des Arabes, il n'y a rien là qui puisse être une source d'étonnement. Pour les disciples de Mahomet, le cheval est un instrument de guerre, et la guerre elle-même est un instrument de propagande religieuse. Celui-là porterait donc une véritable atteinte au culte de sa patrie, qui voudrait ou enfouir ou exploiter des connaissances étroitement liées aux intérêts de la foi.

La seule récompense qu'on puisse offrir à un vétérinaire, *tebib el kheïl*, c'est une généreuse hospitalité. Il trouve sous la tente où il a été appelé une nourriture abondante pour lui et son cheval. Lorsqu'il s'en va, on doit lui dire : *Que Dieu se souvienne de tes pères*. Il répondra : *Restez avec le bien*.

Loin d'être une source de lucre, cette noble industrie devient souvent onéreuse pour celui qui est tenu de la pratiquer; car le vétérinaire ne se transporte pas toujours sous la tente de ses coreligionnaires; souvent c'est chez lui qu'on va le consulter. Il faut, dans ce cas, qu'il exerce l'hospitalité. Cet homme, renommé par son habileté à soulager la race chevaline, est ruiné par les frais continuels que cette habileté lui impose.

Malgré l'absence de toute école vétérinaire, il
n'est pas rare cependant qu'on envoie dans le désert,
chez un homme renommé par sa science, des jeunes
gens destinés à répandre dans les tribus ce qu'ils ont
appris sur les maladies des chevaux. Celui qui forme
ainsi des disciples ne recevra aucune rétribution en
argent, mais il pourra recevoir des cadeaux en blé,
en moutons ou en vêtements ; ses écoliers ne seront
pas à ses frais, et contracteront envers lui une dette
de reconnaissance dont ils ne se croiront jamais li-
bérés.

Il y a un seul cas où le vétérinaire peut recevoir
un véritable témoignage de munificence , le voici :
Quand un Arabe élevé en dignité ou en fortune voit
un cheval pour lequel il a une particulière affection
atteint d'une maladie grave , il appelle à une con-
sultation sous sa tente , quatre ou cinq des vétérinaires les plus renommés. Après avoir convenu du
traitement à adopter , les hommes que l'on a appelés confient à l'un d'entre eux le soin d'exécuter leur
prescription. Celui qui a été choisi reste sous la
tente du personnage important jusqu'à la guérison
ou jusqu'à la mort du cheval malade. Quand il part,
on lui donne un chameau, un cheval ou des vêtements.

Il y a, si je ne me trompe, dans les détails exacts
que je viens de donner, un enseignement plus haut
que la matière même dont je m'occupe. Dans ces
relations simples , dignes, prescrites d'avance jus-

qu'en leurs moindres détails entre le vétérinaire et ses coreligionnaires, on peut saisir tout un côté de la vie Arabe. On retrouve là le peuple qui rapporte à une pensée religieuse tous les actes de sa calme et périlleuse vie. Cela dit, revenons à notre sujet.

MALADIES DES EXTRÊMITÉS DES MEMBRES.

BLEIMES *(Rahsa)*. — Parer le pied, arriver à la bleime, la mettre à nu, ne pas craindre de la faire saigner, et purulente, suppurée ou non, y introduire de la résine, de la graisse rance et du goudron, que l'on fera fondre par l'application d'un fer rouge. Ensuite ferrer en recouvrant toute la sole et la fourchette avec un cuir, placé sous le fer. Le lendemain le cheval peut marcher.

ATTEINTES *(Jelhag el djerida)* (proprement il atteint la liste :) — Pour les atteintes en talon, on applique sur la partie contuse, une espèce de pommade faite avec du *henna*[1] et du *zadje* pilés, et réunis par du beurre rance.

---

(1) *Henna.* — Les Arabes appellent henna le *lawsonia inermis*. Le henna est un joli arbrisseau qui a une grande ressemblance avec le troëne et qui s'élève à la hauteur de trois à quatre mètres, ses feuilles sont d'un beau vert luisant.

On cueille les feuilles dans le mois de juillet ; on les fait sécher au

On regarde comme très dangereuses les atteintes sur les tendons, surtout lorsqu'elles ont amené un engorgement. Le moyen curatif est l'application d'un emplâtre de fine fleur de froment délayée dans des blancs d'œufs. Cet emplâtre, étendu sur une bande de toile de trois ou quatre pouces de largeur, doit être maintenu en haut et en bas par un ruban plat, jusqu'à ce qu'il soit de lui-même devenu adhérent. Cet effet ne tarde pas à se produire, si bien que le temps venu de l'ôter, on ne doit le faire qu'avec précaution et au moyen de l'eau tiède.

Crevasses (scurr). — Eloigner avec soin la boue, l'urine, la malpropreté enfin.

Faire des applications de son bouilli dans l'eau à laquelle on aura ajouté un peu de vinaigre.

Ou bien mettre sur la crevasse une espèce de pâte faite soit avec du *henna* et du *zadje* pilé, soit avec du beurre frais et du *toutya* [1] réduit en poudre.

---

soleil, puis on les réduit en poudre très fine. Les indigènes, et surtout les femmes, s'en servent pour teindre leurs ongles, l'extrémité des doigts, la paume des mains, les orteils, les cheveux ; elles sont employées pour teindre la crinière, le dos, les jambes de leurs chevaux, surtout lorsqu'ils sont d'une couleur blanche.

Dans la médecine arabe, on emploie le henna contre les contusions, les blessures, les gonflements, les abcès, etc., pour endurcir les parties, les cicatrices récentes ; on l'applique encore sur les muqueuses, dans la bouche, contre le mal de dents, etc., pour diminuer la trop grande transpiration d'une partie du corps.

(1) *Toutya.* — Sous ce nom les indigènes désignent le sulfate de cuivre (vitriol bleu, couperose bleue), et le sulfate de zinc (couperose blanche).

Avant de renouveler les applications, il faut toujours nettoyer les parties malades avec du savon et de l'eau tiède.

Fourbure.— On appelle le cheval fourbu *medrou be be chaïr* — (frappé par l'orge). — Quand on a commis l'imprudence de faire boire un cheval qui a mangé beaucoup d'orge, il devient *medroube be chaïr* — frappé par l'orge.

Il faut se hâter de le saigner aux avant-bras et aux saphènes. Ensuite chaque matin, pendant plusieurs jours, on lui fait prendre un bain d'eau fraîche. On l'y tiendra depuis la pointe du jour jusqu'à ce que le soleil commence à devenir chaud.

Pour compléter ce traitement, on diminue la nourriture du cheval et on le purge en mêlant à sa boisson du jus d'oignon.

Coups de pied.— Pour les coups de pied avec ou sans plaie voici les moyens curatifs que l'on emploie :

Prendre de la racine de *bou nafâa* [1], débarrassée de

---

(1) *Bou nafâa.* — Le père de l'utilité, la chose utile par excellence. Ce nom est encore synonime de drias. Ces deux mots sont indistinctement employés pour désigner deux ou trois espèces de plantes ombellifères du genre *thapsia.*

Les Arabes font un grand usage du bou nafâa. On l'emploie contre les engorgements, les maladies chroniques de la poitrine, de l'abdomen, etc., etc. (Voir *Le Grand Désert*, page 387).

son écorce, la couper par morceaux et la faire bouillir dans l'huile jusqu'à ce que cette dernière se soit imprégnée de ses principes au point de devenir rougeâtre. Tremper dans l'huile ainsi préparée un chiffon renfermant du gros sel et bassiner la partie lésée. Elle se gonflera d'abord pour revenir ensuite à son état naturel.

Faute de *bou nafâa*, appliquer sur la plaie un cataplasme composé de graisse, de résine et de goudron qu'on aura fait bouillir ensemble.

MALADIES DES PARTIES MOLLES DES MEMBRES.

Capelet (kherradja). — Quand le capelet est récent et peu prononcé, on rase les poils qui le recouvrent, on fait de légères scarifications sur la peau, puis on y met le feu au moyen d'un petit sachet rempli de sel et trempé dans l'huile bouillante imprégnée du *bou nafâa* dégagé de son écorce.

Ainsi que je l'ai dit, en indiquant la méthode curative employée pour les coups de pied, on reconnaît que le *bou nafâa* a cédé tous ses principes à l'huile, lorsqu'elle est devenue rouge.

On doit se garder de respirer la vapeur du *bou nafâa*, qui peut faire mal aux yeux.

Quand les capelets sont anciens, très prononcés et que le tissu cellulaire sous-cutané est passé à l'état d'induration, il faut raser les poils qui les recouvrent, y faire une incision longitudinale, disséquer la peau des deux côtés, enlever le tissu induré qui recouvre la pointe du *calcanéum*, et rejoindre les bords de la plaie ; on termine en appliquant de la graisse rance, de la résine et du goudron qu'on fait fondre par l'application d'un fer chaud. La suppuration s'établit, cesse bientôt, et au bout de quinze à vingt jours le cheval est guéri. Il faut éviter le contact de l'eau.

VESSIGONS *(beïda)*. — Les Arabes attribuent aux vessigons et aux molettes deux causes principales :

Si le cheval est jeune, il a été surmené ou arrêté trop violemment ; s'il est vieux, on l'aura fait souvent boire après une course rapide, tout en sueur, et l'estomac plein.

Suivant eux encore, le vessigon a trois yeux, l'un à la face externe du jarret, l'autre à la face interne, et enfin le troisième également à la face interne audessous et en dehors du tibia. C'est le plus redouté.

Quand le vessigon est simple, on y applique le feu avec un fer dont la tête représente une circonférence d'une pièce de vingt-cinq centimes, et, bien qu'il ne soit pas apparent à la face interne, comme il ne tarderait pas, disent les Arabes, à s'y dénoncer, on applique par mesure de précaution une autre pointe de feu à l'endroit correspondant, que l'on nomme *aâyn* (l'œil).

Si le vessigon est chevillé, l'Arabe s'y prend d'une autre manière : il ne met qu'une pointe de feu à la partie externe, puis il en applique une au centre de la tumeur interne, qu'il finit par enceindre d'autres pointes très rapprochées les unes des autres et dont le nombre est en raison de la dimension de la tumeur.

Après cette opération, on met du goudron liquide sur les pointes de feu, puis on applique de nouveau le feu sur les mêmes pointes, mais plus légèrement, et afin seulement de faire pénétrer le goudron. Il faut toujours terminer par une application de goudron et éviter le contact de l'eau.

En hiver et au printemps, le miel remplace le goudron.

Il est un autre moyen curatif très fréquemment employé contre les vessigons, et que, presque toujours, j'ai vu réussir.

Raser la place des vessigons tant à la partie interne qu'à la partie externe; faire, au moyen de scarifications, sortir le liquide roussâtre qu'ils renferment, et puis ensuite lotionner la plaie avec ce que les Arabes nomment *ras saboun* (la tête du savon), qui n'est autre chose, je crois, qu'une dissolution de potasse. — Ou bien encore, après les scarifications, on applique le feu avec un petit sachet de sel trempé dans l'huile bouillante.

Il se produit une grande inflammation, puis la suppuration vient, et la guérison arrive bientôt sans laisser de traces.

J'ai vu, lorsque j'étais consul à Mascara, le vétérinaire de l'émir Abd-el-Kader obtenir par cette méthode une cure radicale sur le cheval d'un spahis qui m'avait accompagné. L'animal avait pourtant les jarrets dans un état tel qu'on en avait désespéré.

Molettes (*menafeuss*). — Quand les molettes sont petites et qu'elles n'augmentent pas de volume, on s'en inquiète peu ; on dit même d'elles : « *Yedemenou él aayoub*, elles préservent des défauts.

Mais quand elles sont volumineuses, chevillées ou qu'elles remontent le long des tendons, les Arabes emploient contre elles des moyens énergiques.

Voici le plus usité :

Raser le poil qui recouvre les molettes, faire ensuite une ouverture longitudinale en prenant bien garde de laisser pénétrer l'instrument trop avant, puis quand le liquide roussâtre que contenait la tumeur s'est entièrement écoulé, mettre sur l'ouverture de la plaie de la résine (*œulk senouber*) [1], de la graisse rance et du goudron que l'on fera fondre ensemble par l'application d'une faucille rougie au feu. Vient l'inflammation d'abord, puis la suppuration, et l'animal est guéri au bout de quinze ou vingt jours. Si la suppuration durait trop longtemps, il suffirait pour l'arrêter de mettre du goudron liquide sur la plaie.

On recommande d'empêcher soigneusement l'animal de se mettre les pieds dans l'eau pendant tout le temps que dure le traitement.

S'agit-il d'atténuer les dangers des molettes soufflées qui remontent le long des tendons, on y met le feu sur deux lignes verticales parallèles et réunies

____

(1) **Résine.**

par des lignes perpendiculaires. Le dessin tracé représente une échelle.

Le feu se met avec la pointe d'une faucille, avec
application successive et en dernier ressort de miel
ou de goudron, suivant les saisons. Le miel est,
dit-on, préférable en hiver et au printemps parce
qu'il préserve les blessures de toute humidité.

MALADIES DES PARTIES OSSEUSES DES MEMBRES.

L'éparvin (el djeurde). — L'éparvin, quel que soit son emplacement, est toujours très dangereux, mais il devient, aux yeux des Arabes une cause invincible d'exclusion de tout service, quand il est placé sous la saphène ou que même il l'avoisine.

Ils y appliquent le feu de manière à l'enceindre par des pointes assez rapprochées. Le cautère est passé trois fois, et chaque fois les traces de feu sont recouvertes d'une couche de goudron. Au centre de la circonférence et sur l'éparvin même on a soin d'appliquer également une pointe de feu, plus profonde que les autres.

Les Arabes ont renoncé à guérir l'éparvin sec. Ils repoussent, pour la guerre, l'animal qui en est affecté.

Suros (aadom chiche). — Le suros n'est dangereux que suivant la place qu'il occupe, le cas le plus grave est celui où il avoisine les tendons.

Les Arabes croient que les suros partent du genou pour descendre progressivement et successivement vers les extrémités. Il faut, disent-ils, les arrêter dès leur début, parce que cette maladie de l'os finirait par atteindre le boulet et mettre l'animal hors de service.

Ils essaient de le faire en prenant un pain rond, sortant du four, le coupant en deux et l'appliquant sur la partie malade.

Si ce moyen n'a pas réussi, ils bassinent le suros avec un petit sachet plein de sel qu'ils trempent dans l'huile bouillante imprégnée de *bou nafâa*.

Le poil repoussera, et le cheval ne sera pas déprécié.

Ils préfèrent ce mode à celui du feu appliqué par le fer.

Formes *(louzze, amandes).* — Les formes, suivant les Arabes, proviennent de l'accumulation et du séjour du sang dans la partie du pied où elles se manifestent. Des entraves trop serrées peuvent les occasionner.

Dès qu'elles paraissent, il faut se hâter de saigner l'animal aux veines du paturon. Cette simple opération suffit souvent pour en arrêter le développement ou même les faire disparaître.

On nomme *fekroune (la tortue)*, la forme placée en avant de la couronne. Elle est regardée comme la moins dangereuse. On y met le feu de manière à l'enceindre par des pointes assez rapprochées.

On nomme *louzze*, *amande*, la forme qui se montre sur l'os de la couronne, elle est très dangereuse à cause des tendons qui sont dans son voisinage. Pour la guérir on y fait trois applications de feu alternées de goudron, en ayant, en outre, l'attention de placer une autre pointe de feu, très profonde à la partie interne de la fourchette. On regarde cette dernière opération comme indispensable.

Quoi qu'il en soit, les formes sont très redoutées et font exclure un cheval du service de guerre.

BOITERIES DES ARTICULATIONS.

——

BOITERIES. —Toutes les boiteries dont la cause est apparente , disent les Arabes , peuvent se guérir plus ou moins facilement. Il n'en est pas ainsi de celles qui partent des articulations scapulo-humerale et coxo-femorale.

BOITERIE DE L'ÉPAULE (*dejbda, tiraillement*). — Pour reconnaître la boiterie de l'épaule, il faut se mettre devant le poitrail du cheval, prendre dans la main le pied du membre qu'on croit malade et le tirer fortement à soi. Si l'animal , pour éviter la douleur cède, se porte ou même s'élance en avant, soyez assuré que le mal est dans l'articulation scapulo-humérale. Si, au contraire, il recule, cherchez le mal ailleurs.

La boiterie provenant de l'articulation scapulo-humérale se nomme *dejbda (tiraillement)*.

Voici le traitement employé dans ce cas :

Depuis le tiers de l'encolure jusqu'à l'articulation, pincer la peau, la traverser avec une aiguille à passer et de dix lignes en dix lignes y faire un nœud bien serré avec de la soie. Il en résulte une irritation favorable à la guérison.

BOITERIE DE LA CUISSE. — On reconnaîtra toujours que le siége de la boiterie est dans l'articulation coxo-fémorale, lorsque, ayant forcé le cheval de gravir une montée très rapide on le voit souffrir horriblement et manifester ses douleurs par de violents efforts.

Alors de deux choses l'une, ou il n'y a que tiraillement du ligament rond (*medila*), et il suffira de mettre le feu sur l'articulation coxo-fémorale, ou la tête du fémur est sortie de sa cavité et alors, avant de mettre le feu, on devra s'appliquer à l'y faire rentrer.

Pour obtenir ce résultat, les Arabes placent le cheval sur un terrain incliné, ils le maintiennent attaché à un piquet par une entrave placée au paturon du membre affecté, puis le forcent à grands coups de fouet à s'élancer en avant. Les efforts que fait l'animal se trouvant à chaque instant contenus, suffisent à rétablir l'articulation. Ils arrivent encore à leur but en contraignant l'animal à ne prendre son point d'appui que sur le membre malade, pendant une journée entière.

Dans ce dernier cas, le moyen qu'ils emploient est celui-ci :

Prendre une corde de laine et serrer fortement au-dessus du jarret le membre opposé au membre malade, sur lequel l'animal est inévitablement forcé de se reposer par la vive douleur que lui occasionne la ligature.

MALADIES DES YEUX.

———

Inflammation de la conjonctive, ophthalmie simple.— Bassiner l'œil avec de l'huile après lui en avoir soufflé entre la paupière et la cornée opaque.

Taie *(el beyad)*. — Quelle que soit son étendue ou sa situation sur la vitre de l'œil, si la taie est récente, prendre le jus du tabac qui se trouve dans un tuyau de pipe *(semeughr)*, en imbiber un peu de coton, relever la paupière supérieure, l'y placer et l'abaisser ensuite ; le coton restera là jusqu'à ce que le cheval s'en soit débarrassé tout seul. Le lendemain asperger l'œil avec de l'eau salée, répéter cette opération pendant trois jours consécutifs.

Ou bien :

Piler du corail mâle jusqu'à ce qu'il soit réduit en poudre impalpable, et puis, au moyen d'un tuyau de paille, souffler cette poudre dans l'œil.

Ou bien :

Mâcher des feuilles de palmier-nain ou de cédrat et en cracher le jus dans l'œil.

Ou enfin :

Abattre l'animal et lui introduire dans l'œil des excréments humains. Répéter pendant trois jours de suite. Ce moyen m'a réussi dans l'expédition de Taguedempt.

Dans le désert, on abat le cheval et on lui introduit dans l'œil le sang d'une tortue de terre que l'on vient de saigner.

Paralysie du nerf optique *(el koholy)*.—Les Arabes connaissent la paralysie du nerf optique, à laquelle ils donnent le nom de *koholy*, mais ils renoncent à la traiter.

MALADIES DE L'ABDOMEN.

***

Astres dans l'estomac.—(*El merdjoune, el methiour.*) — On appelle *el merdjoune* le cheval qui a dans l'estomac des vers (œstres) assez gros, courts, blancs à tête noire et couverts de poils sur le corps. Ces vers lui percent les membranes de l'estomac et au bout d'un certain temps qui varie de six mois à un an il succombe inévitablement.

Les Arabes croient que cette maladie provient de ce que les chevaux ont mangé de l'herbe qui a poussé sur le corps d'un serpent mort au printemps et dont la putréfaction commençait à enfanter les mouches que l'on nomme *debabe*.

On reconnaît le *merdjoune* aux signes suivants : quand il rend ses crottins, ils ont la couleur ordinaire, au bout de quelques minutes ils deviennent rouges. Il pisse rarement mais avec abondance, son urine est huileuse et reste par terre pendant assez longtemps réunie en écume. Il perd l'appétit.

Cette maladie est au nombre des principaux cas rédhibitoires. Au bout d'un an l'on peut encore choisir des experts, ouvrir l'animal et faire constater le fait.

Pour guérir le *merdjoune* on lui fait avaler des infusions de *zateur*, les Arabes disent avoir été amenés à l'emploi de ce remède par le hérisson qui chasse la vipère *(lefâa)* la prend par le milieu du corps avec ses dents, la tue à coups de défenses sur la tête sans en recevoir aucune atteinte et puis, l'emporte toujours à côté du *zateur* qu'il se met à manger avec avidité comme pour se préserver de tout accident.

Coliques. — (El oudjâa). — Si les coliques ne doivent pas être attribuées à une autre cause qu'à une indigestion produite par une grande abondance d'eau avalée après un repas exagéré, on s'en inquiète peu. Il suffit, disent les Arabes, de provoquer la transpiration chez l'animal, ce qu'on obtient facilement en le faisant un peu courir, surtout en montant. L'exercice terminé, on a soin de le bien couvrir et s'il vient à fienter ou uriner, on peut être assuré qu'il est guéri.

Mais quand les coliques sont produites par la mauvaise qualité des aliments, surtout par la terre ou la poussière qui sont souvent mêlées à l'orge, on les regarde comme beaucoup plus dangereuses.

Pour les guérir on a recours alors à des fumigations faites le plus souvent avec du poivre rouge et du fenouil de race que l'on fait brûler sur des charbons ardents.

Dans les tentes de distinction, on trouve toujours, pour le même objet, des rats que l'on appelle *faret-el-khreil* (le rat des chevaux) et qui, après avoir été saignés, vidés et fortement salés, ont été lentement desséchés au soleil. Quand on veut s'en servir, on en coupe un petit morceau, qu'on met sur des charbons ardents et on en fait respirer l'odeur au cheval. Cette odeur est nauséabonde, l'animal la fuit, mais, pour sa prompte guérison, il faut le contraindre à l'accepter.

GASTRO-HÉPATITE, JAUNISSE (*bou sefir, le père du jaune*). — Les Arabes prétendent que la jaunisse ne vient qu'en été ou en automne, lorsque les chevaux mangent trop tôt de la paille de blé qui, suivant eux, ne doit pas être donnée avant l'hiver.

Le cheval qui a la jaunisse maigrit, son poil se pique, sa peau jaunit, il perd l'appétit et manque de force.

On reconnaît que le cheval a la jaunisse lorsque dans la conque de ses oreilles, on trouve de petites taches jaunes, que le blanc de ses yeux devient jaune, qu'en relevant les lèvres on lui trouve la membrane buccale jaune, parsemée de petits boutons, et que, sous la queue, la peau se trouve aussi jaunâtre. Outre ces signes, la jument présente en sus, dans l'intérieur de la vulve, des taches jaunes.

Pour guérir l'animal, on lui fend la peau entre les deux naseaux de manière à mettre à nu un nerf peu profond et assez épais que l'on nomme le nerf de la jaunisse : quand on l'a trouvé, on s'en empare avec une aiguille munie de quelques crins, on le tire à soi, on le dissèque, et puis on le coupe en haut et en bas de manière à en jeter la longueur d'un demi-pouce. Le sang coule ; on met sur la plaie du sel et du goudron.

Pour compléter le traitement, on fait des scarifica-tions à la partie interne des oreilles, aux lèvres, ainsi qu'à la partie inférieure de la queue. Ces scarifica-tions sont pansées avec du sel et du goudron. La guérison arrive assez promptement.

PLEURO-PNEUMONIE.

—

EL MEFELLOUGUE (*le fendu, courbature*). — Quand un cheval surchargé de graisse vient à faire une course trop rapide et trop longue, il se fend, disent les Arabes. Il ne mange plus, ne boit plus, ses flancs sont retroussés et son poil est piqué, quelquefois il pisse le sang.

Voici les moyens employés pour le guérir :

1° Lui faire avaler deux ou trois onces de *henna* mêlé d'huile tiède et ce jour-là le priver de boire. Le lendemain on le fait boire avec sa bride ;

2° Prendre la partie de la racine du palmier nain, que l'on nomme *el kuernafa*, la piler dans un mortier, la laisser tremper dans l'eau jusqu'à ce que celle-ci en devienne rouge, et puis la faire boire au cheval. Il en meurt ou il guérit.

Dans plusieurs contrées, on fait boire au cheval du sang de hyène mêlé d'eau tiède. Ce remède est tellement regardé comme souverain que dans chaque tente de distinction on conserve toujours des morceaux de haïk imprégnés de sang de hyène. Pour s'en servir on les fait tremper dans l'eau tiède, et l'on fait boire cette eau quand elle est colorée.

Quel que soit le traitement employé, l'animal est, jusqu'à sa guérison, tenu très chaudement.

MALADIES SPÉCIALES.

Le farcin *(el djedri, petite vérole).* — Les Arabes appellent le farcin *(el djedri)*, la petite vérole. Ils le subdivisent, suivant le danger qu'il présente, en quatre catégories, à chacune desquelles ils assignent un nom différent.

Ces quatre catégories sont :

1° *Bou sebahh* (le père du chapelet). Ce sont des boutons qui suivent le trajet d'une veine soit à l'encolure, soit sur le corps, ou bien aux extrémités antérieures ou postérieures. On les regarde comme faciles à guérir.

2° *Bou salem* (le père du sauvé). C'est le farcin qui vient sur différentes parties du corps ou des extrémités, mais à de très grandes distances. Boutons rares et éloignés.

3° *El kholt* (le mélangé). Il vient aux extrémités antérieures ou postérieures, ne suit pas le trajet des veines et se trouve entremêlé. Il passe pour dangereux, et même après guérison laisse toujours des traces.

4° Enfin, *el ferg* (le disséminé). Il vient sur tout le corps, aux lèvres, sur l'encolure, sur les extrémités. Ses boutons qui sont petits paraissent et puis s'effacent; l'animal boite d'une jambe, cette jambe se guérit, quelques jours après il boite de l'autre ; il fait toujours face au soleil, renonce à la nourriture, maigrit considérablement et finit par rendre des matières sanguinolentes par les naseaux, c'est un symptôme précurseur de la mort. L'un des signes infaillibles de cette terrible maladie, c'est une corde sans boutons qui s'étend depuis l'oreille jusqu'au poitrail en suivant l'encolure; le mal arrivé à cette période prend le nom de *bou chekhare* (le père du ronflement).

Pour guérir le farcin, *bou sebahh,* il suffit de faire avec une faucille rougie une raie en travers au-dessus du bouton le plus élevé. Tous ceux qui sont au-dessous crèveront d'eux-mêmes ou sécheront. Les Arabes prétendent que le farcin gagnant toujours de bas en haut, c'est la seule manière de l'arrêter.

Si les boutons ne crevaient pas d'eux-mêmes ou ne séchaient pas assez vite, on en aurait bientôt fini en les enduisant de miel et en les perçant avec une baguette de laurier-rose rougie au feu.

Pour le *bou salem,* on met le feu au-dessus et de chaque côté des naseaux à une petite glande qui s'y trouve et que l'on nomme *oulsis.* Cette glande, disent les Arabes, est le père du farcin. On va jusqu'à l'enlever en se bornant, pour tout pansement, à mettre du sel sur les blessures qu'occasionne cette opération. On complète, au besoin, ce traitement en mettant le feu aux boutons avec le miel et le laurier-rose.

Le *kholt*. On le traite en faisant d'abord avec la faucille une raie transversale au-dessus du bouton le plus avancé pour l'empêcher de gagner, puis on met le feu à tous les boutons avec le miel et le laurier-rose. Si cette opération a été faite au membre avant qu'il fût enflé, le cheval guérit; dans le cas contraire, il guérit encore, mais ne revient jamais à son état naturel. Le farcin est alors passé à l'état de *rebou*.

Quant au *ferg*, qui amène toujours le *bou chekhar*, les Arabes ont essayé, pour le guérir, tous les moyens imaginables et ils n'ont pas réussi. Ils sont tellement convaincus qu'il est sans remède, qu'ils forcent le propriétaire du cheval qui en est atteint de le tuer. S'il ne le fait pas, il est contraint, par la loi, de payer le prix des animaux qui viendraient à périr par suite de son imprudence.

Quand on met le feu, il faut ensuite faire une application de goudron, renouveler et terminer toujours par une application de goudron. On préfère mettre le feu avec le laurier-rose, parce que « *son fiel* » est déjà par lui-même un excellent moyen de guérison.

L'exercice est fortement recommandé pour le cheval opéré du farcin.

Les Arabes croient que le farcin est contagieux et qu'il a une grande analogie avec la petite vérole.

MALADIES INCONNUES EN EUROPE.

———

E L AADEUR (*la douleur*). — Quand on desselle trop vite un cheval qu'une longue course a mis en transpiration, il peut contracter une maladie très grave qu'on nomme *el aadeur*, la douleur.

On la reconnaît aux signes suivants :

Il sort de petits boutons sur le dos, les côtes, les flancs, le ventre et les extrémités; deux ou trois jours après leur apparition ils crèvent et sont immédiatement remplacés par d'autres. La matière qui en sort est fétide; elle ressemble à du pus. Ces sorties de boutons, alternées de guérison, peuvent durer un an; elles entraînent presque toujours la mort de l'animal.

Le cheval *maadour* marche la tête levée, les jambes de derrière écartées, les yeux hagards; il ne peut plier l'encolure.

Les Arabes déclarent ne pouvoir guérir cette maladie; seulement ils ont remarqué que si les premiers boutons partent du dos pour se rendre dans les extrémités l'animal s'en tire quelquefois, tandis que s'ils partent des extrémités pour se diriger sur les flancs et sur les côtes, il meurt indubitablement.

Quand un cheval qui a été acheté meurt et est soupçonné *maadour*, l'acquéreur demande une expertise ; on ouvre l'animal, et si dans l'artère qui est au-dessous de la colonne vertébrale on trouve du pus, le vendeur est condamné à restituer le prix qui lui en avait été donné.

Bou DINAR (*le père du dînar*[1]). Les Arabes ont donné le nom de *bou dinar* à une maladie qui se révèle par des taches ressemblant à des pièces de monnaie qui apparaissent sur la peau depuis l'encolure jusqu'aux flancs.

Ces taches sont boursouflées quand le vent du nord souffle ; elles disparaissent par le vent du sud. On a remarqué que lors de leur présence les lèvres de la vulve chez la jument devenaient toujours béantes.

Cette maladie survient quand pour en avoir un mulet on a donné à la jument un âne qui n'était pas sain.

Si la jument a conçu et si son fruit meurt, elle est sauvée. Dans le cas contraire, le givre de l'hiver la fait inévitablement périr.

Si pensant que la jument n'a pas conçu avec l'âne, on lui a donné un cheval ; le cheval prend le *bou*

---

(1) *Dinar*, pièce de monnaie musulmane.

dinar, et, s'il n'en meurt pas, son membre reste à jamais flasque et pendant.

Les Arabes croient que cette maladie est occasionnée par ces grosses mouches (*debabè*) qui, après s'être repues des serpents que l'on trouve en si grande quantité au printemps, se sont imprégnées de leur venin et l'ont déposé sur le membre de l'animal.

Dans la seule tribu des Beni-Selyman, il est mort, en 1846, plus de quarante à cinquante juments affectées du *bou dinar*, et les chefs étaient tellement convaincus que cette maladie provenait de la cause énoncée plus haut, qu'ils firent publier dans tous les marchés qu'on eût à enterrer les serpents profondément, et cela sous peine d'une forte amende.

La mort de l'animal affecté du *bou dinar* est constatée par des experts. C'est un cas rédhibitoire ; le vendeur est tenu d'en restituer le prix à l'acheteur.

Quand les *dinars* ont disparu, on ne peut constater cette maladie qu'à l'inspection de la vulve de la jument, en l'entr'ouvrant, on y remarque de petites inflammations très rouges semblables à celles que produirait la piqûre d'une puce.

AFFECTION NERVEUSE.

El **meghrla** (*Tétanos*). — Quand un cheval a la caroncule lacrymale gonflée, qu'elle s'étend sur l'œil et que l'ongle de cette caroncule prend la dimension d'un pois chiche, on reconnaît qu'il est atteint de tétanos. On se confirme dans cette opinion, s'il se couche, se relève alternativement, et n'aperçoit plus les objets extérieurs.

Pour le guérir on fait l'opération suivante :

Abattre l'animal, passer dans une forte aiguille deux ou trois crins de l'encolure, piquer avec cette aiguille ce qu'ils appellent l'ongle, réunir les deux extrémités des crins, les rouler autour du petit doigt de la main gauche, glisser l'indicateur de la même main sous la caroncule lacrymale, et enfin couper horizontalement la *petite fève* qui en est exubérante. Sans tarder un seul instant, mettre dans l'œil opéré, du sel mélangé avec du beurre rance, et le cheval ne tarde pas à guérir.

Dans la première expédition de la Kabylie, en 1844, j'ai vu opérer et guérir ainsi le cheval de l'un de mes *Mekhazeni*. Il fut traité par le caïd des Ysseurs, qui riait beaucoup de notre incrédulité et surtout du danger que nous prêtions à une pareille opération.

DE LA CASTRATION DES CHEVAUX.

On s'imagine volontiers que la castration des chevaux est uniquement connue en Europe, c'est une erreur; cette opération se pratique dans le désert. Toutefois, elle n'est en usage que chez les pauvres; le cheval du riche en est exempt. Pourquoi? C'est ce qui est facile à comprendre.

Le cheval entier rencontre dans le désert des sources continuelles d'excitation. L'air qui l'entoure lui apporte des hennissements de juments et des senteurs d'herbes odoriférantes. Cris et parfums agissent sur ses sens et le rendent difficile à contenir. Les gens riches peuvent seuls suffire à la surveillance qu'il exige. Qui ne peut pas faire garder son cheval est obligé de le châtrer.

Voici comment se pratique la castration. On abat le cheval et on lui fait une très forte ligature au-dessus des testicules, puis avec une faucille très mince du dos, que l'on a chauffée à blanc, on prati-

que une incision assez forte pour que la peau se
fende complétement et laisse apparaître les testicules.
Une fois les testicules au dehors, on les lie avec un
cordonnet de soie à la partie interne, on reprend
ensuite la faucille, et on les coupe en avant de cette
seconde ligature. Aussitôt cette opération terminée,
on fait rougir et non plus blanchir au feu un instrument en fer, rond comme le canon d'un pistolet.
On cautérise avec cet instrument les parties que le
fer vient de frapper, en ayant soin, toutefois, de ne
pas détruire les ligatures. Après la cautérisation, on
prend un tampon fait avec du sel que l'on plonge
dans l'huile chaude où l'on a mis dissoudre du beurre,
et l'on tamponne la blessure.

Pendant les trois premiers jours qui suivent sa
castration, le cheval doit boire très peu. Pendant
huit ou dix jours il doit porter une ceinture en cotonnade ou à défaut de cotonnade, en laine. Cette
ceinture qui s'attache à ses reins est destinée à préserver de tout contact avec l'air les parties où l'opération a été pratiquée. La nourriture doit rester la
même, mais la fatigue doit être nulle. Pendant dix
ou douze jours le cheval gardera un repos absolu.
On ne le montera ensuite tout le premier mois qu'a-
vec de grands ménagements.

Comme il faut qu'une superstition s'attache toujours à toutes les coutumes du désert, on a soin de
pratiquer un trou dans le sable immédiatement après
la castration, et d'y enterrer les testicules coupés.

Si quelque animal venait à manger, ou si quelque ennemi venait à voir ces débris sanglants ; ce serait là un accident funeste, une cause certaine de malheur.

On castre les chevaux depuis l'âge de deux ans jusqu'à celui de huit ans. Les accidents sont très rares. Les chevaux dont on n'a pas su garantir la blessure de l'air, sont les seuls qui meurent.

Dans certaines tribus, au lieu d'opérer la castration par instrument tranchant, on masse les testicules de manière à les annihiler complètement ; mais cette opération ne peut être faite que chez les poulains de six mois à un an.

La castration est tellement en usage dans le désert qu'on l'applique même aux chameaux. Le chameau castré supporte la fatigue avec plus d'énergie que le chameau entier, parce qu'il ne s'épuise pas en continuels efforts avec les chamelles.

Il ne faudrait pas toutefois conclure de ces détails que le cheval entier ne reste pas le plus estimé par les Arabes. La castration est une nécessité de l'indigence dans le Sahara, mais là, comme dans toutes les autres parties de l'Afrique, le cheval par excellence, le compagnon du guerrier, l'hôte de la grande tente, est celui qui possède toute la plénitude et toute l'énergie de ses facultés.

PARTI A TIRER DU CHEVAL INDIGÈNE.

Nous avons étudié jusqu'à présent le cheval entre les mains des indigènes, nous avons montré ce compagnon du guerrier arabe tel qu'il est dans cette primitive et militante Société où il occupe, de par la religion et de par les mœurs, une place si importante ; mais notre œuvre ne serait pas complète si nous passions sous silence la carrière que notre domination ouvre en Afrique à la race chevaline. Maintenant, tout ce qui appartient à une terre où notre drapeau a flotté doit être envisagé sous un rapport nouveau, celui de notre intérêt national. Dans le pays par excellence de la vie équestre, il faut que le cheval devienne notre instrument, qu'il passe du service arabe au service français, et que ce ne soit pas seulement notre colonie, mais notre patrie elle-même qui profite de cette précieuse conquête.

Le cheval originaire de nos possessions africaines

appartient à la race barbe[1]. Le cheval barbe était celui que montaient ces intrépides cavaliers qui furent pour les Romains de si rudes adversaires; s'il n'a pas les contours arrondis, l'harmonieuse beauté, l'élégance plastique du cheval arabe, on peut dire que ses lignes arrêtées et vigoureuses révèlent d'incontestables qualités. Il y a entre le barbe et l'arabe la différence qui sépare un verre taillé dans le cristal par la main humaine, d'un verre coulé dans un moule. L'un a des formes abruptes, tandis que les formes de l'autre offrent un fini, un poli, une perfection qui ne laissent rien à désirer à l'œil. Mais tous deux sont de merveilleux chevaux de guerre. Le cheval barbe mérite encore mieux peut-être que le cheval arabe, qu'on lui applique ces fières et concises paroles d'un chant arabe que nous avons déjà cité : *Il peut la faim, il peut la soif.* Les expéditions

---

[1] Si l'on veut nous permettre de produire notre opinion personnelle, nous avancerons qu'on est disposé à établir une ligne de démarcation trop tranchée entre le cheval barbe et le cheval arabe. Il est un nom plus général qui nous semble devoir être appliqué **à tous deux**, c'est celui de race orientale; c'est une même grande famille qui se confond dans l'origine, qui se modifie, en s'étendant et se déplaçant, sous l'influence des variations de climat, peu sensibles d'ailleurs.

Force, agilité, vigueur, dans la conformation comme dans l'action, c'est l'apanage du cheval, du moment où il se trouve en-deça de l'Euphrate, et au-delà de la Méditerranée et du Caucase, où il reste sur la terre de l'islamisme; c'est toujours le cheval nerveux, sobre, invincible à la privation et aux fatigues, vivant entre ciel et sable. Appelez-le maintenant Persan, Numide, Barbe, Arabe de Syrie, Nedji, peu importe, toutes ces dénominations ne sont que des prénoms, si l'on peut ainsi parler, le nom de famille est un : cheval d'Orient. L'autre famille en-deça de la méditerranée, c'est la race d'Europe.

d'Annibal en Italie, où la cavalerie numide fit si bien contre la cavalerie romaine, prouvent qu'il n'a pas besoin du ciel sous lequel il est né pour développer toute sa vigueur. Les conquêtes faites par les disciples de Mahomet ont régénéré, bien loin de l'affaiblir, le sang qui coule dans ses veines. La race chevaline, telle qu'elle existe aujourd'hui en Afrique, offre un heureux mélange de tous les dons qui sont l'apanage du cheval dans les pays de vastes espaces et d'ardent soleil.

Toutefois, les destinées de cette noble et utile race ont failli être un instant compromises par la guerre, qui, après la prise d'Alger, a sévi sans interruption et avec tant de violence sur tous les points de l'Afrique. Les chevaux devenaient rares en Algérie, et leur sang avait quelque chose d'appauvri. Puis les Arabes croyaient commettre une offense envers la loi musulmane en amenant sur les marchés chrétiens l'animal dont le prophète lui-même a recommandé l'amour et le respect. Aujourd'hui, les maux de la guerre se réparent, et le préjugé religieux s'affaiblit. Les indigènes prennent l'habitude de sacrifier leur fanatisme de sectaires à leur instinct de trafiquants ; on voit nombre d'entre eux échanger contre notre argent quelques uns de leurs coursiers d'élite. Le cheval européen a disparu de notre armée d'Afrique dont il ne pouvait seconder ni les charges impétueuses, ni les marches incessantes. Il a été remplacé par le cheval du pays. Qu'un officier arrive du continent, en Algérie, pour prendre part à quelque expédition, et son premier soin sera de se procurer des chevaux indigènes. Il se gardera bien de s'aventurer dans le désert et encore moins dans la montagne avec les chevaux qui seraient les plus applaudis sur les turfs de Chantilly, du Champ-de-Mars et de Satory.

Il ne s'agit donc plus à présent de discuter, mais de régler et de développer l'emploi du cheval de nos possessions africaines. Il y a une vérité qui malheureusement n'est pas reconnue encore et dont la démonstration est bien évidente cependant, c'est qu'aucun établissement situé en France ne peut réunir les conditions de croisement, de production et d'élevage que présenteraient des établissements algériens. L'administration des haras va chercher à grands frais jusqu'au fond de la Syrie des étalons dont un acquéreur intelligent trouverait souvent le modèle parmi les types si variés de l'Algérie [1]. Puis

---

(1) Cette assertion soulèvera bien des contradictions, elle choque les idées reçues, mais c'est par des faits seulement que je répondrai :

Ainsi au haras-dépôt d'étalons de Mostaganem, *M. de Nabat*, ancien directeur des haras, a trouvé un cheval qu'il qualifie ainsi : « d'une très grande beauté, irréprochable, » et qu'il estime valoir 40,000 fr. Cet étalon nommé *El Azedji*, vient des Azedj, fraction de la grande tribu des Beni-Amer, province d'Oran.

Dans ce même dépôt, est *le Pacha*, ses notes sont celles-ci : cheval d'une force et d'une taille énormes, vraie monture des anciens chevaliers, bon producteur, race à trouver dans le pays.

Il est né dans la riche plaine de la Mina.

DÉPOT DE COLÉAH.

Le Pacha, né dans les environs de Teniet-el-Had. Il a été donné au ce n'est pas le plus grand inconvénient qu'elle ait à subir. Le ciel de Pompadour et du Limousin n'est pas certainement celui que réclament, aux années délicates de leur croissance, les produits d'une brûlante contrée. Enfin le croisement rencontre en France d'innombrables difficultés, parce que l'élevage chez nous est rare, hésitant, considéré par les uns comme une spéculation hasardeuse, et par les autres comme un jeu ruineux. En Afrique, au

---

dépôt par le maréchal Bugeaud. Voici comment il est signalé : très beau, très bon, a le plus de race et de cachet, étalon très rare, d'une valeur incomparable.

Le Saharien, né chez les Oulad-Naïl, a beaucoup de sang et de race, d'une grande valeur.

Boghar, né dans les environs de Boghar : très beau, étalon remarquable, beaucoup de distinction, d'une valeur inappréciable, donne de très beaux produits.

DÉPÔT DE L'ALELIK.

Dans ce dépôt, on cite entre autres *l'Emir*, né dans la plaine de Bône, vigoureux étalon, ses produits sont magnifiques.

Quant aux juments, je déclare, et je pourrais citer de nombreux témoignages à l'appui, que dans nos razzias sur les tribus du Sud, nous avons pris souvent des juments, maigres, décharnées, blessées, ruinées en apparence par la guerre, lesquelles, après quelques mois de soin dans des mains françaises, excitaient l'admiration des plus habiles connaisseurs. On trouvait chez elles, distinction, taille, garrot épaules horizontales, ligne admirable du dos et du rein, largeur des hanches, sécheresse des membres.

Quelques-unes de ces juments ont été placées dans le 5ᵉ régiment de chasseurs, alors caserné à Hussein-Dey, près d'Alger, et de savants amateurs, venus de France, m'ont affirmé que parmi ces juments, il en était qui, en Angleterre, seraient estimées 15 et 20,000 francs.

Ces nobles animaux ne viendront pas nous trouver sur le littoral, il faut aller les chercher dans l'intérieur des terres, souvent au loin.

contraire, l'industrie chevaline est facile, car tout Arabe est éleveùr, le penchant naturel , la foi religieuse, la tradition nationale, l'intérêt privé poussent les maîtres de grandes et de petites tentes à la production comme à l'élevage.

C'est donc en Afrique qu'il faudrait créer les établissements destinés à améliorer notre race chevaline. Pour cela la direction des haras et dépôts d'étalons comme celle des remontes, doivent rester placées sous une même administration, celle du ministère de la guerre. Quand, par la nécessité de notre conquête, l'armée possède déjà dans notre colonie tant et de si vastes attributions, tout ce qui regarde le cheval doit être, sans conteste, de son ressort. Il ne faut pas oublier cet axiôme , que celui qui récolte est intéressé à bien semer. Cherchons à réunir dans les mêmes mains la consommation et la production, et puisqu'en Algérie c'est l'armée qui consomme, confions lui le soin de produire.

Au reste, les germes existent déjà. Trois dépôts d'étalons dont l'organisation est toute militaire, ont été créés dès 1844. Ils sont placés : à *Coléah*, dans la province d'Alger, à *Mostaganem* dans la province d'Oran, et à l'*Alélick* près Bône, province de Constantine.

Le dépôt de *Coléah* [1], était précédemment placé à

---

(1) Le dépôt de Coléah est une des nombreuses améliorations que l'Algérie doit à l'illustre maréchal Bugeaud.

Bouffarick ; il possède vingt-cinq étalons, dont deux surtout sont extrêmement remarquables.

Le Kabyle,
Le Pacha.

J'ai déjà parlé de ce dernier.

Une dixaine d'autres réunissent toutes les qualités nécessaires pour donner des produits énergiques et de valeur.

Le dépôt de Coléah

en **1846** a donné	**645** saillies.
— **1847** —	**1,064**
— **1848** —	**798**
— **1849** —	**898**
— **1850** —	**955**

Pendant la monte, ce dépôt fournit des stations à Blidah, Médéah, Aumale et Milianah.

Le plus important des trois dépôts est celui de *Mostaganem* ; c'est même un haras dans de petites proportions : il renferme vingt-six étalons, seize juments poulinières, trente-quatre poulains ou pouliches et six baudets étalons.

Ces étalons sont en général de bons reproducteurs. Il en est d'excellents :

Biscuit,
Le Barde,
Jupiter,

----

(1) C'est M. le général de La Moricière qui, pendant son commandement de la province d'Oran, a fondé le dépôt de Mostaganem.

> *L'Haamema,*
> *Auguste,*
> *Bordji,*
> *Djin,*
> *Massoul,*
> *Salem.*

Dix des élèves du dépôt donnent de grandes espérances.

Parmi les juments poulinières, on cite particulièrement,

> *Diane,*
> *L'Arba,*
> *La Oulassa,*
> *Daïa,*
> *Volonté.*

Elles sont originaires de la province d'Oran ou du Maroc.

L'utilité de cet établissement est chaque jour mieux appréciée par les Arabes, aussi le nombre des saillies n'a-t-il cessé de s'accroître d'année en année.

En 1844 le nombre a été de			12
— 1845	—	—	360
— 1846	—	—	450
— 1847	—	—	602
— 1848	—	—	960
— 1849	—	—	1,800
— 1850	—	—	2,507

A l'époque de la monte, les stations se répartissententreOran, leSig, Mascara, Tiaret etOrléansville.

Le dépôt de l'*Alélick*[1] possède vingt-trois étalons. Les plus beaux sont :

> *Saptaaba*,
>
> *Kamissa*,
>
> *Et Lutin*.

Là aussi les indigènes apprécient l'importance de cet établissement pour l'amélioration et la conservation de la race, ils amènent chaque année, en plus grand nombre, leurs juments au dépôt.

Le chiffre des saillies opérées depuis la création du dépôt est de 5,125. Il fournit trois stations, à Constantine, à Sétif et à Batna.

Ces établissements, comme on le voit, ont déjà produit d'excellents résultats, mais ces résultats seraient plus appréciables encore, si les dépôts d'étalons avaient été plus nombreux, les stations multipliées, plus rapprochées des tribus qui élèvent, et si le chiffre des étalons avait été plus considérable.

Je crois qu'au lieu de soixante-quatorze étalons que nous possédons aujourd'hui, il en faudrait, pour satisfaire à toutes les exigences, au moins de cent quarante à cent cinquante. Qu'on ne s'effraie pas de ce chiffre : si l'on veut, on amènera facilement les Arabes à contribuer pour une part à l'acquisition de ces reproducteurs. Ils comprendront bien vite que

---

[1] L'initiative de la création de ce dépôt appartient à **M.** le général Randon, alors commandant la subdivision de Bône.

14

cette dépense ne serait pas infructueuse pour eux, puisque, en définitive, elle tendrait à augmenter leurs richesses comme les nôtres. Des tribus n'ont-elles point déjà, sous notre impulsion, coopéré, par des impositions volontaires, à des constructions de mosquées, de ponts, de caravansérails et de moulins?

Ce serait là de l'argent placé à gros intérêts : armée, colons et indigènes, tous puiseraient à cette source élargie.

Loin de moi la pensée de blâmer ; je sais, au contraire, qu'eu égard aux temps, à la pénurie des moyens, aux difficultés de tous genres, difficultés qu'il serait trop long d'énumérer, le gouvernement a fait beaucoup déjà, a fait, jusqu'ici, tout ce qu'il a pu faire. Je ne critique donc pas, je dis seulement que le moment est venu de développer la constitution de nos dépôts d'étalons, d'étendre au loin leur action, tant pour améliorer encore la race chevaline de nos possessions algériennes qu'en vue de la consolidation de notre puissance.

La direction des remontes, des haras et des dépôts d'étalons une fois réunie, voici quels seraient les établissements qu'on pourrait utilement fonder :

PROVINCE D'ALGER.

On établirait dans les environs d'*Alger*, soit à l'Est soit à l'Ouest de la Mitidja, un haras central qui réunirait les plus beaux produits de toutes nos possessions. C'est là qu'une administration intelligente chercherait à former quelques sujets capables de rivaliser avec ces rares et dispendieux étalons qui, jusqu'à présent, ont seuls représenté la race arabe dans nos haras. C'est là encore que l'on placerait les plus beaux types de reproduction qu'il serait possible de se procurer dans les tribus du Tell et du Sahara, où la race s'est conservée avec plus de pureté. De cet établissement seraient tirés plus tard. non seulement les reproducteurs les plus propres à améliorer la race indigène, mais encore des étalons aptes à régénérer nos espèces méridionales et qui, à cet effet, seraient placés dans les dépôts d'étalons de Pau, Tarbes, Arles, etc., etc. Les étrangers pourraient y constater l'amélioration apportée à la race chevaline par les efforts de notre gouvernement.

Un dépôt de remonte et un dépôt d'étalons seraient placés en même temps à *Médéah* ou à *Milianah* [1].

Dans la première de ces localités, on pourrait tirer avantage des traditions et des habitudes qui rattachaient à cette capitale du Beylik de Tittery des populations arabes nombreuses et riches. Les tribus groupées dans un rayon de vingt kilomètres autour de Médéah sont signalées comme possédant environ mille chevaux [2], parmi lesquels il faut citer l'excel-

---

[1] Celle de ces deux localités qui ne serait pas désignée, recevrait une succursale de remonte et une station d'étalons.

[2] Nous employons ici le mot cheval dans le sens absolu pour indiquer l'espèce tout entière. Lorsque nous disons d'une tribu qu'elle possède 1,000 chevaux nous formons un seul chiffre des chevaux, poulains, juments et chevaux inférieurs; mais nous n'entendons nullement dire qu'elle peut mettre un millier de cavaliers sur pied. — Cette observation s'applique à tout le reste du chapitre.

lente race des chevaux de montagnes, élevés chez les Righa. Au-delà de cette première sphère, on rencontre dans la direction du Sud et de l'Est des tribus qui, bien que se livrant à la culture, font chaque année un mouvement de migration vers le petit désert, et qui ont beaucoup de chevaux. Tels sont les Ouled-Alan, les Adaoura, les Sahari, les Zenakhera, les Mouïadat, qui réunissent plus de mille chevaux. Enfin, les Douaïrs et les Abid composant sous les Turcs le *makhzen* (cavalerie irrégulière qui était chargée spécialement d'appuyer la perception de l'impôt et les expéditions du bey), ont encore plus de cinq cents chevaux, parmi lesquels de très bons choix peuvent être faits. Les prairies situées sur le plateau de Berouaguia ou dans la vallée de l'Oued-el-Hakoum offrent d'excellents pâturages pour l'entretien des juments et l'élève des poulains.

A *Milianah* les ressources ne seraient pas moins précieuses. De tous temps les chevaux élevés dans la vallée du Chélif ont été renommés, et particulièrement ceux du Djendel ; la chaîne de l'Ouarsenis fournit des chevaux de montagnes. Les tribus composant l'aghalik des Djendel possèdent plus de 1,500 chevaux ; celles de l'aghalik des Beni-Zougzoug, qui comprend une grande partie de l'Ouarsenis en ont un millier environ. De ce côté, la vallée du Chélif, sous Milianah, dont les fourrages sont si fort appréciés semble tout naturellement appeler les progrès.

Teniet el Had, Boghar, Aumale, c'est-à-dire les

points les plus rapprochés du désert, partant les plus voisins des grands éleveurs, recevraient des succursales et des stations d'étalons. On sait que *Teniet el had*, situé sur la limite du petit désert, est pour ainsi dire la porte par laquelle les tribus du sud de la subdivision de Milianah pénètrent dans le Tell. Les Ouled-Aïad, les Ouled-Bessam et les Beni-Maïdah, les plus à portée de cette succursale, possèdent de 8 à 900 chevaux.

Boghar se trouve en relation avec des populations plus importantes : les Ouled-Chaïb, les Rahman, les Bou-Aich, les Abadlia ont à eux seuls plus de 2,000 chevaux. En outre, chaque année, les tribus nomades *(Nedjooeu)* viennent aux environs de Boghar pour faire leurs approvisionnements de grains. Ce sont les Arbàa, les Aghazelia, les Ouled-Saad-ben-Salem, les Mekhalif qui comptent plus de 1,000 chevaux.

Aumale ne serait pas moins bien situé pour tirer parti des richesses qu'offre l'est de la province d'Alger. Le plateau du Hamza et les hautes terres qui s'étendent autour d'Aumale sont on ne peut plus favorables à l'élève. Là on trouve les Aribs, qui possèdent 1,800 chevaux, les Béni-Seliman plus de 2,000, les Beni-Djaad 500. Ces derniers appartiennent à la race des montagnes. Les tribus de la vallée de Sidi-Hadjères au sud d'Aumale, la grande confédération des Ouled-Naïl, qui ont plus de 2,000 chevaux, et les populations de l'Ouad-Sahel seraient en relation avec cette succursale.

Il serait sans doute opportun d'établir dans la province d'Alger un second dépôt de remonte, ou tout au moins, une station d'étalons à *Orléansville*, pour ne pas perdre les avantages de la position de cette localité dans la vallée du Chelif et les ressources des tribus environnantes. Ainsi on cite les Ouled-Kosseïr, comme possédant 800 chevaux ; les Ouled-Farés 400 ; les Heumis 300 ; les Medjadja 250; les Beni-Rached 200 ; les Sbéah plus de 1000 ; les Sendjès 800. Dans aucune contrée de la province d'Alger , la proportion n'est aussi élevée entre le chiffre de la population et celui des chevaux. On évalue le nombre de chevaux à 5000 pour une population qui atteint à peine 50,000 âmes. Cette particularité ne saurait être attribuée qu'aux facilités qu'offre le pays, traversé par le Chelif, pour l'élève des chevaux.

On appliquerait aux deux autres provinces les mêmes règles qu'à la province d'Alger. Sur la ligne médiane du Tell, les dépôts d'étalons et de remonte; sur la limite du désert, les succursales de remonte et les stations d'étalons.

PROVINCE D'ORAN.

Ainsi, dans la province d'Oran, on pourrait mettre les dépôts de remonte et d'étalons à *Mascara* ou à *Sidi-bel-Abbès* [1]. Les chevaux de la plaine d'Eghris,

---

[1] Celle de ces deux localités qui ne serait pas désignée recevrait une succursale de remonte et une station d'étalons.

dans le pays des Hachem, sont renommés. Quoique ruinés par la guerre, les Beni-Chougran comptent encore cinq cents chevaux, et les Hachem plus de deux mille.

Sidi-bel-Abbès utiliserait les ressources que présente l'agglomération de tribus connue sous le nom de Beni-Amer. On trouve là, malgré les malheurs que la guerre et l'émigration ont fait éprouver, plus de huit cents chevaux, et les tribus sahariennes qui dépendent de Sidi-bel-Abbès, telles que les Beni-Matar et les Ouled-Balogh, ont encore plus de six cents cavaliers.

Les succursales et les stations seraient établies à *Sebdou*, à *Tiaret*, à *Saïda* et à *Tlemsan*.

Par *Sebdou* on serait en rapport avec le Maroc, les Angad, les Hamian-Gheraba (de l'ouest) fourniraient une race de chevaux très recherchée par les indigènes. Ces tribus sont certainement les moins épuisées de la province d'Oran.

Tiaret recevrait les produits des grandes tribus des Ouled-Sidi-Cheikh, des Hamian Cheraga (de l'est), qui ont quinze cents chevaux; des Harar plus de deux mille; du Djebel-Amour huit cents, des Ouled-Saïd et des Ouled-Yacoub-Zerara. Les qualités de cette race du sud sont très appréciées, et lorsque les nomades viennent vers le Tell pour s'approvisionner, on ne manquerait pas de faire des opérations importantes.

A *Saïda*, on pourrait puiser de grandes ressources,

d'abord dans l'aghalik de Sdama, où vivent plus de mille chevaux, ensuite chez les Djaffra, et enfin dans la Yakoubia, où les Hassasna et les Ouled-Brahim élèvent un grand nombre de ces animaux, douze cents environ.

Tlemsan, l'ancienne capitale du royaume des Beni-Zian, a conservé parmi les indigènes un grand prestige. C'est un centre vers lequel affluent de nombreuses populations. Cette station desservirait les beaux villages de la banlieue, les Beni-Ournid et les Ghessel, chez lesquels on trouve des chevaux fort estimés, la fertile vallée de la Tafna, les Angad qui pivotent autour de *Lalla-Maghnia*, et enfin les Souhalia, Trara et Oulhassa, qui rayonnent autour de Nadroma et de Djemâa-Ghazaouat. Son rôle serait, comme on le voit, très important, puisque le cercle de Tlemsan possède environ deux mille chevaux, celui de Djemâa-Ghazaouat plus de cinq cents, d'une vigoureuse espèce, et celui de Lalla-Maghnia trois cents. J'ajouterai que ces deux derniers cercles ont des relations importantes avec les tribus limitrophes de notre frontière, notamment avec les Beni-Senassen, les Drair, les Mezaouir et les Oulad-Hamed-ben-Brahim, qui élèvent un grand nombre de chevaux plus fortement constitués que ceux de l'Algérie.

PROVINCE DE CONSTANTINE.

Les dépôts seraient à *Sétif* ou dans le voisinage

de *Constantine* même [1]. Si l'on se décidait pour ce dernier point, on utiliserait l'immense concours d'indigènes qui fréquentent chaque jour le marché du chef-lieu de la province. On évalue à plus de six cent mille le nombre d'Arabes qui viennent par année au marché de cette ville, et à dix mille le nombre de chevaux amenés par eux. D'un autre côté, les tribus militaires (*Makhzen*), établies à l'ouest et au sud de Constantine, comptaient plus de quinze cents cavaliers sous la domination turque.

C'étaient les Deïra-Seraouïa et les Zemoul ; ceux-ci habitent la belle plaine au sud du Djebel-Guerioun, sur la route de Constantine à Batna. Cette tribu possède encore aujourd'hui plus de dix-huit cents chevaux. Les Deïra-Seraouïa, campés sur les plateaux qui séparent Constantine de Sétif, fournissaient mille cavaliers. Leur territoire, qui est compris maintenant en grande partie dans les propriétés domaniales, compte un nombre de huit mille chevaux [2]. C'est dans le pays des Zemoul à Fezguia, au pied du Djebel-Guerioun, que les beys de Constantine avaient établi leur haras particulier auprès d'une belle fon-

---

[1] Celle de ces deux localités qui ne serait pas désignée recevrait une succursale de remonte et une station d'étalons.

[2] L'on ne sera plus tenté de regarder ces chiffres comme exagérés quand on saura que, moi-même, j'ai déjà beaucoup réduit ceux donnés par nos agents indigènes, lesquels, on le comprendra facilement, étaient cependant intéressés, pour mille motifs, de guerre, d'impôts ou d'administration, à se faire plus pauvres que riches.

taine. On voit encore debout les murailles des bâti-ments qui servaient d'écuries.

Les principales autres tribus du cercle de Constan-tine possèdent également un grand nombre de che-vaux; ce sont les Seguia, huit cent cinquante; les Barania, six cents; les Amer-Cheraga, six cents; les Telaghma, cinq cent cinquante; enfin les Ouled-Abdelnour, qui, pour une population environ de vingt mille âmes, nourrissent plus de six mille six cents chevaux sur un territoire d'une étendue ap-proximative de trois cent vingt mille hectares. La partie montagneuse qui avoisine la Kabylie, n'est pas non plus dépourvue de chevaux; le Ferdjioua en compte plus de quinze cents; les Zouagha quatre cents, les tribus de l'Oued-Kebir trois cents, les Zer-daza neuf cents. Comme on le voit, la population chevaline offre de très larges ressources dans le cercle de Constantine.

Sétif réunit des conditions plus importantes en-core. Si Constantine prend une grande valeur surtout de sa position politique, ici la nature assure des avan-tages bien plus considérables. Il faut d'abord mettre en première ligne la fertilité incomparable du plâteau immense sur lequel Sétif est situé, puis la renommée de la race chevaline de ces contrées [1], et la richesse relative des tribus qui se livrent à l'élève des chevaux.

---

[1] Les rapports officiels signalent dans la subdivision de Sétif l'exis-tence de plus de mille juments, *admirablement belles* et pour lesquelles les étalons de choix manquent presque entièrement.

Les deux kaïdats du Righa au sud de Sétif, ont plus de cinq mille chevaux; la race passe pour la plus estimée de toute la province [1]. Les Amer-Gheraba ont trois mille chevaux; les Eulma seize cents; les Ouled-Nabet douze cent-cinquante; les Gherazla quatre cents; les Smacha six cents, les Aïad sept cents. Dans la Medjana les Hachem seuls ont plus de mille chevaux d'une race citée comme grande et très pure. Dans la Hodna occidentale on trouve encore plus de trois mille chevaux d'une origine remarquable.

Les succursales et les stations pourraient être placées à *Bordj-bou-Ararridj*, au milieu de la Medjana, à *Batna* et à *Biskara*.

Batna est devenu un point de la plus haute importance sous le rapport politique et commercial, c'est un centre où affluent journellement les populations indigènes de cette grande subdivision. Le kaïdat de Batna, proprement dit, situé à proximité de la ville, possède quinze cents chevaux; le Belezma, à l'Est, en compte trois mille cinq cents et les deux kaïdats de l'Aurès quatre mille cinq cents. Ces deux kaïdats com-

---

(1) Les Righas portaient autrefois le titre de Mezarguia, (armés de lances, lanciers) parce qu'ils étaient employés par les gouvernements qui nous ont précédés pour maintenir les populations environnantes dans l'obéissance. Ces tribus militaires appelées à lutter presque chaque année contre des rebelles ont toujours montré plus de sollicitude et plus d'habileté pour l'élève des chevaux.

(2) On trouve dans le Belezma, les Ouled-bou-Aoun qui avaient aussi le titre de Mezarguia, (lanciers.)

prennent les Achach, les Amamra, les Ouled-Fadhel et les Ouled-Moumen, la Hodna orientale en a mille.

La population sédentaire de *Biskara* n'élève pas de chevaux, mais les tribus nomades qui habitent une grande partie de l'année dans le Ziban ont un nombre considérable de chevaux et de juments et pourraient nous en amener du désert[1]. Les nomades Cheraga (de l'est) Ahl-ben-Ali, Choumra, Chorfa ont environ huit cents chevaux; ceux de l'ouest Rahman-Selmia-Bouzid, en ont plus de douze cents; les Sahari et les Ouled-Saoula six cents.

Par les nomades nous aurions les chevaux des tribus beaucoup plus méridionales, telles que les Ouled-Moulat, les Saïd, les Mekhadmâ et les Chamba.

Afin de ne rien perdre des ressources si admirables qu'offre le pays arabe, il faudrait créer une succursale et une station soit au *Bordj-d'Aïn-Bedda*, chez les Haractas, soit à *Tebessa* même. Cet établissement serait en relation avec les Haractas qui possèdent plus de trois mille chevaux ; avec les Ouled-Yahia-ben-Taleb qui en ont douze cents, les Sellaoua quatorze cents, les Nememcha quatorze cents, et le commandement des Hannenchas qui en comprend près de trois mille.

Maintenant, me dira-t-on, c'est bien, vous avez exposé votre système ; passant en revue le pays

---

[1] Le commandant de la subdivision de Batna a déjà demandé à plusieurs reprises, l'établissement d'une station d'étalons à Biskara.

arabe vous avez, à grands traits, esquissé les ressources chevalines de l'Algérie; mais que vont devenir
les dépôts précédemment institués à *Koléah*, à *Mostaganem* et à l'*Allelik?* Je réponds : ils seront conservés.

Celui de *Koléah* se fondra dans le haras central
dont je demande la création, et ce haras central pour-
voira aux besoins de la Mitidja, c'est-à-dire des
Khachenas, des Beni-Moussa, des Beni-Khelil et des
Hadjoutes, qui réunissent plus de deux mille chevaux dans un pays admirable. Une station en sera
détachée à Dellys pour féconder la plaine des Yssers
et la belle vallée de l'Oued-Sabaou, que les indigènes
appellent l'Ouad-Deheub, la rivière de l'or, tant les
terres qu'elle arrose deviennent riches et prospères.
C'est là que se rendront les grandes tribus des Yssers
et des Ameraoua, ainsi que les Beni-Thour, les Beni-
Slyem, les Flissa, les Beni-Khelfoun, les Mâateka,
les Beni-Ouaguenoun, les Beni-Raten et les Beni-
Djennad, etc., etc., montagnards qui possèdent peu
de chevaux, il est vrai, mais dont la qualité rachète la
quantité. Cette contrée compte à peu près de quinze
à dix-huit cents chevaux.

Le dépôt de *Mostaganem*, grâce aux facilités que les
nombreuses tribus de ce cercle rencontrent pour l'é-
lève, continuera pendant longtemps encore à tenir
le premier rang parmi nos établissements hippiques.
Les belles plaines du Sig, de l'Habra, de l'Illeul et de
l'embouchure du Chelif seront de son ressort, c'est
dire qu'il alimentera les Medjahars, qui réunissent de

neuf cents à mille chevaux, les Sahari, les Mekhalias et les Mehal qui en ont près de six cents. Ces dernières tribus ont toujours joué un rôle politique, et se rattachent par la tradition à la seconde invasion arabe. Mostaganem donnera encore la vie aux Akerma, qui comptent 600 chevaux ; aux Flittas, qui en ont quinze cents, aux Keraich et Hallouya dix-huit cents, aux Beni-Meslem, Beni-Tigrin et Beni-Ouraghr deux mille cinq cents ; aux Chekhala, Beni-Zeroual, Bordjia, Oulad-el-Abbas et Oulad-Sidi-el-Aribi, au moins quinze cents. Cette dernière tribu est composée des serviteurs de la famille de Sidi-el-Aribi, marabout illustre de la vallée du Chelif, qui a longtemps porté ombrage à la puissance naissante d'Abd-el-Kader. Les Ouled-Sidi-el-Aribi passent pour s'être adonnés de tout temps, et avec succès, à l'élève des chevaux. Leurs produits ont une grande réputation dans l'est de la province d'Oran.

Mostaganem devra en outre fournir des stations d'étalons au *Sig* et à *Oran*, et elles y seront fréquentées par les Garabas, les Douers et les Zemalas, qui, dans les plaines du Tlelat, de Melata et des Andalouses, nourrissent environ deux mille cinq cents chevaux. Le résultat nous donne un ensemble de près de seize mille cinq cents chevaux soumis à l'action de Mostaganem.

Quant au dépôt de l'*Alelik*, il continuera à étendre ses bienfaits sur les tribus des cercles de *Bône*, de l'*Edough*, de *La Calle* et de *Guelma*. Les deux premières circonscriptions comptent cinq mille chevaux élevés principalement par les Karezas, les Oulad-Bou-Aziz, les Beni-Salahh, les Merdass et les Senadja. Ces derniers sont une fraction de la grande tribu Hémiarite qui émigra en Afrique longtemps avant l'islamisme. Les cercles de La Calle et de Guelma fourniraient encore un bien plus grand nombre de chevaux ; les Chiabna et les Beni-Aamer en avouent huit cents ; les Oulad-Diab-Souarekh et Berabtia neuf cents; les Achach six cents ; les Oulad-Daan sept cents ; les Beni-Oudjana et les Beni-Ketit huit cents; les Nebaïl cinq mille.

Ces détails feront connaître tout le parti qu'on peut tirer de la subdivision de Bône, subdivision soumise depuis plus de dix années à l'action à peu près régulière de l'autorité française, et où les indigènes ont accueilli déjà sans difficultés les mesures que nous avons prises pour l'accroissement et l'amélioration de la production chevaline.

Je viens de tracer le rôle qui me paraît encore assigné aux trois dépôts d'étalons de Koléah, de Mostaganem et de l'Allelik, j'ajouterai comme dernière indication, qu'il me paraît indispensable de compléter dès aujourd'hui leur organisation en les dotant de quelques étalons capables de constituer la race de trait réclamée, avec tant de raison, par la colonisation européenne.

Les cultivateurs algériens font venir de France ou

de l'étranger, et à grands frais, des reproducteurs qui n'ont certainement pas le sang que nous trouverions dans le pays arabe. En cherchant non pas dans les montagnes, mais dans les vallées, et ils y existent, les étalons propres à ce service, je suis convaincu que nous parviendrions, avec les juments de nos colons, à doter l'Algérie d'une espèce qui ne le céderait en rien à nos chevaux percherons, dont la réputation est si bien établie.

Je n'entrerai pas dans les détails d'exécution que mon système nécessiterait. Ces détails, exclusivement militaires, pourraient sortir de notre sujet; seulement nous exprimons le vœu qu'on remette à un même officier dans chaque province le commandement des deux dépôts d'étalons et de remonte, et que cet officier soit spécialement chargé de l'achat des types de reproduction destinés à entretenir le dépôt d'étalons; il devrait, en outre, exercer une surveillance constante sur les achats qui, dans sa circonscription, seraient faits pour la remonte de notre cavalerie.

Notre armée a déjà fourni toutes les variétés d'aptitudes et de dévouements que nécessitaient les besoins si compliqués de notre conquête.

Elle saurait produire encore l'espèce d'officiers nécessaires pour doter d'une forte et utile vie l'organisation que nous avons tracée.

Voilà les améliorations que je réclame de l'avenir; c'est une œuvre de longue haleine qui, pour être menée à bonne fin, exige et du temps et de l'argent.

J'ai, comme administrateur et comme militaire, pénétré trop avant dans la pratique des affaires, pour ne pas savoir que l'exécution de ce vaste plan de régénération de la race chevaline ne saurait s'improviser. Tous les efforts du gouvernement doivent seulement, à mon avis, être dirigés vers le but que j'ai indiqué, afin de surmonter les difficultés que mon projet peut et doit rencontrer.

Après avoir constaté les immenses ressources chevalines que nous possédons en Algérie, je ne puis mieux terminer ce chapitre qu'en citant les versets consacrés, dans la Bible et dans le Koran, à célébrer les qualités du cheval, comme témoignage de la puissance de Dieu. Ils viennent encore à l'appui de l'amour antique et obligé que, dans tout le cours de cet ouvrage, je prête aux peuples de l'Orient pour ce noble animal.

LA BIBLE, JOB, CHAPITRE XXXIX.

22.. — As-tu donné la force au cheval, as-tu revêtu son cou d'une crinière ?

23. — Fais-tu bondir le cheval comme une sauterelle ? Son fier hennissement inspire la terreur.

24. — De son pied il creuse la terre, il s'anime en sa force et va à la rencontre de l'homme armé.

25. — Il se rit de la frayeur; il ne s'épouvante de rien et ne se détourne pas devant l'épée.

26. — Ni lorsque les flèches du carquois font du bruit sur lui, ni pour le fer de la lance.

15

27. — Il creuse la terre en se secouant et en se remuant, et il ne peut se contenir lorsque la trompette sonne.

28. — Quand la trompette sonne, il hennit, il sent de loin la guerre, le commandement des chefs et les cris du triomphe.

LE KORAN, CHAPITRE LL.

Les Coursiers rapides.

1. — Par les coursiers rapides dont le souffle bruyant s'étend au loin quand ils courent,

2. — Par les coursiers qui font jaillir des étincelles sous leurs pieds,

3. — Par les coursiers rapides qui courent le matin,

4. — Par ceux qui soulèvent derrière eux une poussière épaisse,

5. — Par ceux qui pénètrent au centre des bataillons,

6. — Certes l'homme est ingrat envers son seigneur.

FIN DE LA PREMIÈRE PARTIE.

DEUXIÈME PARTIE.

En décrivant avec une scrupuleuse exactitude les soins dont les Arabes entouraient leurs chevaux, les qualités qu'ils cherchaient à développer en eux, j'ai nettement indiqué le but qu'ils se proposaient. Ce que veut l'homme du désert, ce qu'il obtient le plus souvent, grâce à sa vigilante sollicitude, c'est un cheval vite et fort, endurci, comme ils disent, le vrai cheval de guerre; ce n'est pour lui ni un jouet, ni, malgré son amour du faste, un objet de luxe coûteux et fragile, c'est un utile instrument, un indispensable compagnon dans cette vie de mouvement, de lutte et d'aventure qu'il aime, parce qu'elle est indépendante, « *bénie de Dieu et loin des sultans.* »

On conçoit que cette seconde partie de mon étude, tout en ayant le cheval pour but, doit cependant différer essentiellement de la première. Maintenant le cheval a atteint tout son développement, tous ses moyens sont en œuvre, il a reçu son complément obligé, le cavalier; à partir de ce moment, ils vivent d'une vie si étroitement unie, que je ne puis négliger l'un en m'occupant de l'autre.

Je suis donc forcément introduit en pleines mœurs arabes. Dans ces attaques, ces incursions, ces pillages, ces vengeances, ces amours, ces fêtes et ces chasses, le cheval joue son rôle, rôle le plus brillant quelquefois, le plus utile toujours. « *Les chameaux appartiennent à ceux qui savent les défendre,* » dit le chant populaire, « *et aussi le cœur des jeunes filles à ceux qui savent manier un cheval.* »

Je n'ai pas hésité à décrire les péripéties de la vie du Sahara, à propos des chevaux. Quand je n'y aurais pas été naturellement amené par cette intimité de l'homme et de l'animal, j'aurais trouvé, je l'avoue, une excuse suffisante dans l'attrait de curiosité qu'inspirent ces mœurs singulières à quiconque en est le témoin, et aussi dans l'intérêt qu'offrira, je le pense, cette observation à ceux qui regardent l'étude d'un peuple comme une condition indispensable de sa conquête.

Les nomades du Sahara ne sont pas sans doute les Arabes mêmes sur lesquels nous prétendons établir une stricte domination. Notre autorité ne s'exerce sur eux qu'à distance, et les gens du *Teull* nous donnent assez d'affaires pour que nous nous contentions de ce pouvoir un peu relâché que le *ventre* nous attribue sur leurs compatriotes du sud.

Déjà pourtant notre influence se fait sentir d'une manière plus efficace que celle des Turcs ; non seulement les tribus du désert nous paient l'impôt, mais encore nous parvenons à empêcher les guerres entre elles, à régler leurs différends.

Et puis, à vrai dire, le Saharien est le prototype de l'Arabe en Afrique, il diffère de lui, seulement en ce qu'il est plus Arabe. L'éloignement de la domination, l'absence d'un véritable gouvernement lui ont permis de garder avec très peu d'altération les mœurs et les coutumes de ses pères, guerrières, aventureuses, chevaleresques. L'habitant du Tell est le frère du Saharien, frère dégénéré, abâtardi, si l'on en croit le dédain de ce dernier, mais conservant un air de famille.

Adoucissez les traits trop accusés, effacez un peu les couleurs trop vives, et un tableau du Sahara représentera le Tell assez fidèlement. Je ne parle pas des villes, bien entendu.

Ces couleurs éclatantes me dispensaient de m'évertuer à étaler de pittoresques splendeurs ; je me suis étudié à être net et précis ; j'ai rassemblé dans un cadre rétréci quelques groupes fidèlement esquissés.

De cette absence de gouvernement dont souffrent ou jouissent les tribus du Sahara, il ne faut pas induire chez elles l'absence de toute société ; elles n'ont pas seulement l'unité de croyance consacrée par le livre, *le Koran*, elles ont aussi les traditions, les usages, les règles qui constituent une société plus intime. Cette société y existe comme y existe la science équestre, sans lois ni principes écrits, ce qui ne veut pas dire sans lois ni principes respectés. Au contraire, chez un peuple où les fractions et les individualités, pour assurer leurs droits et pour redresser leurs griefs, tirent des moyens violents une sanction qu'elles ne peuvent attendre d'une charte régulière, il s'est formé un code, un ensemble d'usages traditionnels auxquels il est ordinaire et prudent de se soumettre, sous peine d'être hors la loi parmi les hors la loi.

Ce code, il faut bien le dire, est à peu près la régularisation et la réglementation du brigandage; mais il suffit à prévenir, le coup fait, les querelles entre frères, amis ou associés. Il est, de plus, sanctionné par la religion qui, chez les Arabes, intervient là comme partout ailleurs, et est ouvertement invoquée comme nous invoquons le dieu des batailles.

Bref, ces mœurs sont plutôt étranges qu'atroces; il serait facile de les expliquer et de les excuser par leur analogie avec une époque de notre histoire où les excès de la force n'empêchaient pas plus d'une noble et touchante pratique de dévotion, de bravoure et de courtoisie.

La chevalerie, dans la complète acception du mot, avec toutes ses aventures, telle est la vie normale de l'Arabe du désert, j'entends du noble, du maître de la tente. Tout le reste est accident ou n'est que le lot de celui qui loge dans les *ksours*, du citadin de basse classe, du mercenaire, cultivateur de palmiers, marchand, domestique ou berger.

C'est de cette vie d'aventures que je vais donner une esquisse.

LES RAZZIAS.

Le fait le plus fréquent et presque quotidien de la vie arabe, c'est la *razzia*. La gloire est une belle chose sans doute, et à laquelle dans le Sahara on a le cœur sensible, comme partout ailleurs. Mais là, on met sa gloire à faire du mal à l'ennemi, à détruire ses ressources, en augmentant les siennes propres. La gloire n'est pas de la fumée, c'est du butin. Le désir de la vengeance est aussi un mobile, mais est-il plus belle vengeance que celle de s'enrichir des dépouilles de l'ennemi ?

Ce triple besoin de gloire, de vengeance et de butin, ne pouvait trouver pour se satisfaire un plus expéditif ni plus efficace procédé que la *razzia* (incursion), envahissement par la force, ou la ruse, du lieu occupé par l'ennemi, du dépôt de tout ce qui lui est cher, famille et fortune.

Les razzias dans le désert sont de trois sortes :

Il y a d'abord la *téhha* (proprement le *tombement,*

du verbe *tahh,* il est tombé), elle se fait au point du jour (*fedjeur*). Dans une *téhha,* on n'est pas venu pour piller, on s'est rué pour massacrer ; on ne s'enrichit pas, on se venge.

Puis la (*khrotefa*), qui a lieu à *el âasseur,* deux ou trois heures de l'après-midi. C'est la rapine.

Et enfin la (*terbigue*), ce n'est pas la guerre, ce n'est pas un coup de bandit ni de brigand, ce n'est guère qu'un tour de voleur tout au plus. La *terbigue* se fait à *nous el leïl,* à minuit.

Quand une razzia est décidée, ceux qui doivent en faire partie se disent entre eux : *Rana akued,* nous sommes *nœud;* une entreprise commune est arrangée, l'association est formée, le pacte est conclu, pacte de vie ou de mort.

TÉHHA.

La téhha est projetée, le chikh donne l'ordre de ferrer les chevaux, de préparer les vivres, de faire la provision d'orge pour cinq ou six jours, plus ou moins. Ces provisions sont mises dans des besaces (*semate*), chacun la sienne.

Avant de se mettre en marche, on envoie deux ou quatre cavaliers *chouafin* (voyeurs) pour reconnaître l'emplacement de la tribu qu'on doit attaquer. Ces éclaireurs sont des hommes bien montés, intelligents, connaissant le pays, circonspects. Ils marchent avec précaution et font un grand détour, en cas de surprise ils se présenteront du côté par où les gens à combattre ne voient d'ordinaire paraître que des amis. Arrivés près du but ils s'embusquent ; l'un d'eux se détache à pied et pénètre jusqu'au milieu des douars sans exciter le moindre soupçon. Une fois renseignés sur les forces et les dispositions de l'ennemi, ils retournent sur leurs pas, et vont rejoindre le goum qui les attend dans un lieu déterminé à l'avance, et qui, ainsi que les *chouafin*, a suivi une direction de nature à n'inspirer aucune crainte à ceux que l'on veut surprendre.

Tous les renseignements sont recueillis, la tribu à envahir est tout près, il faut tomber sur elle à la pointe du jour, car à cette heure on trouve :

> *El mera bela hazame,*
> *Ou el aouda bela ledjame ;*
> La femme sans ceinture
> Et la jument sans bride.

Avant de se lancer dans la mêlée, les chefs adressent à leurs cavaliers une chaleureuse allocution :
« Faites attention : qu'aucun de vous ne s'avise de
» dépouiller des femmes, d'enlever des chevaux,
» d'entrer dans les tentes, de mettre pied à terre pour
» faire du butin, avant d'avoir beaucoup tué ; rap-
» pelez-vous que nous avons à faire à des *enfants du*
» *péché*, qui se défendront vigoureusement. Ces gens
» ont massacré nos frères, pas de grâce.... tuez !....
» tuez !... si vous voulez à la fois et la vengeance
» et les biens de l'ennemi, car je vous le répète, ils
» ne vous céderont pas ceux-ci à bon marché. »

Puis le goum se divise en trois ou quatre corps, pour jeter l'épouvante dans la tribu, par plusieurs côtés à la fois. Dès qu'on est à portée on commence le feu; aucun cri, tant que la poudre ne s'est pas fait entendre.

Ces razzias deviennent, la plupart du temps, d'épouvantables carnages. Les hommes surpris à l'improviste sont presque tous mis à mort, on se contente de dépouiller les femmes de leurs vêtements.

Si le temps le permet, les vainqueurs emportent les tentes et emmènent les nègres, les chevaux, les troupeaux, etc.; les femmes et les enfants sont abandonnés. Dans le désert on ne se charge jamais de prisonniers.

Au retour, on met les troupeaux sous la garde de quelques cavaliers, et l'on forme une forte réserve, chargée de parer à toutes les éventualités de la retraite.

Rentrés dans le douar, les combattants partagent entre eux les troupeaux et tout le butin fait sans risque de la vie; ils donnent en sus au chikh, trente ou quarante brebis ou trois ou quatre chamelles, suivant le cas, et ils gratifient d'une récompense spéciale, les cavaliers qui ont été lancés en éclaireurs.

Avant de tenter une entreprise de ce genre, chaque tribu se place sous la protection d'un marabout particulier, à qui elle s'adresse dans les circonstances difficiles. Ce que j'ai dit en tête de ce chapitre fait comprendre que pour le saharien, le pillage d'un ennemi est une circonstance, qui, malgré ce qu'elle a d'habituel, ne manque pas de solennité. — C'est ainsi que la tribu des Arbâa a pour marabout attitré Sidi-Hamed-ben-Salem-Ould-Tedjiny.

Le succès d'une razzia est l'occasion de grandes réjouissances ; dans chaque tente, on prépare une *Ouadâa* (fête) en l'honneur des marabouts, et on y invite les pauvres, les *tolbas* (lettrés), les veuves, les maréchaux-ferrants et les nègres libres.

La *Téhha* se fait habituellement avec cinq ou six cents chevaux, souvent s'y joignent des fantassins transportés à dos de chameau.

Parfois, la tribu que l'on veut attaquer a été prévenue à temps, alors elle prend ses mesures ; les chevaux sont sellés, les armes prêtes, il y a combat, et non boucherie,—beaucoup de cavaliers sont tués de part et d'autre, mais presque toujours les assaillants ont l'avantage, ils ne sont pas embarrassés de femmes et d'enfants comme leurs ennemis ; il est rare qu'il reviennent sans butin.

Je crois devoir reproduire ici l'un de ces chants populaires, qui peignent si bien l'ardeur et les péripéties de ces luttes sanglantes, dont l'amour et la jalousie dans le Sahara, n'est que trop souvent le mobile.

> Mon cheval est plus blanc que la neige,
> Plus blanc que le linceul des hommes,
> Il bondira comme la gazelle
> Et me portera vers la tente de ton père

O Yamina¹! fous sont ceux qui nourrissent ton orgeuil,
    Plus fous encore ceux qui me disent de t'oublier !
    Je voudrais être l'épingle de ton haik ²;
    Une boucle de tes noirs cheveux,
    Le meroueud ³ qui te noircit les yeux,
    Ou mieux encore le tapis que tu foules à tes pieds.

    J'ai fait boire mon cheval à la tête de la source⁴,
    Puis j'ai sauté légèrement sur son dos,
    Mes *chabir* sont collés a ses flancs ⁵
Et j'ai foi dans mes armes comme j'ai foi dans mon cœur,
    Ils m'ont trahi pour la lune de mon âme⁶
    Les jours les trahiront aussi.

    Par Dieu, ô les vautours !
    Pourquoi nagez-vous⁷ dans les airs ?
Je demande à Dieu qu'il nous donne l'un de ces combats sanglants

---

(¹) *Yamina*, nom de femme très commun chez les Arabes.

(²) *Epingle de ton haik.* — Grosse épingle en argent dont se servent les femmes pour attacher leur haik, longue pièce d'étoffe en laine avec laquelle elles se drapent. Cette épingle, dans le désert, porte le nom de khelala.

(³) *Meroueud.* — Petit morceau de bois poli, avec lequel les femmes se mettent sur les paupières cet antimoine (koheul) qu'elles estiment tant.

(⁴) *A la tête de la source.* — Cette expression peint le soin avec lequel les Arabes choisissent les eaux dont ils abreuvent leurs chevaux. On conçoit que l'eau est toujours plus pure à la tête d'une source que dans le bas où elle a déjà pu être troublée.

(⁵) *A ses flancs.* — Les éperons arabes, à cause de leur longueur, ne peuvent être placés que le long du ventre ou des flancs du cheval.

(⁶) *La lune de mon âme.* — Les poètes arabes ont pour habitude de comparer les femmes dont ils parlent à la lune. La lune, disent-ils, éclaire d'une clarté plus douce que le soleil, elle annonce le calme, la fraîcheur et dispose aux rêveries amoureuses.

(⁷) *Nagez.* — Expression qui veut, là, représenter celle de planer.

Où chacun puisse mourir avec sa chair[1] et non de maladie.

  Vous passerez les jours et les nuits à vous repaître !
   Notre vie et celle de nos chevaux
  N'appartiennent-elles pas aux jeunes filles?

   Dehors les étrangers, dehors !
   Laissez les fleurs de nos prairies
   Aux abeilles de notre pays.
   Dehors les étrangers, dehors !

  O le généreux ! la voici donc cette nuit
  Où nos goums pourront lancer la poudre
  Jusqu'auprès du douar de *Yamina*
Pendant que les femmes y seront encore sans ceinture[2],
  Et les chevaux entravés dans du fer[3],
Avant qu'on ait posé les aâtatouche[4] sur le dos des chameaux,
  Et que les cavaliers aient chaussé leurs *temagues*[5].
  Faites que je reçoive sept balles dans mon bernouss,
   Sept balles dans mon cheval
  Et que j'en aie placé sept dans le corps de mon rival[6].
  Le meilleur des amours est celui qui fait grincer les dents.

---

(1) *Mourir avec sa chair.* — Le poète a voulu dire : mourir dans un combat, plein de force et de santé, et non décharné par la misère ou la vieillesse.

(2) *Sans ceinture.* — Les femmes Arabes portent toutes la ceinture. Elles l'ôtent pendant la nuit pour la remettre au point du jour.

(3) *Dans du fer.* — Dans le Sahara les vols sont si fréquents que pendant la nuit on met à tous les chevaux des entraves en fer.

(4) *Aâtatouche.* — Espèces de sièges, plus ou moins ornés suivant la fortune des individus, et que l'on place sur le dos des chameaux et sur lesquels les femmes Arabes s'asseoient quand elles doivent voyager.

(5) *Temagues.* — Bottes en maroquin rouge appelé *filaly*.

(6) *Sept balles dans le corps de mon rival.* — Il y a beaucoup d'Arabes qui pour le combat chargent leurs fusils avec sept balles ou chevrotines, *d'hamous*, mais leurs armes étant en général mauvaises et mal tenues cette habitude devient la source d'une foule d'accidents. — La

A la nage, les jeunes gens à la nage [1] !
Les balles ne tuent pas,
Il n'y a que la destinée qui tue.
A la nage les jeunes gens, à la nage !

Le cheval de Kaddour est mort, le cheval de Kaddour est mort,
    Publiez-le dans vos tribus, elles s'en réjouiront :
        Mais si vous n'êtes pas des juifs [2]
        Ajoutez que, sanglant et blessé,
    Il a pu sauver son maître et le tirer de la mêlée ;
    C'est qu'il n'a pas voulu mentir à ses aïeux [3],
    Celui qui n'avait pas été dressé pour la fuite,
    Celui qui ne savait courir que pour heurter.
Merouan est mort pour Yamina, ses jours étaient comptés !

    O mon cœur pourquoi t'obstiner
    A faire remonter les eaux vers les montagnes ?
    Tu es l'insensé qui poursuit le soleil !

---

quantité de gens estropiés par des canons de fusils éclatés dans leurs mains est considérable. — J'ai connu dans la province d'Oran un chef des *Bordjias*, nommé Kaddour-Ben-Mokhfy qui avait la réputation d'avoir tué dans sa vie un grand nombre d'individus. Admirable cavalier, et toujours supérieurement monté, il chargeait son fusil avec sept balles ou chevrotines et quand dans une ligne de tirailleurs, il avait, d'un œil d'aigle, aperçu un ennemi téméraire, qui, en s'avançant, avait commis la faute de se dégarnir de son feu, il se précipitait sur lui d'une vitesse telle qu'il l'avait ordinairement atteint et jeté par terre, lui ou son cheval, avant que ses camarades eussent pu lui porter secours.

Ce Kaddour-Ben-Mokhfy est encore à l'heure où j'écris, notre agha des Bordjyas.

[1] *A la nage.* — Cette expression, dans cette circonstance, veut dire : lancez vos chevaux de toute leur vitesse.

[2] *Des juifs.* — Expression de dédain dont se servent journellement les Arabes pour piquer l'amour-propre de leurs interlocuteurs.

[3] *Mentir à ses aïeux.* — A tort ou à raison, les Arabes sont con-

Crois-moi; cesse d'aimer une femme,
Qui ne te dira jamais, oui.
Le grain semé dans un sebkha[1]
   Ne produira jamais d'épis.

---

vaincus que le cheval de race, fût-il blessé à mort, trouvera encore des forces pour ne pas laisser son maître au pouvoir de l'ennemi.

(9) *Sebkha*. — Terrain salé qui peut fournir du sel, mais qui résiste à toute espèce de culture.

EL KROTEFA. — LA RAPINE.

———

Le but de la razzia appelée *el krotefa*, est l'enlèvement d'un troupeau de chameaux qui paît à sept ou huit lieues de la tribu. Cent cinquante à deux cents cavaliers se réunissent en *akued*, et se mettent en route ; la reconnaissance a lieu comme dans la *Téhha*, mais les dispositions sont prises en vue d'arriver à l'endroit où doit se faire le coup vers *el aasseur* (trois ou quatre heures de l'après-midi) et non vers le *fedjer* (point du jour).

La razzia faite, trois, quatre ou six ybal (troupeau de cent chamelles) enlevés, on se divise en deux partis, l'un composé des chevaux les plus faibles prend les devants avec le butin, l'autre forme une sorte d'arrière-garde chargée au besoin de tenir tête à l'ennemi. On se sépare après s'être donné rendez-vous le lendemain sur un point déterminé. Mais pour mieux dépister les poursuites, le parti qui doit arrêter l'ennemi suit un chemin différent de celui des conducteurs des troupeaux enlevés.

Dans ces coups de main, on épargne généralement les bergers. Il est rare, du reste, qu'ils défendent un bien qui ne leur appartient pas.

Mais bientôt le bruit, les cris de toute sorte ont donné l'alarme, chacun selle son cheval et s'élance ; puis on s'arrête, il faut se rallier, et enfin on se présente en nombre sur le terrain. — Cette fois encore les assaillants ont pour eux toutes les chances favorables, ils sont aux aguets, prêts à recevoir l'ennemi, leurs chevaux ont eu le temps de se reposer; ceux de la tribu dépouillée, sont harassés, hors d'haleine, la fusillade s'engage toutefois, mais la nuit vient, aussitôt qu'elle s'épaissit, « *que l'œil commence à se noircir* », les ravisseurs détalent, et vont rejoindre au galop l'autre parti qu'ils retrouvent au lever du soleil.

Ils ont été poursuivis, mais peu de temps. La conviction que ses chameaux sont hors d'atteinte, la crainte des embuscades ont bientôt fait rentrer la tribu dans ses tentes.

Quoique le combat qui accompagne ces sortes d'expéditions soit en général peu animé et bien vîte interrompu par la nuit, ceux qui y prennent part courent cependant des dangers. Un cavalier peut recevoir une blessure grave qui le mette hors d'état de continuer la route. Il est perdu, si toutefois il n'est pas un personnage de distinction, car alors on ne l'abandonne jamais, un cavalier vigoureux se charge de lui, l'enlève, le prend en travers de sa selle et le ramène mort ou vif. Quant aux blessures légères, avec la selle arabe, elles n'ont pas de grands inconvénients, et n'empêchent pas de rejoindre le goum.

Au retour dans la tribu, le butin se partage entre ceux qui ont pris part à la Khrotefa.

EL TERBIGUE.

Pour la terbigue, quinze ou vingt cavaliers seulement, qui se font *Akued*, se proposent d'enlever les troupeaux au milieu même du douar.

Ils envoient reconnaître la tribu, et arrivent près des tentes par une nuit des plus obscures.

On choisit un douar isolé, on s'en approche jusqu'à la distance de deux ou trois cents pas. — Trois hommes descendent de cheval et s'arrêtent, ils détachent l'un d'eux qui se dirige du côté opposé, et fait du bruit pour attirer les chiens. « C'est une hyène ou un chacal qui passe », se figurent les gens du douar, ils n'y prennent pas garde. Les deux autres voleurs entrent pendant ce temps dans l'intérieur du douar, délient les entraves de dix, quinze ou vingt chameaux, selon le plus ou moins de sécurité, prennent leurs savates, les frappent l'une contre l'autre, épouvantent et font fuir les animaux mis en liberté.

Les partisans qui ont fait le coup, s'éloignent au

plus vite, on leur amène leurs chevaux, et tous rassemblent les chameaux dispersés.

Puis on se sépare en deux bandes, l'une se charge de conduire la prise, tandis que l'autre s'attardant un peu, se fait poursuivre dans une direction différente.

Si l'on est parvenu à détacher le *faâle* (l'étalon), le coup est des plus heureux, toutes les femelles cherchent à suivre leur mâle.

Le secret dans ces coups de main est d'habitude bien gardé, il est rare qu'ils échouent. Les accidents ne sont pas fréquents, lorsque le douar est sur ses gardes on se retire.

Ceux qui se hasardent dans de telles entreprises ont généralement de bons chevaux, et se dérobent bien vite à une poursuite, d'ailleurs à peu près impossible la nuit, où les traces se perdent facilement, où les embuscades sont à craindre.

Pour une razzia de ce genre on ne craint pas de faire trente ou quarante lieues.

Quelquefois *el terbigue* se complique d'incidents grotesques. Un parti de cavaliers ne veut pas laisser de réserve pour combattre l'ennemi en cas de besoin, il s'embusque à sept ou huit cents pas du douar, le plus déluré voleur se met à nu, garde son sabre seulement, lie ses souliers autour de sa tête, en guise d'énormes oreilles. Ainsi accoutré, il se lance dans le douar, tenant à la main un mauvais arçon de selle qu'il agite en tous sens, et dont il frappe la terre de

temps en temps. A ce bruit sourd, il joint des cris
d'alarme et d'effroi : « Voilà le goum! voilà le goum !
debout ! à nous ! nous sommes vendus. » Les cla-
meurs, les gambades, l'étrange aspect du personnage, le mouvement et le bruit de cette selle qu'il
agite, jettent l'épouvante dans le troupeau, chevaux,
moutons, chameaux se ruent au dehors et sont
recueillis par les cavaliers embusqués.

On s'élance hors des tentes, on prend les fusils, on
monte à cheval, mais le voleur est en selle, troupeaux et pillards sont loin, fuyant à toute vitesse e
protégés par la nuit.

KRIANA. — VOLS.

————————

El terbigue est un vol, mais encore est-ce à peu près la guerre, c'est la razzia. Le nombre des hommes qui exécutent l'entreprise, l'importance du vol exécuté sur une fraction de tribu tout entière, la qualité des partisans qui se sont mis en campagne, et qui, après tout, sont des cavaliers, c'est-à-dire des guerriers, toutes ces circonstances, si elles ne sont pas des excuses à nos yeux, à nous, scrupuleux européens, sont des motifs extrêmement plausibles, dans le désert. De braves enfants perdus se sont exposés pour nuire à une tribu ennemie. Il ne peut y avoir que joie et triomphe dans celle dont ils font partie.

Nous descendons un degré plus bas, nous arrivons à la pure maraude exécutée par des voleurs de profession.

Ce n'est plus là la guerre, même amoindrie, c'est le vol tout simple. Ce n'est pas un sujet de réjouissances pour toute une tribu, mais c'est encore matière à éloges et à félicitations entre amis, à la condition toutefois, que le vol n'aura pas été commis dans la tribu même ou dans une tribu alliée, ce qui serait une honte ; mais bien chez l'ennemi, on dit:

« Un tel est un brave : il vole l'ennemi. »

Comme on le pense bien, tous les vols ne s'exécutent pas de la même façon, et les expédients sont appropriés au genre de capture qu'on se propose.

VOLS DE CHEVAUX.

Ce genre de vol s'exécute vers la fin du mois musulman, lorsque la lune paraît à peine; cinq ou six hommes bien d'accord emportent des provisions *(rouina)* dans des sacs appelés *mezoueud* et se mettent en route cherchant aventure.

Avant le départ, ils donnent aux pauvres une aumône *(el mâarouf)* et les prient d'intercéder auprès de Dieu pour le succès de l'entreprise, puis ils jurent par un marabout connu, *Sidi Abd-el-Kader*, le plus ordinairement, de lui faire hommage, en cas de réussite, d'une part *(mezeragne)* qui sera distribuée aux malheureux.

« *O Sidi Abd-el-Kader*, disent-ils, *si nous revenons* » *joyeux, avec du butin et sans accidents, nous te don-* » *nerons, s'il plaît à Dieu, ta lance* (mezeragne). »

En sortant du douar, les voleurs marchent en plein jour ; lorsqu'ils approchent de la tribu où ils ont l'intention de voler, ils ne s'avancent plus que la nuit et s'embusquent à deux ou trois lieues des tentes, dans le lit d'une rivière, les herbes *(âalfa)* ou la montagne. Aussitôt la nuit devenue très sombre, ils sortent de leur embuscade, flairent tous les douars les uns après les autres, et s'arrêtent à celui où la garde semble moins active, où les chiens paraissent le moins sur l'œil.

Si les voleurs sont au nombre de six, quatre restent à une cinquantaine de pas du douar, immobiles et silencieux, les deux autres, les plus hardis et les plus adroits, pénètrent dans l'intérieur.

En se séparant, on se donne un mot d'ordre *(mana)*.

Les deux larrons se mettent à la besogne ; s'ils trouvent les chiens sur leurs gardes, ils retournent s'adjoindre un troisième compagnon qu'ils placent un peu loin devant la tente dont les chiens sont si vigilants ; ils entrent dans le douar par un autre côté. Ils se désignent la tente qu'ils veulent voler, puis l'un d'eux, appelé *el gaad*, reste en faction près d'elle, l'autre, *el hammaze*, pousse jusqu'aux chevaux, *el hammaze*, s'il trouve une jument ou un cheval entravé avec des courroies ou des cordes seulement, les dénoue ou les coupe, saisit l'animal par la *goulada* (corde à talismans, placée sur l'encolure), et l'emmène du côté opposé à celui où sont les chiens, occupés du reste par le *layahh*[1].

Le *gaad* est resté en arrière, prêt à tuer d'un coup de pistolet ou à assommer avec un bâton ou une pierre le premier qui sortirait de la tente, sauf à dérouter les autres en suivant une direction différente de celle qu'a prise son camarade qui emmène le cheval. Puis le *gaad* rejoint le *layahh*, et se réunissent bien vite à *el hammaze* et aux trois compagnons qui les attendent.

On renouvelle le vol, si le douar plongé dans le repos ne s'est aperçu de rien, sinon l'on se décide à partir. Un des ravisseurs plaçant son haïck plié sur le dos du cheval de manière à s'en faire des étriers, s'élance au galop après avoir donné rendez-vous à ses camarades sur un point déterminé, pour le lendemain ou le surlendemain. Les autres, pour échapper à la poursuite qui aurait lieu le matin, se cachent pendant toute la première nuit.

Celui qui monte le cheval ne continue sa route que dans le cas où le vol a pu être commis aux premières heures de la nuit, sinon il passe toute la journée du lendemain caché dans un endroit sec et pierreux, ou l'animal ne laisse aucune trace.

Si au lieu d'être de corde, les entraves sont de fer, l'opération se complique : les préliminaires sont les

---

[1] *Layahh.* — Amuseur, celui qui détourne l'attention, c'est le nom donné au troisième compagnon resté devant la tente pour distraire les chiens.

mêmes, mais une fois à l'œuvre, *el hammaze* relève avec précaution les entraves jusqu'aux genoux, les maintient à cette place avec sa corde de chameau qu'il attache à l'encolure, et fait sortir l'animal à petit pas. Dès qu'il a rejoint ses camarades et qu'il est assez loin du douar victime du vol, il songe à donner à sa prise la liberté qui lui manque. Il enlève alors les entraves au moyen d'une petite scie (*cherrima*), ou d'un rossignol ; au pis-aller il présente le cadenas en dehors des membres du cheval, et le brise d'un coup de pistolet, ou bien encore le remplit de poudre et le fait sauter.

Mais la détonation éveille les maîtres du cheval, ils se mettent à sa recherche, presque toujours en vain, la nuit est obscure, les voleurs se divisent ; à toute extrémité, on se tire d'embarras en abandonnant la prise pour sauver sa tête.

Parfois le maître de la tente s'étonne des aboiements des chiens, il éveille son monde, il crie : « Il y a un vivant ici » (*el hayi rah hena*), on sort, on ne trouve rien, on se persuade que c'est un chacal ou une hyène qui occasionne tout ce bruit, et on se rendort. Les voleurs reparaissent, ou se dirigent vers un autre douar qui se tient moins sur ses gardes.

Quand on se prépare à une *khriana*, on doit se munir d'un pistolet, qu'on place sous le bernouss, d'un couteau, d'une trique, ayant une corde à l'un de ses bouts, et d'un poignard (*seboula*).

Si un voleur croit que les chiens le distingueront à cause de la blancheur de ses vêtements, il les laisse à ses camarades, et pénètre dans le douar, entièrement nu, son couteau dans une main, son bâton dans l'autre. C'est une croyance populaire dans le Sahara, que l'homme complètement nu n'est pas visible par une nuit obscure.

Jamais on n'essaye de voler un cheval très méchant, de race pure, ou qui sert d'étalon. Les hennissements de ces animaux à la vue de l'homme, trahiraient le pillard.

Pour éviter d'être senti par les chiens on a la précaution de marcher contre le vent. D'autres circonstances de temps ne doivent pas être négligées. L'absence de lune, par exemple, il faut se mettre en route le 21 du mois musulman, et la nuit du 22 est l'époque habituellement la plus favorable ; la poussière et le vent violent sont d'utiles auxiliaires ; mais la pluie est traîtresse, elle détrempe la terre qui conserve les traces, elle favorise la poursuite.

La froide saison est la bonne saison pour les vols dont nous parlons. On dit communément à ce sujet :

« *En hiver, les vols de bestiaux parce que le chien dort* » *dans la tente. — En été, les vols dans la tente parce que* » *le chien va dormir au loin.* »

Comme tout autre Arabe, le voleur croit que Dieu ne dédaigne pas de l'avertir. De là des espérances et des craintes superstitieuses.

S'il rencontre en sortant du douar une jument
noire, sale, décharnée, en mauvais état enfin ; triste
présage *(fal chine)*, il rentre.

S'entendre, au moment du départ, appeler par des
gens ne sachant où vous allez, mauvais signe encore
(el nechâa).

Voir deux perdrix, bon augure ; une seule, pro-
nostic fâcheux.

Se trouver au départ, en face d'un homme gai,
courageux, bien vêtu, bien monté, succès infaillible.

Une vieille femme, aveugle ou estropiée, couverte
de haillons, immanquablement vous empêchera de
réussir. Mais partez en toute confiance, si vous avez
rencontré une belle femme richement vêtue, à qui
vous avez dit : « Ouvre ta ceinture, Fatma, cela nous
» portera bonheur. » Elle ne vous refusera pas de
vous ouvrir la porte des richesses.

Il est également désirable de voir sur son passage
une femme portant du lait et d'en boire une gorgée.

A leur retour, les voleurs partagent, le vœu fait
aux marabouts invoqués est scrupuleusement accom-
pli ; le chef de leur douar, la femme qui a dénoué sa
ceinture, reçoivent chacun un présent. — La part
qui revient à *el hammaze* est plus considérable ; c'est
lui, on se le rappelle, qui a joué le rôle le plus important et couru les plus grands périls.

VOLS DE CHAMEAUX.

Le vol de chameaux se pratique de la même manière que celui des chevaux.

On choisit des chameaux faits, c'est-à-dire qui ne crient plus, ou des chamelles pleines.

Les entraves enlevées, les voleurs piquent l'animal avec un poignard ou un couteau pour le faire sortir, et montent dessus, une fois arrivés à une assez grande distance des tentes.

On marche toute la nuit; si à la pointe du jour on ne se croit pas assez loin pour échapper à la poursuite des cavaliers, on s'arrête et on se cache dans un endroit dont le sol ne conserve pas les traces. Les cavaliers renoncent à la poursuite quand ils n'en trouvent pas; sinon ils reprennent souvent ce qui leur a été volé, et à moins que les voleurs n'aient lâché la prise et ne soient embusqués, ils payent leur entreprise de leur vie [1].

C'est le moment suprême des invocations et des vœux.

« O Sidi Abd-el-Kader, — dit le voleur qui sent l'en-
» nemi près de lui et tremble d'être découvert, — si
» tu nous sauves encore cette fois, nous ferons en ton
» honneur une *ouadâa* pour les pauvres. »

---

(1) Dans certaines tribus du désert, le voleur pris en flagrant délit est de la tête aux pieds couvert et comme habillé d'alfâa (sparterie). On y met le feu et on lâche le malheureux qui, poursuivi par les huées générales s'en va mourir un peu plus loin.

Dans le Sahara, *Sidi-Abd-el-Kader-Djelaly* est le patron des voleurs. Cette peu recommandable clientèle s'explique par la charité du saint marabout, qui ne veut laisser dans la peine aucun de ceux qui invoquent son nom.

VOLS DE MOUTONS.

C'est un mince butin que les moutons, et plus gênant que profitable ; c'est un bétail qui marche lentement et qu'il faut désespérer d'entraîner à une assez grande distance le lendemain du vol. Aussi on se contente de marauder, chez l'ennemi, quand il est éloigné, les moutonsdonton a besoin pour vivre dans les embuscades.

Cependant quelquefois l'occasion est tentante ; on voit le troupeau paître au loin des douars, le berger est couché, endormi, ou distrait d'une manière quelconque ; il est grand matin ; on a le temps de faire du chemin avant qu'au coucher du soleil, l'heure venue de la rentrée des troupeaux, les douars ne s'aperçoivent du vol qui a été commis : on hasarde le coup de main.

On assène un vigoureux coup de bâton sur la tête du gardien négligent, on lui jette du sable dans les yeux, on les lui couvre avec sa *quelmouna* (capuchon du bernouss), et on lui lie les mains derrière le dos, puis les voleurs se partagent la conduite du troupeau, divisé par petites portions ; chacun suit un

chemin séparé, avec lenteur d'abord, plus rapidement ensuite ; le lendemain, après n'avoir traversé
que des lieux inhabités, l'on se rejoint à l'endroit désigné. On emmène le berger, et on ne le lâche qu'au
milieu de la nuit quand on n'a plus rien à craindre
de lui.

CHASSE DE L'AUTRUCHE.

Dans le désert, il y a deux manières principales de chasser l'autruche.

La chasse à cheval,

La chasse à l'affût,

Et une troisième enfin, qui n'est qu'une variété de la seconde. Cette dernière consiste à tuer l'animal quand il vient se désaltérer à une source.

La vraie chasse est la chasse à cheval ; elle est à l'affût ce qu'est, chez nous, le courre à l'arrêt ; plaisir de gentilhomme, de roi, disions-nous jadis, et non métier de braconnier et de fantassin. On ne se contente pas de tuer, on force. [1]

L'éducation générale donnée au cheval ne suffit

---

(1) Les Arabes du Sahara aiment la chasse avec passion et leur religion les autorise à chasser le gibier dont la chair n'est point défendue. Il est également permis de chasser les animaux dont la chair est prohibée si, comme le chacal, le sanglier, etc., etc., ils sont nuisibles.

pas. Il faut pour ce cas particulier, une préparation spéciale, comme à notre cheval de course, il faut l'entraînement pendant les quelques jours qui précèdent immédiatement la lutte.

Voici le mode d'entraînement usité pour les chevaux du Sahara :

Sept à huit jours avant la course, on supprime tout à fait la paille ou l'herbe, on donne l'orge seulement, on ne fait boire qu'une fois par jour, au coucher du soleil, moment où l'eau commence à devenir plus fraîche, et on les lave. On leur fait faire une longue promenade quotidienne entremêlée de pas et de galop, pendant laquelle on s'assure que rien ne manque au harnachement approprié à la chasse de l'autruche, et dont je vais parler. Après ces sept ou huit jours, dit l'Arabe, le ventre du cheval disparaît, tandis que son encolure, son poitrail et sa croupe restent en chair; alors l'animal est apte à supporter la fatigue. On appelle cette préparation du cheval : *techaha.*

On modifie également le harnais en vue de l'alléger. Les étriers doivent être beaucoup moins lourds que d'habitude, l'arçon très léger, les deux *keurbous* diminués de hauteur et dépouillés du *stara.* On retire le poitrail, sur sept feutres on n'en conserve que deux.

La bride subit également de nombreuses métamorphoses, on suprime comme trop lourds les montants et les œillères, on monte simplement le mors sur une corde de chameau suffisamment solide, sans sous-gorge, maintenue par une espèce de frontal également en corde, les rênes doivent être très légères mais fortes.

Les chevaux sont ferrés des quatre pieds.

L'époque la plus favorable pour cette chasse, est celle des grandes chaleurs de l'été ; plus la température est élevée, moins l'autruche a de vigueur pour se défendre. Les Arabes précisent ce moment en disant que c'est celui où l'homme étant debout, son ombre n'a pas plus de la longueur d'une semelle.

C'est une véritable excursion qui dure sept à huit jours. Elle exige des mesures préparatoires, lesquelles sont concertées par une dizaine de cavaliers, réunis en *akued*, comme pour une razzia.

Chaque cavalier est accompagné d'un de ses domestiques, prenant alors le nom de *zemmal*, et monté sur un chameau qui porte quatre peaux de bouc remplies d'eau, de l'orge pour le cheval, de la farine de blé (*deguig*), une autre espèce de farine grillée (*rouina*), des dattes, une marmite (*mordjem*) pour faire cuire les aliments, des lanières, une aiguille à passer, des fers et des clous de rechange.

Le cavalier ne doit avoir qu'une chemise de laine ou de coton, une culotte en laine ; il s'entoure le col et les oreilles d'une pièce d'étoffe légère appelée dans le désert *haouli*, maintenue par la corde de chameau ; aux pieds, des semelles retenues par des cordons ; il chausse des guêtres légères (*trabag*), et ne se charge ni de fusil, ni de pistolet, ni de poudre ; sa seule arme est un bâton d'olivier sauvage ou de tamarin, long de quatre ou cinq pieds et se terminant par un bout très pesant.

On ne se met en chasse qu'après avoir appris par des voyageurs, des caravanes ou des agents envoyés à cet effet, la présence d'un grand nombre d'au-truches sur un point désigné.

On rencontre ordinairement les autruches dans les endroits où il y a beaucoup d'herbe et où la pluie est tombée depuis peu. D'après les Arabes, aussitôt que l'autruche voit les éclairs briller et l'orage se préparer en un lieu quelconque, elle y court, fût-elle à une très grande distance ; dix jours de marche ne sont rien pour elle. Dans le désert, on dit d'un homme habile à soigner les troupeaux et à leur trou-ver les choses nécessaires : « *Il est comme l'autruche,* » *où il voit briller l'éclair, il arrive.* »

On se met en route le matin. Après un ou deux jours de marche, quand on est arrivé près de l'en-droit où les autruches ont été signalées et qu'on commence à apercevoir leurs traces, on s'arrête et on campe. Le lendemain, deux domestiques intelli-gents, entièrement nus, et n'ayant qu'un mouchoir en guise de caleçon, sont envoyés en reconnaissance. Ils emportent une peau de bouc (*chibouta*) pendue au côté, et un peu de pain ; ils marchent jusqu'à ce qu'ils rencontrent les autruches, qui se placent tou-jours, disent les Arabes, sur des lieux élevés. Aussitôt qu'ils les ont aperçues, ils se couchent et observent, puis l'un d'eux demeure et l'autre retourne prévenir le goum. Il a vu quelquefois trente, quarante ou soixante autruches; car il existe, prétend-on, des troupeaux (*djeliba*) de cette force; d'autres fois, surtout au temps de leurs amours, les autruches ne se rencontrent que par trois ou quatre couples.

Les cavaliers, guidés par l'homme qui est venu les instruire, marchent doucement du côté où sont les autruches. Plus ils approchent du mamelon où elles ont été signalées, plus ils prennent de précautions pour n'être pas aperçus. Enfin arrivés au dernier mouvement de terrain qui les puisse cacher, ils mettent pied à terre. Deux éclaireurs vont en rampant s'assurer de nouveau que les autruches sont toujours dans le même endroit; s'ils confirment les premiers renseignements, chacun fait boire à son cheval, mais modérément, l'eau portée à dos de chameau, car il est très rare de tomber sur un lieu où il y ait des sources. On dépose tout le bagage sur la place même où l'on s'est arrêté, et sans y laisser de surveillant, tant on est sûr de retrouver l'emplacement. Chaque cavalier porte à son côté une *chibouta*. Les domestiques et les chameaux suivent les traces des chevaux; chaque chameau ne porte plus que le souper en orge du cheval, son propre souper, et de l'eau pour les hommes et les animaux.

La station des autruches étant bien reconnue, on se concerte, les dix cavaliers se divisent et forment un cercle dans lequel ils cernent la chasse, à une très grande distance, de manière à ne pas être aperçus, or, l'autruche a très bonne vue. Les domestiques attendent là où les cavaliers se sont séparés ; puis, dès qu'ils les voient tous à leurs postes, ils marchent droit devant eux. Les autruches fuient épouvantées; mais elles rencontrent les cavaliers qui ne tâchent d'abord que de les faire rentrer dans le cercle. L'autruche commence ainsi à épuiser ses forces, dans une course rapide, car aussitôt qu'elle est surprise *« elle ne ménage pas son air. »* Elle renouvelle plusieurs fois ce manège, cherchant toujours à sortir du cercle et toujours revenant effrayée par les cavaliers. Aux premiers signes de fatigue les chasseurs courent sus, au bout d'un certain temps le troupeau se dissémine, on voit les autruches affaiblies, ouvrir les ailes. C'est l'indice d'une grande lassitude, les cavaliers certains désormais de leur proie, modèrent leurs chevaux.

Chaque chasseur s'assigne une autruche, se dirige sur elle, finit par l'atteindre, et soit par derrière, soit de côté, lui assène sur la tête un coup du grand bâton dont j'ai parlé. La tête est chauve et très sensible ; les autres parties du corps offriraient plus de résistance. L'autruche rudement frappée tombe, et le cavalier s'empresse de descendre pour la saigner, ayant soin de tenir la gorge éloignée du corps, afin que le sang ne tache pas les ailes.

Le mâle de l'autruche *(delim),* quand on le saigne,

surtout devant ses petits , pousse des gémissements lamentables, là femelle *(reumda)* ne jette aucun cri.

Lorsque l'autruche est sur le point d'être atteinte par le cavalier, elle est tellement fatiguée que si le chasseur veut ne pas la tuer, il lui est facile de la ramener doucement, en la dirigeant avec son bâton, elle peut à peine marcher.

Immédiatement après avoir saigné l'autruche, on l'écorche avec soin, de manière à ne pas gâter les plumes, puis on étend la peau sur un arbre ou sur le cheval. Les chameaux arrivent, et on saupoudre fortement de sel l'intérieur de la dépouille.

Les domestiques allument des feux, disposent les marmites et font bouillir longtemps, à grand feu, toute la graisse de l'animal. Lorsqu'elle est devenue très liquide, on la verse dans une sorte d'outre formée avec la peau de la cuisse au pied, solidement attachée à sa partie inférieure.

La graisse de l'autruche en bon état doit remplir ses deux jambes; partout ailleurs la graisse se gâterait.

Lorsque l'autruche couve, elle est très maigre, et sa graisse alors serait loin de remplir ses deux jambes, on ne la chasse à cette époque que pour la valeur de ses plumes.

Le reste de la chair est employé au souper des chasseurs, qui la mangent assaisonnée de poivre et de farine.

Les domestiques ont fait boire les chevaux et leur

ont donné l'orge. Tout le monde s'est un peu restauré, et s'empresse, quelle que soit la fatigue de la chasse, de retourner au lieu où l'on a laissé les bagages. On s'y arrête quarante-huit heures pour faire reposer les chevaux. Pendant ce séjour, ils sont l'objet des plus grands soins, puis on retourne dans ses tentes.

Parfois on envoie le produit de la chasse au douar, les domestiques rapportent des provisions, et sur de nouveaux renseignements on réitère l'entreprise.

Dans le désert, le mâle de l'autruche est nommé *Delim*, la femelle *Reumda*, le petit d'un an *Ral*, celui qui a passé un an *Ouled gleub*, après deux ans on l'appelle *Ouled bou gleubtin*. Enfin, à la troisième année, on le désigne sous le nom de *Garah*. Après ce temps l'autruche a atteint tout son développement.

EMPLOI DE LA GRAISSE ET DE LA DÉPOUILLE DE L'AUTRUCHE.

La graisse d'autruche est employée pour préparer les aliments, le kouskoussou, par exemple, on la mange également avec du pain. Les Arabes s'en servent, en outre, comme remède dans un grand nombre de maladies.

Pour la fièvre, on fait avec cette graisse et de la mie de pain une espèce de pâte, on la donne à manger au malade, qui ne doit pas boire de la journée.

Dans les maux de reins, les douleurs rhumatismales, on en frictionne la partie souffrante jusqu'à ce qu'elle en soit pénétrée, puis le malade se couche dans le sable brûlant, la tête soigneusement couverte, une transpiration très active s'établit, la guérison est complète.

Dans les maladies de bile, la graisse légèrement chauffée et devenue comme de l'huile, puis un peu salée, est prise en potion. Elle produit des évacuations excessives jusqu'à causer une maigreur extraordinaire. « Le malade se débarrasse de tout ce qu'il » avait de mauvais dans le corps, recouvre une santé » de fer, et (ceci est du merveilleux) acquiert une » vue excellente. »

La graisse d'autruche se vend dans les marchés, et on en fait aussi provision dans les tentes de distinction pour donner aux pauvres comme remède. Du reste, elle n'est pas très chère, car on échange un pot de graisse d'autruche contre trois pots de beurre seulement.

Les plumes se vendent dans les ksours, à Tougourt[1], à Leghrouat et chez les Beni-Mzab, qui au moment de l'achat des grains, font parvenir les dépouilles d'autruche jusque sur le littoral.

Chez les Ouled-Sidi-Chikh, la dépouille du mâle (*Delim*), se vend de quatre à cinq douros, et celle de la femelle (*Reumda*) de dix à quinze francs. Dans

---

[1] *Tougourt*, ville du Sahara, capitale d'un petit Etat formé par les trente-cinq villages de l'oasis qu'on nomme l'Oued-Rir, à soixante-seize lieues de Biskra.

Leghrouat, à soixante-dix-neuf lieues sud-ouest de Biskra. Ville de sept à huit cents maisons.

Les Beni-Mzab, immense confédération sahazienne qui forme au milieu des populations du désert une nation à part; ils comptent sept villes importantes, dont la principale est Gardaïa.

(Voir le *Sahara algérien* pour ces trois localités.)

le Sahara, avant nous, on ne faisait usage des belles plumes de l'autruche que pour orner le sommet des tentes, ou le dessus des chapeaux de paille.

Les chamba avec la face plantaire des autruches consolident leurs chaussures. Ils en mettent un morceau sous la pointe, un autre sous le talon, et la semelle devient ainsi d'un très bon usage. Avec les tendons on fait des lanières pour coudre les selles, raccommoder les objets confectionnés en cuir, etc.

La chasse de l'autruche a pour l'Arabe le double attrait du profit et du plaisir. C'est un exercice très goûté des cavaliers du Sahara, mais c'est aussi une entreprise fructueuse, le prix des dépouilles et de la graisse compense de beaucoup les frais.

Malgré l'attirail nombreux indispensable pour entreprendre la chasse de l'autruche, le riche n'est pas seul à se la pouvoir permettre. Le pauvre qui se sent capable de se bien tirer d'affaire, trouve moyen de se joindre à des chasseurs qui poursuivent l'autruche: il va trouver un Arabe opulent; celui-ci prête le chameau, le cheval, son harnachement, les deux tiers de l'orge nécessaire à l'expédition, les deux tiers des peaux de boucs, les deux tiers des provisions de bouche. L'emprunteur fournit l'autre tiers des objets nécessaires, puis le produit de la chasse, est partagé dans les mêmes proportions.

Le domestique qui pendant l'expédition a monté le chameau prêté au pauvre, en reçoit deux boudjous par mâle tué et un boudjou par femelle; il est en outre nourri sur les provisions apportées par le cavalier.

CHASSE DE L'AUTRUCHE A L'AFFUT.

On chasse l'autruche à l'affût lorsqu'elle a fait ses œufs, c'est-à-dire vers le milieu du mois de novembre. Cinq ou six cavaliers emmenant avec eux deux chameaux porteurs de vivres pour un mois au moins, se mettent à la recherche des endroits où il est tombé de l'eau récemment, où il existe des mares. On est sûr d'y trouver une herbe abondante qui n'aura pas manqué d'attirer un grand nombre d'autruches.

Pour abréger les courses inutiles, on interroge tous les individus, toutes les caravanes que l'on rencontre dans le Sahara, on connaît déjà d'ailleurs à peu près les stations.

On se munit cette fois non pas d'un bâton, mais d'un fusil et de provisions abondantes de poudre et de balles.

Arrivés sur les traces de l'autruche, les chasseurs les observent avec soin ; si elles se voient seulement de place en place dénudées d'herbe, elles indiquent que l'autruche est venue au pâturage en cet endroit. Mais si les traces se croisent en tous sens, si l'herbe a été foulée aux pieds et non mangée, l'autruche à coup sûr, fait son nid dans les environs. Les chasseurs recherchent activement le lieu où elle doit déposer ses œufs et s'en approchent avec les plus grandes précautions.

Quand l'autruche creuse son nid, tout le jour on entend des plaintes langoureuses ; après avoir pondu elle ne pousse son cri habituel que vers trois heures de l'après-midi.

La femelle couve depuis le matin jusqu'à midi, pendant ce temps le mâle va au pâturage ; à midi il rentre et la femelle va paître à son tour. Quand elle revient elle se place à quatre ou cinq pas du nid, faisant face au mâle qui couve toute la nuit. Le mâle veille lui-même sur ses œufs pour les défendre contre ses ennemis. Le chacal entre autres se tient souvent en embuscade dans les environs, prêt à jouer quelques mauvais tours. Des chasseurs ont rencontré maintes fois aux approches des nids d'autruche des cadavres de chacals ; le mâle seul pouvait les avoir frappés, la femelle est peureuse et nullement à craindre.

C'est le matin, pendant que la femelle couve, que les chasseurs vont creuser de chaque côté, et à une vingtaine de pas au plus du nid, un trou assez profond pour contenir un homme. On le recouvre avec ces longues herbes si communes dans le désert, de manière que le fusil seul paraisse. Dans ces trous se logent les deux meilleurs tireurs.

A la vue de ce travail, la femelle effrayée court rejoindre le mâle, mais celui-ci la bat et la force de revenir à son nid. Si l'on faisait ces préparatifs pendant que le mâle couve, il irait rejoindre la femelle et aucun des deux ne reviendrait.

La femelle revenue à son nid, on se garde bien de l'inquiéter, il est de règle de tuer d'abord le mâle; on attend donc son retour du pâturage; vers midi il arrive et le chasseur s'apprête. L'autruche, en couvant, étend les aîles de manière à couvrir tous ses œufs, dans cette position, elle a, repliées sur ses jarrets, les cuisses extrêmement saillantes; cette circonstance est très favorable au tireur, il ajuste toujours de manière à casser les jambes de l'animal, qui, de cette façon, ne peut lui échapper, mais aurait encore des chances de se sauver s'il était blessé partout ailleurs.

Aussitôt l'autruche abattue, on court à elle et on la saigne, les deux tireurs sortent de leur trou, et leurs compagnons, accourus au coup de fusil, aident à la besogne. On recouvre de sable les taches de sang et l'on cache soigneusement le corps de l'autruche.

Au coucher du soleil, la femelle revient, comme d'habitude, passer la nuit auprès de son nid, l'absence du mâle ne l'inquiète pas, elle le croit au pâturage et se met à couver. La femelle est tuée de la même manière que le mâle par le chasseur qui n'a pas fait feu.

Celui qui a tué le mâle reçoit un douro en sus de sa part; mais si par un hasard très peu commun, il a manqué son coup, il paie à ses compagnons le prix de l'animal : « Nous t'avons choisi, lui dit-on, comme » le meilleur tireur, nous t'avons mis en bonne posi-

» tion pour nous faire du bien, et tu nous causes un
» pareil détriment, tu le paieras. »

Le chasseur qui a tué la femelle reçoit seulement
un œuf en sus de sa part ; s'il n'a pas réussi, il est
privé de ce qui lui revient sur le prix du mâle et des
œufs.

Celui qui fera feu sur le mâle est désigné d'avance.

Le nid d'un couple ordinaire contient de vingt-cinq
à trente œufs. Mais il arrive souvent que plusieurs
couples se réunissent pour pondre en commun ;
alors ils forment une grande enceinte, et le couple le
plus ancien pond au milieu ; les autres se placent à
l'entour en disposition régulière. Ainsi s'ils sont
quatre ils occupent les quatre angles d'un carré. La
ponte achevée, les œufs sont poussés vers le centre,
mais non mêlés, et lorsque le mâle le plus âgé vient
couver, tous les autres prennent place à l'endroit où
leurs œufs ont été pondus, de même pour les femelles. Ces compagnies sont composées d'enfants de
la même famille ; ce sont les petits du couple le plus
vieux, ils ne font pas autant d'œufs. Les jeunes d'un
an, par exemple, n'en pondent que quatre ou cinq,
et ces œufs sont plus petits. On en trouve parfois
jusqu'à cent dans le même nid. Ces réunions de plusieurs couples se remarquent seulement là où l'herbe
est très abondante. Les Arabes ont observé une particularité assez singulière : les œufs de chaque couple,
dans les nids dont nous venons de parler, sont dis-
posés en tas toujours surmontés par un œuf en évi-

dence, c'est le premier pondu, et il a une destination spéciale.

Quand le mâle sent que le moment de l'éclosion est arrivé, il casse avec son bec l'œuf qu'il juge le plus avancé ; il pratique en même temps, avec beaucoup de précaution, une petite ouverture à l'œuf qui surmonte les autres : celui-ci sert au premier repas de tous les nouveaux éclos, et à cet effet, quoique ouvert, il se conserve longtemps sans se gâter ; il le faut ainsi, car le mâle ne casse pas tous les œufs le même jour, mais trois ou quatre seulement, quand il entend remuer le petit. Cet œuf dont se nourrissent les poussins est toujours liquide, soit prévision de la nature, soit qu'instinctivement le père et la mère l'aient mal couvé.

Les petits après avoir reçu leur première nourriture et aussitôt séchés par le soleil, se mettent à courir ; ils suivent au bout de peu de jours leur père ou leur mère au pâturage ; au nid ils viennent toujours se placer sous leurs aîles.

Le nid affecte une forme circulaire, il est établi dans une terre sablonneuse, l'autruche le construit avec les pieds, en rejetant simplement le sable du centre à la circonférence, on aperçoit de très loin la poussière que soulève ce travail ; l'incubation dure quatre-vingt-dix nuits.

Les chasseurs mangent les œufs s'ils sont frais et loin du terme auquel ils doivent éclore, puis ils jettent les coquilles ou les emportent pour les donner en présent à des amis, ou les déposer dans des *goubba* [1]. Cependant depuis quelque temps les Arabes savent qu'on achète des œufs sur le littoral et ils en font commerce.

La chasse à l'affût est très lucrative ; on peut tuer plusieurs autruches et enlever leurs œufs ; à la saison où elle a lieu, il est vrai, l'autruche est très maigre, mais d'autre part les plumes sont plus belles et tiennent mieux.

Dans le cas de plusieurs couples rassemblés dans le même nid, on ne tue que le mâle et la femelle des plus âgés ; si on faisait autant de trous qu'il y a d'autruches on serait bien vite découvert, et toute la compagnie s'enfuirait.

L'autruche, disent les Arabes, tue la vipère d'un coup de bec et la mange, elle mange également le serpent, les insectes, les sauterelles, les scorpions, les lézards, des fruits très gros appelés hadj, abondants au désert, et provenant d'une plante rampante, amère comme la térébenthine, avec des feuilles semblables à celles de la pastèque ; enfin elle digère jusqu'à la pierre.

La voracité de cet animal est telle que dans les endroits où il en existe de privé, il ingurgite tout ce qu'il peut trouver, couteaux, bijoux de femmes, morceaux de fer. L'Arabe qui me donna ces détails

---

[1] Petite chapelle carrée surmontée d'un dôme et dans laquelle est ordinairement enterré un marabout. C'est presque toujours un gîte pour les voyageurs isolés.

raconte qu'une femme eut un jour son collier de corail enlevé et avalé par une autruche, et j'ai entendu un officier de l'armée d'Afrique affirmer qu'un de ces animaux avait arraché et mangé un de ses boutons de tunique. L'autruche est en même temps très adroite ; elle enlèverait une datte de la bouche d'un homme sans le blesser.

Quand l'éclair brille et annonce l'orage, elle ne se sent pas de joie, elle gambade et se dirige rapidement vers l'eau qu'elle aime beaucoup quoiqu'elle puisse supporter longtemps la soif.

Le temps des amours de l'autruche est le mois d'août. La femelle se fait beaucoup prier, le mâle furieux de passion la poursuit quelquefois pendant quatre ou cinq jours, il ne boit pas, ne mange pas et pousse sans cesse des gémissements. Enfin, quand la femelle est à bout de résistance, elle se place dans la même position que quand elle couve et le mâle monte dessus. Aussitôt l'union consommée, la femelle ne veut plus se séparer du mâle, elle ne le quitte pas jusqu'à l'époque où les petits sont élevés. Les chevaux se battent pour les juments, les chameaux pour les chamelles, jamais les autruches mâles ne se se livrent de combats à propos de leurs femelles. Les amours de chaque couple sont respectées de tous.

L'amour paternel est poussé très loin chez l'autruche, il n'abandonne jamais ses petits, il ne redoute pas le danger, quel qu'il soit, eût-il affaire au chien, à la hyène, à l'homme même. La femelle au contraire s'effraye vite et abandonne tout dans la peur. Aussi quand on veut parler d'un homme qui défend bien sa tente on le compare au *delim;* l'homme faible est assimilé à l'autruche femelle, à la *reumda.*

On rencontre habituellement les autruches voyageant par couple, ou par réunion de quatre ou cinq couples; mais là où la pluie est tombée on est sûr de trouver deux ou trois cents de ces animaux; de loin ils semblent des troupeaux de chameaux.

Jamais l'autruche n'approche des lieux habités que pour boire, et elle s'enfuit aussitôt.

Les Arabes chassent les petits de l'autruche, la méthode est très simple : une fois sur les traces et à peu de distance des autruches, ils poussent des cris; les petits épouvantés se réfugient auprès de leur père et de leur mère qui s'arrêtent, et les chasseurs viennent en dépit du mâle les prendre sous leurs yeux.

Le delim est alors agité à l'excès, il manifeste la plus vive douleur. Quelquefois on emploie à cette chasse les lévriers. — Les autruches se défendent contre eux. Pendant la lutte les hommes emmènent les petits sans obstacle et on les élève dans la tente.

Ces petites autruches s'apprivoisent aisément, elles jouent avec les enfants et dorment sous la tente, dans les déménagements elles suivent les chameaux; il est sans exemple qu'une d'elles ainsi élevée ait pris la fuite; elles sont fort gaies, elles folâtrent avec les cavaliers, les chiens, etc. Passe-t-il un lièvre tous les hommes s'élancent à la poursuite, l'autruche s'émeut, se précipite du coté où se dirige la course, prend part à la chasse. Quand elle rencontre dans le douar un enfant ayant à la main quelque chose à manger, elle le met doucement par terre et cherche à lui enlever ce qu'il porte. Mais l'autruche est très voleuse, ou plutôt, comme je l'ai dit, elle veut avaler tout ce qu'elle voit; aussi les Arabes se méfient d'elle, lorsqu'ils comptent de l'argent, elle aurait bientôt fait disparaître deux ou trois douros.

Il n'est pas rare de voir à quelque distance du douar mettre un enfant fatigué sur le dos d'une autruche qui se dirige avec son fardeau droit sur la tente, le petit cavalier se tenant aux ailerons. Mais elle ne porterait pas un poids trop lourd, un homme par exemple, elle le jetterait à terre d'un coup d'aile. Dans les marchés, quand on veut l'empêcher de courir de droite et de gauche, on lui passe une corde autour des jarrets, et on la tient avec une autre corde attachée à la première.

Dans le désert, l'autruche n'a d'autre ennemi à craindre que l'homme, elle résiste au chien, au chacal, à la hyène, à l'aigle; l'homme seul en triomphe.

J'ai parlé d'une troisième manière de chasser l'au-truche, lorsqu'elle va boire. Les Arabes font simplement un trou près de l'eau, s'y embusquent et tirent sur l'animal qui vient se désaltérer.

La chasse de l'autruche forme dans le Sahara de nombreux et excellents tireurs. Ils s'exercent à ne frapper qu'à la tête pour que le sang ne tache pas les plumes. Le tireur renommé porte toujours un petit chapelet de talismans en arrière de la batterie de son fusil, et son nom est cité dans les tribus. Zaatcha comptait parmi ses défenseurs plus d'un célèbre chasseur d'autruche.

L'autruche boit à peu près tous les cinq jours, quand il y a de l'eau, sinon elle supporte très longtemps la soif.

La chasse de l'autruche passe pour très avantageuse. Les Arabes disent d'une bonne affaire : « c'est » une excellente opération, c'est comme la chasse de » l'autruche. »

L'Arabe qui m'a donné ces détails est un Oulid-Sidi-Chikh, nommé Abd-el-Kader-Mohammed-ben-Kaddour; sa profession est celle de chasseur. D'après lui, le pays des autruches se trouve compris dans le rectangle qui irait de *Insalah* à *Figuig,* du Sud au Nord, de *Figuig* à *Sidi-Okba,* de l'Ouest à l'Est et enfin de *Sidi-Okba* à *Ouaryla,* du Nord au Sud.

CHASSE DE LA GAZELLE.

La chasse de la gazelle n'est pas comme celle de l'autruche une entreprise lucrative et pénible à la fois ; c'est un exercice, un jeu, une partie de plaisir. La gazelle ne vaut guère qu'un franc ou un franc et demi, et ce n'est pas pour une proie d'un aussi faible prix, qu'un Arabe préparera, entraînera, fatiguera un cheval, qu'il en risquera la perte, comme il arrive fréquemment à la chasse de l'autruche.

D'ailleurs à cette chasse, le principal emploi n'appartient ni à l'homme, ni au cheval, pour lesquels ce n'est à proprement parler qu'une promenade, il appartient au lévrier, cet autre compagnon du cavalier noble du désert, dont je ne tarderai pas à m'occuper.

Au reste, si la gazelle est de si peu de valeur, elle n'est pas rare. Partout, mais principalement dans le Sersou on trouve le *sine* ou gazelle de petite taille ; dans le Tell et la montagne *el ademi*, la plus grande espèce ; *el rime*, l'espèce intermédiaire pour la taille, se trouve dans le Sahara ; on la reconnaît à la blancheur de son ventre et de ses cuisses et à la longueur de ses cornes.

Toutes, elles voyagent par troupeau de quatre, cinq, dix, vingt, trente et cent ; on en trouve parfois, assez fréquemment même, jusqu'à deux ou trois cents réunies. De loin, on croirait voir le troupeau d'une tribu en émigration. Le troupeau de gazelles est nommé *djelliba*.

La chasse de la gazelle n'est pas un plaisir exclusivement réservé aux cavaliers. Dans ces émigrations de tribu qui se renouvellent tous les jours au Sahara, une fois le bivouac établi près d'une source, d'une rivière, les chasseurs partent en grand nombre, ayant soin de se mettre contre le vent ; la gazelle a l'odorat très développé, les émanations de l'homme que le vent lui apporterait la feraient immédiatement fuir.

Le chasseur s'avance en se cachant d'arbuste en arbuste, il imite de temps en temps le cri de la gazelle. Celle-ci s'arrête, regarde de tous côtés, cherche sa compagne égarée ; le chasseur arrive tout près d'elle, il peut en être aperçu sans qu'elle s'enfuie. A distance convenable il tire son coup de fusil ; rarement il manque, « à moins qu'un sort jeté sur son arme ne lui fasse faire long feu, et ne l'empêche toute la journée de partir. »

Au coup de fusil tout le troupeau s'enfuit avec rapidité, à une lieue ou une lieue et demie, la frayeur est dissipée, le souvenir de ce qui a causé son alerte est perdu, il s'arrête pour brouter comme auparavant.

Le vrai chasseur est vigoureux, marcheur infatigable, son expérience infaillible lui décèle le lieu où la troupe s'arrêtera ; il s'élance de ce côté, s'embusque encore et recommence la chasse : il en peut dans sa journée tuer ainsi trois ou quatre, que ses amis et ses domestiques enlèveront et seront glorieux de rapporter au camp.

Au printemps, quand les petits *djedi* dorment dans l'Alfa repus du lait de leur mère, on en prend quelquefois douze ou quinze dans une matinée. C'est leur mère qui les dénonce le plus souvent.

CHASSE A CHEVAL.

Mais ce n'est pas là le plaisir de l'homme de distinction, du chevalier ; celle que les grands seigneurs se permettent est la chasse à courre.

Douze ou quinze cavaliers se mettent en campagne; ils emmènent domestiques, tentes, provisions et sept à huit lévriers, et se dirigent vers le pays où se tiennent ordinairement les gazelles.

Puis on marche à l'aventure. Quand au loin paraît un troupeau de gazelles, on se dirige vers lui en se dissimulant autant que possible, au moyen des arbres et des accidents de terrain. Arrivés à la distance d'un quart de lieue environ, les domestiques qui tenaient les chiens en laisse et leur serraient la gueule pour empêcher leurs cris d'ardeur, mettent pied à terre et les détachent.

A peine lâchés, ils partent comme la flèche, et les Arabes les excitent encore par des cris et d'affectueuses invocations : « Mon frère! mon seigneur! » mon ami! elles sont là! »

Les cavaliers suivent sans se hâter, au petit galop et de manière à ne pas perdre la trace; derrière viennent les bagages.

Les meilleurs lévriers n'arrivent au milieu du troupeau qu'après une course de deux ou trois lieues; les autres sont obligés de parcourir un espace de cinq ou même six lieues.

C'est alors seulement que le spectacle a vraiment des péripéties et de l'intérêt. Le lévrier de race choisit le plus bel animal du troupeau et s'élance : une lutte s'engage, lutte de vélocité et d'adresse; la gazelle se détourne, pointe à gauche, à droite, bondit en avant, en arrière, saute même par dessus le lévrier, cherche tantôt à faire perdre sa trace, tantôt à le frapper de ses cornes; mais toutes ces évolutions ne la sauveront pas; infatigable, ardent, son ennemi la presse. Au moment d'être atteinte, elle brame, jette des cris plaintifs; c'est son chant de mort, c'est le chant de victoire du lévrier qui s'élance, et, d'un coup de dent derrière la tête, lui brise les vertèbres.

La gazelle tombe et gît sans mouvement sous les

yeux de son vainqueur, jusqu'à ce qu'arrivent les chasseurs qui saignent aussitôt l'animal vivant encore.

Toutefois, comme tout bon croyant doit se mettre en règle, que parfois on n'arrive qu'une heure après que la gazelle a été jetée à terre, avant de lâcher les chiens on n'a pas oublié de dire : *Biessem Allah kbeur* (*au nom de Dieu très grand*), car le prophète a dit : « Quand tu as lancé ton chien et que tu as invoqué le nom de Dieu, si ton chien t'a conservé le gibier qu'il a pris, et que tu l'aies encore trouvé vivant, égorge-le pour le purifier [1], et s'il était mort quand tu l'as trouvé, et que ton chien n'en ait pas mangé, mange-le. »

Si l'invocation a été omise par oubli, le gibier peut être mangé. Il ne peut l'être si l'omission a été volontaire.

Les cavaliers bien montés, les maîtres des meilleurs lévriers reprennent la chasse, et c'est le soir seulement que bêtes et gens se reposent.

Tantôt les chasseurs mangent la gazelle à l'endroit où ils ont établi leur camp; tantôt de retour le lendemain au douar, ils envoient le produit de leur chasse à leurs parents, à leurs amis, et c'est l'occasion de festins et de fêtes de familles dont la chair de la gazelle, très estimée des Arabes, fait les principaux frais.

---

[1] Pour que la purification soit complète il faut que l'œsophage, la trachée-artère et les deux jugulaires soient coupés.

On élève des gazelles dans les tentes, elles marchent avec les moutons dans les déplacements ; mais elles finissent toujours par trahir (s'échapper).

L'hiver est la véritable saison pour la chasse de la gazelle et de l'antilope, la terre détrempée par les fortes pluies retarde et embarrasse leur course ; puis les chevaux et les chiens trouvent de l'eau partout.

En temps de neige, quand un parti arabe tombe sur un troupeau de gazelles, il en fait un véritable carnage. Alors elles ne peuvent courir, sont affamées et faciles à atteindre. Un homme en tue quelquefois dix ou quinze.

Pour la chasse de la gazelle, les Arabes mettent trois bernouss, des bottes, des savates par-dessus et emportent la couverture du cheval par-dessus la selle.

La gazelle fait deux portées par an ; la première mise-bas a lieu vers la fin de février.

En rut, la femelle se fait désirer et suivre longtemps, quelquefois un jour ou deux avant de céder.

La beauté proverbiale de leurs yeux et la blancheur de leurs dents ont donné lieu à des pratiques assez singulières : les femmes enceintes font venir une gazelle devant elles pour lui lécher les yeux, persuadées que les yeux de l'enfant leur ressembleront. Elles touchent leurs dents avec le doigt et se le passent ensuite dans la bouche.

Les cornes de la gazelle, amincies et montées en

argent servent d'épingles pour mettre le *koheul* aux yeux, et la peau soigneusement tannée est convertie en *mezoueud* (coussins), dans lesquels les femmes renferment leurs objets les plus précieux.

LE LEVRIER (SLOUGUI.)

S'il était besoin encore de démontrer combien les habitudes du peuple du Sahara sont aristocratiques, combien ses goûts sont des goûts de grands seigneurs, j'en donnerais une preuve bien simple, certains la trouveront peut être puérile, c'est l'affection que l'on porte au lévrier.

Dans le Sahara, comme dans tout le pays arabe, le chien n'est pour l'homme qu'un valet disgracié, importun, rebuté, quelle que soit d'ailleurs l'utilité de son emploi, qu'il garde le douar ou veille sur le troupeau.

Le lévrier seul a l'estime, la considération, la tendresse attentive de son maître, c'est que le riche, ainsi que le pauvre, le regardent comme un compagnon de ces plaisirs chevaleresques auxquels ils se plaisent tant; pour ce dernier, c'est aussi le pourvoyeur qui le fait vivre.

Aussi on ne lui ménage pas les soins empressés; on surveille le croisement avec les mêmes précautions que celui des chevaux. Un homme du Sahara fait vingt-cinq à trente lieues pour accoupler une belle levrette avec un lévrier renommé. Et un lévrier renommé prend la gazelle à la course. « Lorsqu'il » aperçoit une gazelle coupant un brin d'herbe, il » l'atteint avant qu'elle ait eu le temps d'avaler ce » qu'elle tenait à la bouche. » C'est de l'hyperbole, et ce que j'ai dit dans le chapitre précédent en est une preuve, mais cette hyperbole a sa raison d'être.

Si par un hasard fatal une levrette *(slouguia)* a été couverte par un chien de garde, on la fait avorter en massant les petits dans son ventre, lorsqu'ils sont formés, ou bien on jette ceux-ci aussitôt qu'ils ont vu le jour, mais ce n'est pas seulement son affection maternelle, c'est encore sa vie que menace une mésalliance. Souvent le maître furieux en apprenant qu'une de ses levrettes s'est souillée au contact d'un chien de berger la fait impitoyablement mettre à mort. « *Comment, s'écrie-t-il, toi, une chienne de race* » *tu te prostitues à des roturiers! c'est infâme, que ton* » *crime meure avec toi !* » La grandeur a ses tristesses.

La *slouguia* ayant mis bas, on ne perd pas un seul instant de vue ses petits. Les femmes mêmes leur donnent quelquefois de leur lait. Arrivent les visites d'autant plus nombreuses et plus empressées que la chienne a plus de réputation; on entoure son maître, on lui offre du lait, du kouskoussou, il n'est sorte de flatteries qu'on ne lui prodigue pour obtenir un petit lévrier: « Je suis ton ami, je t'en prie, donne-moi

» ce que je te demande, je t'accompagnerai dans tes
» chasses, etc. »

A toutes ces sollicitations le maître répond ordinairement qu'il ne fixera son choix sur les petits qu'il
veut garder qu'au bout de sept jours. Cette réserve
est motivée par une observation des plus singulières
que font les Arabes. Dans une portée de *slouguia*,
toujours un des nouveau-nés se tient sur le dos des
autres. Est-ce vigueur? est-ce simple hasard? Pour
s'en assurer on l'éloigne de sa place habituelle, et
si pendant sept jours de suite, il y revient, le maître
fonde sur lui de si grandes espérances qu'il ne le
changerait pas pour une négresse.

Un préjugé établi fait regarder comme les meilleurs produits d'une portée, ceux qui viennent le
premier, le troisième ou le cinquième, les numéros
impairs.

Les petits sont sevrés au bout de quarante jours ;
on leur donne encore néanmoins du lait de chèvre
ou de chamelle mêlé de dattes ou de kouskoussou.
Les troupeaux sont si nombreux dans le Sahara, le
lait y est en si grande abondance, qu'il n'est pas
étonnant de voir les Arabes riches, après avoir sevré leurs petits lévriers, leur donner des chèvres à
téter.

Lorsque les jeunes lévriers ont atteint trois ou
quatre mois, on commence à s'occuper de leur éducation. Les enfants chassent de leurs trous des ger-
boises ou des rats appelés bou-alal, et lancent sur

eux les petits lévriers. Peu après, ceux-ci s'animent à cette espèce de chasse, les poursuivent, aboient aux alentours de leur retraite, jusqu'à ce que les enfants renouvellent cet exercice.

A cinq ou six mois, il s'agit d'une proie plus difficile à atteindre, du lièvre ; des gens à pied conduisent le lévrier près du gîte où est blottie la bête qu'il doit atteindre ; par une légère exclamation ils donnent l'alerte au jeune chien qui se lance sur elle et acquiert bien vite l'habitude d'une course intelligente et rapide.

Après le lièvre on passe aux petits de la gazelle, on s'approche des lieux où ils reposent près de leurs mères, on provoque l'attention du lévrier, et lorsqu'il est bien animé, qu'il se cabre d'impatience, on le lâche. Après quelques exercices le lévrier réussit parfaitement, et commence à s'acharner à la poursuite des gazelles mères.

Ces premières leçons terminées, le lévrier a atteint un an, il est alors à peu près dans toute sa force, son odorat s'est développé, il sent la gazelle à la trace. Toutefois on le ménage, on ne le fait guère chasser qu'à quinze ou dix-huit mois. Mais dès cette époque on le tient en laisse, et on a beaucoup de peine à l'arrêter, car, disent les Arabes, lorsque le lévrier sent le gibier, sa puissance musculaire est telle que s'il vient à se roidir sur ses pattes, un homme peut à peine lui faire lever une jambe.

Lorsqu'il aperçoit un troupeau de trente ou quarante gazelles, le levrier tremble de joie, il regarde son maître qui lui dit : « *Ah ! fils de juif* , *tu ne diras* « *pas cette fois que tu ne les a pas vues.* » Le chasseur détache ensuite sa peau de bouc, et rafraîchit le dos, le ventre et les parties naturelles du *Slougui*. Le lévrier impatient tourne vers son maître un œil suppliant : il est libre enfin , il bondit , se dissimule toutefois , se baisse s'il est vu , poursuit sa course oblique, et ce n'est qu'une fois à portée qu'il se lance de toutes ses forces et choisit pour victime le plus beau mâle du troupeau.

Quand le chasseur dépèce la gazelle , il donne au *slougui* la chair qui avoisine les reins ; si on lui donnait les intestins , il les repousserait dédaigneusement.

Le lévrier, qui à deux ans, ne sait pas chasser, ne le saura jamais. On dit à ce sujet :

« Slougui men bad haouli
» Ou radjel men bad soumeïn.

« Le lévrier après deux ans et l'homme après deux » jeûnes » s'ils ne valent rien ne donnent aucun espoir.

Le lévrier est intelligent et plein d'amour-propre : lorsqu'en le lançant on lui a désigné une belle gazelle et qu'il n'en a tué qu'une petite de médiocre apparence, il est très sensible aux reproches, il s'éloigne honteux, sans réclamer sa part.

La vanité ne lui fait pas défaut, « il fait beaucoup

» de fantasia. » Un *slougui* de race ne mange ni ne boit dans un vase sale, il refuse le lait dans lequel on a plongé les mains. Ne lui a-t-on pas donné cette délicatesse dédaigneuse? Tandis que c'est tout au plus si on laisse le chien vulgaire, utile et vigilant gardien, chercher sa nourriture parmi les charognes et les os gisants, tandis qu'on l'expulse honteusement loin de la tente et de la table, le lévrier, lui, couche dans le compartiment réservé aux hommes, sur des tapis, à côté de son maître ou sur son lit même. Il est vêtu, garanti du froid par des couvertures, comme le cheval, on lui sait bon gré d'être frileux, c'est une preuve de plus qu'il est de race. On prend plaisir à le parer d'ornements, à lui attacher des colliers de coquillages ; on le garantit du mauvais œil en lui mettant des talismans. On le nourrit avec soin, avec recherche, avec précaution aussi, le kouskoussou lui est prodigué. En été pour lui donner de la force on lui fait une pâtée de lait et de dattes, dont on a ôté les noyaux. Il en est qui ne donnent jamais à manger à leurs lévriers pendant le jour.

Ce n'est pas assez, le lévrier accompagne son maître dans ses visites; comme lui il reçoit l'hospitalité *(difa)*, et de chaque mets il a sa part.

Jamais un *slougui* de race ne chasse qu'avec son maître.

Il sait par sa propreté, son respect des convenances, et la gracieuseté de ses manières, reconnaître la considération dont il est l'objet. Il ne manque pas

de creuser un trou pour faire ses excréments et de
les recouvrir. Au retour du maître, après une absence
un peu prolongée, le *slougui* d'un bond se précipite
de la tente sur la selle et le caresse. Les Arabes causent avec lui : « O mon ami, écoute-moi, il faut que
» tu m'apportes de la viande, je suis las de ne man-
» ger que des dattes », et mille flatteries, le *slougui*
saute, caracole, a l'air de comprendre et de vouloir
répondre.

La mort d'un *slougui* est un deuil pour toute la
tente, femmes et enfants le pleurent comme une personne de la famille. C'était quelquefois lui qui suffi-
sait à la nourriture de tous.

Le *slougui* qui nourrit une famille ne se vend
jamais, il s'accorde quelquefois aux supplications
des femmes, des parents ou des marabouts vénérés.

Le lévrier qui prend facilement le *sine* et *el ademi*,
vaut une belle chamelle, celui qui atteint le *rinne* est
estimé comme un cheval de prix.

On les nomme ordinairement *ghrezal* ou *ghrezala*
(gazelle).

Souvent des paris s'établissent en faveur de tel ou
tel *slougui*, les enjeux sont ordinairement des moutons, des régals de Taam, etc.

Le *slougui* du Sahara est de beaucoup supérieur à
celui du Tell, il est de couleur fauve, haut de taille,
il a le museau effilé, le front large, les oreilles courtes, le cou musculeux, les muscles de la croupe très
prononcés, pas de ventre, les membres secs, les

tendons bien détachés, le jarret près de terre, la face plantaire peu développée, sèche, les rayons supérieurs très longs, le palais et la langue noirs, les poils très doux.

Entre les deux iléons, il doit y avoir place pour quatre doigts, il faut que le bout de la queue passée sous la cuisse atteigne l'os de la hanche.

On met ordinairement cinq raies de feu à chaque avant bras, pour consolider les articulations.

Les lévriers les plus renommés dans le Sahara sont ceux des *Hamyane*, des *Oulad-Sidi-Chikr*, des *Harrar*, des *Arbâa*, des *Oulad-Nayl*.

CHASSE AU FAUCON (THAIR EL HOOR.)

L'équipage de chasse d'un noble dans le Sahara est complet quand il a l'oiseau de race, *Thair el hoor* ; dans le Sahara les hommes de condition chassent encore au faucon.

Thair el hoor est de couleur jaune foncé, il a le bec court et fort, les cuisses grosses, bien musclées, les ongles très acérés. Il est très rare ; voici le mode qu'on emploie pour le prendre.

Quand un *Thair el hoor* a été signalé, on met un pigeon domestique dans une espèce de petit filet; on le lance en l'air devant l'oiseau de proie, celui-ci se précipite, mais les serres s'embarrassent dans le filet, il ne peut ni les retirer ni s'envoler et on s'en empare.

Quand le faucon se voit pris, il ne donne aucun signe de colère ni de frayeur, et il existe au désert un proverbe qu'on répète dans le malheur, *Thair el hoor ila haseul ma itqrebochi*; *l'oiseau de race quand il est pris ne se chagrine plus.*

On lui met des anneaux aux pieds et on l'attache à une petite perche qu'on lui a préparée dans la tente. Pour l'habituer à l'homme, on lui couvre la tête d'un chaperon qui ne laisse sortir que le bec; on parle devant lui, et quand on le décapuchonne, son maître lui donne de la viande fraîche, le tient sur son poing, le caresse et lui parle, autant que possible, devant une nombreuse réunion pour l'accoutumer au bruit; au bout d'un mois l'oiseau connaît son maître et se trouve tout à fait privé.

On prend alors un jeune lièvre qu'on attache par une patte, on attache aussi le faucon avec une très longue corde; on le déchaperonne et on lâche le lièvre devant lui.

Aussitôt que l'oiseau l'aperçoit, il s'élève en poussant des cris, le lièvre s'arrête et se tapit, le faucon fond sur lui et le tue d'un coup de patte, le maître accourt, éventre le lièvre et lui en donne une partie à manger.

On répète ce manége jusqu'à ce que l'oiseau montre qu'il n'a aucune envie de fuir et attende son maître près du lièvre tué.

Le faucon toujours disposé à emporter sa proie est réputé dressé quand il répond au rappel avant ou après s'être emparé du gibier.

Parvenu à ce point, l'oiseau peut être mené à la chasse, son maître monte à cheval, l'emporte, chaperonné, sur sa tête ou sur son épaule, et le démasque en l'excitant de la voix, aussitôt qu'il aperçoit un lièvre. Le faucon pointe en l'air , puis fond dessus en criant, et le tue d'un seul coup; on lui remet immédiatement le masque.

Quelquefois le lièvre a été tué très loin du chasseur, il ne peut être saigné à temps , selon la prescription religieuse, on obvie à l'inconvénient en disant, quand on lâche l'oiseau : *Bi essem allah, allah ou kebeur.*.— Au nom de Dieu, Dieu est le plus grand.

Si le faucon a mangé une partie du gibier, le reste peut-être mangé par le chasseur, parce que cet oiseau de proie a été dressé à retourner auprès de son maître, quand il le rappelle, et non à ne pas manger le gibier.

L'oiseau de race peut tuer le lièvre, le lapin, le petit de la gazelle, le habar, oiseau gros comme la cicogne, le pigeon, la tourterelle.

Les *djouad* (nobles) seuls chassent au faucon. Ce sont des rendez-vous de vingt-cinq ou trente personnages, et des paris sont engagés.

On paye un faucon d'un chameau de **100** boudjous, quelquefois d'un cheval.

Les tribus du Sahara qui chassent encore au faucon sont : dans l'est, les Douaouda, les Selmya, les Oulad-Moulat, les Oulad-ben-Aly, elles sont réputées nobles entre les tribus du désert; dans l'ouest, les Oulad-Sidi-Chikr, les Harar, les Hamyane et les Angades.

Cette chasse est fréquente aussi dans le Teull, sur la lisière du Sahara.

L'oiseau de race, non plus que l'aigle, ne mange de charogne.

Le faucon est toujours dans la tente, il est l'objet des soins les plus attentifs.

Il est des chefs qui ne se séparent jamais de leur faucon, et le portent partout avec eux.

C'est une marque de distinction, de gentilhommerie, si j'ose dire, que d'avoir sur son bernouss les traces des excréments du faucon.

GUERRE ENTRE LES TRIBUS DU DÉSERT.

Une caravane a été pillée, les femmes de la tribu
ont été insultées, on lui conteste l'eau et les pâturages : voilà de ces griefs que la razzia, fût-ce la
terrible *téhha* ne suffirait pas à venger. Aussi les
chefs se sont réunis et ont décrété la guerre.

Ils ont écrit à tous les chefs des tribus alliées et
leur ont demandé leur aide. Les alliés sont fidèles et
sûrs, ne sont-ils pas aussi les ennemis de la tribu à
punir, n'ont-ils pas les mêmes sympathies, les
mêmes intérêts que ceux qui les appellent, ne font-ils
pas partie du *sof*, du rang, de la confédération. Aucune des tribus ne refusera d'envoyer son contin-
gent, proportionné à son importance.

Mais les alliés sont loin, ils ne pourront arriver
avant huit à dix jours, en attendant, les conseils se
renouvellent, et les chefs excitent les esprits par leurs
proclamations :

« Vous êtes prévenus, ô esclaves de Dieu, que

» nous avons à tirer vengeance de telle tribu qui
» nous a fait telle insulte. Ferrez vos chevaux, faites
» des provisions pour quinze jours, n'oubliez pas
» le blé, l'orge, la viande sèche *(khreléa)* et le beurre;
» vous devez non seulement suffire à vos besoins,
» mais encore pouvoir donner généreusement l'hos-
» pitalité aux cavaliers de telle, telle et telle tribu
» qui viennent nous soutenir. Commandez à vos plus
» jolies femmes de se tenir prêtes à marcher avec
» nous, qu'elles s'ornent de leurs plus belles parures,
» qu'elles parent de leur mieux leurs chameaux et
» leurs *ataliche* (palanquins de parade); portez vous-
» mêmes vos plus riches vêtements, car c'est pour
» nous une affaire de *nif* (amour-propre). Tenez vos
» armes en bon état, munissez-vous de poudre, et
» soyez réunis tel jour, à tel endroit. Le cavalier qui
» a une jument et qui ne viendra pas, le fantassin
» qui possède un fusil et qui restera, seront frappés,
» le premier d'une amende de vingt brebis, et le se-
» cond, d'une amende de dix brebis. »

Tout homme valide, même à pied, doit faire partie
de l'expédition.

On va partir; mais d'abord les chefs confient les
troupeaux, les tentes et les bagages de la tribu à la
garde de vieillards expérimentés chargés également
de pourvoir à la police et à la surveillance de cette
réunion de femmes, d'enfants, de malades et de bergers.

Les ennemis aussi se sont préparés; instruits par

des voyageurs, des amis, des parents même qu'ils ont dans le parti opposé, ils se hâtent d'écrire de tous les côtés pour réunir leurs alliés (leur *sof*) ; ils placent les troupeaux, les tentes, les bagages dans un endroit qu'ils croient sûr, puis un rendez-vous est assigné aux cavaliers dans le plus bref délai ; dans la crainte d'une surprise, on choisit un terrain convenable pour la défensive et l'on attend les événements.

Les événements sont proches, et la tribu qui a pris les armes pour se venger va bientôt se mettre en marche, elle n'a pas perdu un seul instant. La veille du départ tous les chefs auxiliaires se réunissent à ceux qui les ont mandés, et en présence des marabouts, prêtent sur le livre saint de Sidi-Abd-Allah le serment suivant :

« *O nos amis ! jurons par la vérité du livre saint de* » *Sidi-Abd-Allah que nous sommes frères, que nous ne* » *ferons qu'un seul et même fusil, et que si nous mourons,* » *nous mourrons tous du même sabre ; si vous nous de-* » *mandez le jour, nous viendrons le jour, et si vous nous* » *appelez la nuit, nous accourrons pendant la nuit.* »

Les assistants, après avoir juré, conviennent de partir le lendemain matin.

Le lendemain, à l'heure désignée, un homme de haute naissance, noble *(djied)* entre les plus nobles, monte à cheval, se fait suivre de ses femmes portées sur des chameaux, et donne le signal. Tout s'ébranle alors, tout se met en mouvement, l'œil est ébloui par ce pêle-mêle étrange et pittoresque, cette foule bigarrée de chevaux, de guerriers, de chameaux portant les riches palanquins où sont enfermées leurs femmes.

Ici ce sont les fantassins qui font bande à part, là les cavaliers qui surveillent la marche des femmes, d'autres plus ardents, plus insoucieux, sont partis en avant ou s'éparpillent sur les flancs, moins en éclaireurs qu'en chasseurs. Ils forcent avec leurs lévriers, la gazelle, les lièvres, l'antilope ou l'autruche.

Les chefs sont plus graves; sur eux pèse la respon-. sabilité, c'est à eux que reviendra la plus grosse part du butin si l'expédition réussit; mais si c'est un revers, à eux les imprécations, la ruine et la honte.

Ils se concertent et méditent.

Puis viennent les chameaux qui portent les provisions.

Tout cela se conformant aux exigences du terrain, tout cela désordonné, bruyant et joyeux, songeant à l'aventure, non à la fatigue, à la gloire, non aux périls; les guerriers célèbrent leurs exploits de tous genres, les joueurs de flûte les accompagnent, les animent ou les interrompent, les femmes poussent des cris de joie; ces bruits sont dominés par les enivrants éclats de la poudre.

Mais les fusils se taisent, un jeune et beau cavalier entonne alors l'un de ces chants d'amour que la passion se plaît à parsemer de couleurs éclatantes, d'images étranges, et qui, dans le désert, ont toujours

un charme nouveau pour ces populations chevaleresques.

Mon cœur brûle avec son feu
Pour une femme issue du paradis ;
O vous qui ne connaissez pas Meryem[1],
Cette merveille de Dieu l'unique,
Je vais vous montrer son portrait.

Meryem, c'est le Bey Osman lui-même,
Quand il paraît avec ses étendards,
Les tambours qui mugissent
Et ses goums qui le suivent.

Meryem, c'est une jument de race
Qui vit avec délices
Dans un palais doré ;
Elle aime l'ombre des feuilles,
Elle boit une eau limpide
Et veut des noirs pour la soigner.

Meryem, c'est la lune des étoiles
Qui trahit les voleurs[2]
Ou bien c'est encore le palmier,
Du pays des Beni-Mezabe[3]

---

[1] *Meryem*. — Marie.

[2] *Qui trahit les voleurs*. — Les voleurs Arabes se mettent rarement
en campagne quand la lune est dans son plein. On a remarqué qu'il y
avait beaucoup plus de vols et d'assassinats, en pays arabe, à la fin
du mois lunaire.

[3] Les Beni-Mezabe forment, au milieu des populations du désert,
une petite nation à part qui se distingue par la sévérité de ses mœurs,
son langage particulier, sa probité proverbiale et quelques modifica-
tions dans les pratiques religieuses.

> Dont les fruits sont si hauts
> Qu'on ne peut y toucher.

> *Meryem*, c'est plutôt la gazelle
> Quand elle court dans le désert.
> Le chasseur met en joue son petit,
> Elle voit brûler l'amorce,
> Sait recevoir le coup,
> Et mourir pour lui sauver la vie.

> Elle m'avait donné rendez-vous
> Pour la nuit du lundi.
> Mon cœur battait, elle est venue;
> Tout enveloppée de soie,
> Se jeter dans mes bras.
> *Meryem* n'a pas de sœur [1]
> Dans les quatre coins du monde !

> Elle vaut Tunis avec Alger,
> Tlemsan et Mascara,
> Leurs boutiques, leurs marchands
> Et leurs étoffes embaumées.

> Elle vaut les bâtiments
> Qui traversent la bleue [2] avec leurs voiles
> Pour aller chercher les richesses
> Que Dieu nous a créées [3].

---

[1] *N'a pas de sœur.* — Expression consacrée dans la langue arabe pour dire : *n'a pas sa pareille.*

[2] *La bleue* (zerga), veut ici dire : *la mer.*

[3] *Que Dieu nous a créées.* — Ici se révèle dans toute sa force, l'orgueil des Arabes. Avec le produit de nos chevaux, de nos chameaux et de nos moutons, disent-ils, nous n'avons pas besoin de travailler et nous pouvons, cependant, nous procurer tout ce que fabriquent, avec tant de peine, ces misérables chrétiens.

Elle vaut cinq cents juments
Fortune d'une tribu,
Quand elles courent à la poudre
Sous leurs fiers cavaliers.

Elle vaut cinq cents chamelles
Suivies de leurs petits,
Plus cent nègres du Soudan
Volés par les Touareug [1]
Pour servir les musulmàns.

Elle vaut tous les Arabes nomades,
Heureux, indépendants,
Et ceux à demeures fixes,
Malheureuses victimes
Du caprice des sultans [2].

Sa tête est ornée de soie pure
D'où s'échappent en boucles ondoyantes
Ses noirs cheveux parfumés avec du musc
Ou de l'ambre de Tunis.
Ses dents, vous diriez des perles
Enchassées dans du corail bien rouge,
Et ses yeux, infiltrés de sang,
Blessent comme les flèches
Des sauvages habitants du Bernou [3]

---

(1) *Volés par les Touareug.* Grande tribu, d'origine berbère qui
garde les portes du Sahara et du Soudan, prélevant sur les caravanes
un droit de sortie, un droit de voyage et un droit d'entrée. Les Touareug font, en outre, la traite des nègres.

(2) Ce couplet peint admirablement et les charmes que les Arabes du
Sahara trouvent à leur vie nomade et le mépris qu'ils professent pour
les Arabes du Tcull.

(3) Royaume nègre dans le sud duquel certaines peuplades combattent encore avec des flèches empoisonnées.

Sa salive, je l'ai goutée,
C'est le sucre des raisins secs,
Ou le miel des abeilles
Quand fleurit le printemps.
Son cou, c'est le mât d'un vaisseau
Qui fend les mers profondes,
Avec ses voiles blanches
Pour voguer selon les vents.
Sa gorge ressemble à la pêche
Qu'on voit mûrir sur l'arbre,
Ses épaules à l'ivoire poli,
Et ses côtes arrondies
Sont les sabres orgueilleux
Que tirent les Djouad[1]
Aux jours fatigués de poudre.
Que de braves cavaliers
Sont morts pour elle en combattant!

O combien je voudrais posséder
Le meilleur cheval de la terre,
Pour marcher seul et pensif
Auprès de sa chamelle blanche !
Ce cheval ferait bien enrager
Les jeunes gens du Sahara !

---

(1) On donne chez les Arabes le nom de Djouad à la noblesse militaire. Ils tirent leur origine des méhal conquérants venus de l'Est à la suite des compagnons du prophète. L'homme du peuple a beaucoup à souffrir des injustices et des spoliations des Djouad. Ceux-ci cherchent à faire oublier ces mauvais traitements et à maintenir leur influence en accordant généreusement l'hospitalité et leur protection à ceux qui la réclament, c'est dire qu'ils réunissent, au suprême degré, les deux traits saillants du caractère national : l'avidité du gain et un grand amour du faste.

Je chasse, je prie, je jeûne
Et suis les lois du prophète,
Mais dussé-je aller à la Mecque,
Je n'oublierai jamais Meryem.
Oui, Meryem, avec tes cils noirs,
Tu seras toujours belle,
Agréable comme un cadeau[1].

Au bout de quelques heures, la chaleur se fait sentir; on fait une halte (*meguil*), on dresse les tentes, on prépare le déjeuner, on débride les chevaux, on les fait paître; c'est le repos.

Le soleil baisse, la chaleur s'adoucit; il est deux ou trois heures de l'après-midi. En marche, en avant vous autres les hardis cavaliers, faites voir dans une brillante fantasia ce que sont vos chevaux et ce que vous êtes vous-mêmes. Les femmes vous regardent; montrez-leur ce que vous savez faire d'un cheval et d'un fusil.

Allez! plus d'un sera payé de ses prouesses. Voyez-vous ce nègre, il apporte à quelqu'un d'entre vous le prix de son habileté à manier un cheval ou à se servir d'un fusil; c'est le messager auquel une des belles spectatrices a confié son amour; elle l'a chargé de porter au héros de la fantasia ses bracelets de

----

(1) *Agréable comme un cadeau.* — Cet Arabe disant que sa maîtresse sera toujours agréable comme un cadeau fait parfaitement comprendre combien son peuple est encore soumis à l'entraînement et à la corruption des présents.

pied (*khrolkhral*) ou son collier de clous de girofle (*mekhranga*).

Mais il ne suffit pas d'être un brave et adroit cavalier; il faut être prudent. — Tu as un ami, demain tu lui donneras ton cheval et tes vêtements; recommande-lui bien, ta sœur [1] le veut, de se montrer au milieu du goum avec ta monture et vêtu comme toi, que tous les cavaliers s'y trompent. Toi, tu passeras inaperçu, modeste fantassin; tu marcheras près de la chamelle qui porte ta nouvelle maîtresse. Sois attentif, épie le moment favorable, et glisse-toi dans l'*atouche*. Va, elle est aussi impatiente que toi, elle te tend la main; profite de ce secours, et que tes mouvements soient plus rapides que le soupçon.

En amour comme en guerre, la fortune est pour les audacieux; mais les périls aussi sont pour eux. Si ces rendez-vous sont fréquents et réussissent presque toujours, on y risque sa vie; des amants ainsi surpris seraient sûrs de périr tous les deux.

Mais qui les trahirait? Tous ceux qui les entourent sont pour eux. L'amant instruit ses amis de sa bonne fortune; tous ont voulu aider à son bonheur, et dix on douze douros ont été envoyés à l'amante. Ce n'est pas tout encore : son émissaire a reçu deux ou trois douros; de l'argent enfin a été distribué aux esclaves et aux domestiques de sa tente; aussi tous ces

---

(1) *Ta sœur le veut.* — Sœur, dans cette circonstance, veut dire, maîtresse, amante.

serviteurs font-ils bonne garde et sauront-ils prévenir l'amoureux de l'instant où il devra sortir de l'a-
touche lorsque l'installation du camp, aux approches de la nuit, amènera partout le désordre et
la confusion.

Avant le coucher du soleil, les chefs ont fait reconnaître un endroit propice au campement de la nuit,
On doit y trouver de l'eau, de l'herbe et les arbustes
qui servent à faire le feu. (*Guetof, el oucera* et *el chiehh.*)
On arrive sur l'emplacement désigné ; chacun dresse
ou fait dresser sa tente ; on débride les chevaux, on
les entrave ainsi que les chameaux ; les nègres vont
à l'herbe et au bois ; les femmes préparent les aliments ; on soupe. Mille scènes donnent à cet ensemble
du camp un aspect plein de charme et d'originalité ;
puis une obscurité complète l'enveloppe, à moins de
clair de lune ; les feux sont éteints ; aucune clarté ne
luit dans ces ténèbres. On ne sait dans le Sahara ce
que c'est que l'huile ou la cire[1].

Immédiatement après le souper, chaque tente désigne un homme qui veille autour des bagages et des
animaux, il est chargé de prévenir les vols que ne
pourra guère empêcher son active vigilance.

Les voleurs ne sont pas les seuls à attendre la nuit.
A cette heure aussi, et protégé par cette obscurité,
l'amant prévenu par sa maîtresse s'approche furti-

---

[1] Depuis les relations fréquentes qu'ils ont avec nous, les chefs du
désert emploient, avec plaisir, la bougie qu'ils nous achètent sur le
littoral.

vement de la tente où elle repose, en relève les bords, guidé par un esclave dévoué, et prend la place du mari qui, fatigué de la course du jour, dort dans la chambre des hommes (*khralfa mtâa redjal*), car dans les tentes du désert il y a toujours deux compartiments distincts, l'un pour les hommes, l'autre pour les femmes. En outre, un homme ne peut sans honte passer toute la nuit avec sa femme. Rien ne gêne dès-lors les entrevues amoureuses. Ce n'est pas la présence d'une ou de plusieurs des trois autres femmes que la loi permet aux musulmans, qui y mettrait obstacle ; à en croire le proverbe arabe, la juive seule surpasse le Chitann (*Satan*) en malice, mais aussitôt après Satan vient la musulmane, et il est sans exemple dans le désert que des femmes se soient dénoncées entre elles.

Parfois pourtant on trouve l'aventure trop périlleuse, la femme alors sort de la tente lorsque tout le monde est endormi, et se rend dans un lieu qu'elle a désigné à l'avance à son amant, par un des intermédiaires obligés, les nègres ou les bergers.

C'est aussi à l'heure où les amants heureux se rencontrent, que s'accomplissent les projets de vengeance. Un amant repoussé pénètre dans la tente de celle qui l'a dédaigné, il s'approche d'elle et la tue d'un coup de pistolet. Au bruit de la détonation, on se lève, on court, on pousse des cris, mais le meurtrier a le temps de disparaître, et presque toujours le crime commis sans témoins reste impuni.

Toutes ces aventures sont fréquentes au Sahara, et de gré ou de force une femme arabe a toujours des amants. La jalousie et les précautions des maris surexcitent et poussent à l'excès en le gênant le libertinage des femmes. Quelle que soit leur classe, elles passent leur vie à inventer des ruses pour tromper leurs maris quand elles sont jeunes, à faciliter les amours des autres quand elles sont vieilles (¹). Toutes les intrigues se nouent par l'entremise des pourvoyeuses *(âdjouza)*. Ce sont elles dont la langue dorée, et les machinations diaboliques disposent les jeunes femmes à faillir, et qui ménagent les rendez-vous. Elles prennent tous les visages pour s'insinuer, et réussissent surtout en s'attaquant au côté faible, l'amour des présents.

La nuit est passée, le ciel se dore, c'est l'instant du départ ; la marche du second jour va commencer. A ce moment les chefs envoient des chouafs, avec mission de reconnaître l'emplacement de l'ennemi, et de juger aux signes extérieurs, de son état moral, de la quantité des renforts qu'il a reçus. Ces éclaireurs s'avancent avec précaution et ne marchent plus que la nuit lorsqu'ils approchent du camp ennemi. Puis un homme à pied se détache, qui profite de tous les accidents de terrain pour échapper aux regards, et souvent, couvert de haillons, pénètre hardiment, la nuit au milieu des douars. Il s'assure du nombre

____

(¹) Il existe cependant d'honorables exceptions.

de fantassins, de chevaux, de tentes ; observe si l'on rit, si l'on s'amuse ou si la tristesse règne dans le camp, puis vient rendre compte du résultat de ces observations.

Les *Chouafs* réunis attendent le jour dans un endroit caché, impatiens de voir quelle sera l'attitude de l'ennemi au soleil levant; s'il fait la fantasia, s'il tire des coups de fusil, si l'on entend des cris de joie, les chants, les sons de la flûte, bien certainement il a reçu des renforts, et il ne s'inquiète pas de l'attaque prochaine.

La tribu poursuit sa marche jusqu'à ce qu'elle ne soit plus qu'à neuf ou dix lieues de l'ennemi. On ne s'est avancé qu'à petites journées, les bagages, les femmes, les fantassins sont autant de causes de lenteur; ce qui retarde surtout, ce sont les ordres des chefs qui veulent laisser à ceux qu'ils vont attaquer le temps de la réfléxion.

C'est prudemment agir, et de puissants motifs les déterminent. Qui sait? Peut-être vont-ils recevoir des propositions de paix avec force cadeaux, pour eux, les personnages prépondérants dans les conseils? Les exemples manquent-ils? N'est-ce point la coutume? A eux les cotonnades, les vêtements de drap *(kate)*, les fusils montés en argent, les bracelets de pied *(khrolkhrale)*, et enfin les douros!... Alors, il faut le dire, quand l'affaire prend cette tournure, elle est bien près de s'arranger à l'amiable.

Les deux partis ennemis ne sont plus séparés que

par une espace de dix lieues, et aucune proposition
directe ni indirecte n'a été échangée. La tribu se re-
connaît-elle incapable de résister ou accepte-t-elle la
lutte?

Si elle renonce à combattre, elle réunit les marabouts les plus influents, et les munit de cadeaux et
d'argent dont chacun a fourni sa part. Les saints
hommes se rendent dans le camp ennemi au milieu
de la nuit, sous la protection d'un chef, prévenu à l'a-
vance, et bien vite séduit par de nombreux cadeaux ;
celui-ci les conduit chez un autre chef, qui se laisse
également aller à recevoir les présents qu'on lui
offre, tous les deux accompagnent les messagers de
paix chez un troisième personnage, et ainsi de suite
jusqu'à ce que soient gagnés tous ceux dont la voix est
puissante. Alors seulement les marabouts, sûrs de la
bienveillance de ceux qui les écoutent, émettent les
propositions qu'ils sont chargés de faire et s'expriment ainsi :

« *Nous ne sommes venus que pour l'amour de Dieu.*
» *Vous savez que nous sommes marabouts et que nous ne*
» *voulons que le bien. Il faut, en notre considération, vous*
» *arranger avec les Musulmans qui nous envoient, cela*
» *vaudra mieux que d'attirer sur nous tous les malheurs*
» *de la guerre, la ruine, la mort, etc. Si vous voulez le*
» *bien, Dieu vous bénira, vous, vos femmes, vos enfants,*
» *vos juments, vos chamelles ; si vous voulez le mal, qu'il*
» *retombe sur vous. Nous le répétons, faites la paix, et*
» *que Dieu maudisse le démon.* »

Après quelques difficultés soulevées pour la forme, les chefs finissent par répondre aux marabouts :

« Eh bien! nous ferons la paix à cause de Dieu et
» à cause de vous, mais aux conditions suivantes :

» 1° Vous nous rendrez les objets, denrées ou ani-
» maux qui nous ont été enlevés, lorsque les vôtres
» ont pillé notre caravane à tel endroit.

» 2° Vous paierez la *dya* [1] (prix du sang) des nôtres
» tués par vous tel jour.

» 3° Vous nous rendrez aussi tout ce qui nous a
» été enlevé en troupeaux, tel jour, par les vôtres,
» dans telle khotefa.

» 4° Vous nous restituerez tous les chameaux et
» chevaux que vos voleurs nous ont dérobés et qui
» sont encore chez vous. »

Les marabouts acceptent ces conditions s'en rendent garants, alors on apporte le livre saint de Sidi-
Abd-Allah, et tous les chefs jurent de faire la paix.
Le serment prêté, ceux qui sont venus pour que le
sang ne fût pas versé, retournent dans leur tribu
l'instruire de ce qui a été décidé, et la forcer d'exécuter les conditions dont ils se sont portés garants.

Le lendemain, la tribu qui a accordé la paix, continue sa marche et vient asseoir son camp à une
lieue au plus de l'ennemi. A peine est-elle installée
que les marabouts et tous les chefs du parti opposé

---

(1) La *dya* dans le Sahara se paie cinquante *hachy* ou chameaux de
trois ans, ou bien encore trois cents moutons, un *hachy* ne vaut donc
que six moutons.

viennent apporter la rançon convenue. Les grands des deux camps rivaux se réunissent et jurent de nouveau sur le livre de Sidi-Abd-Allah :

« **Par** la vérité de Sidi-Abd-Allah, nous jurons
» qu'il n'y aura plus entre nous ni razzia, ni vols,
» ni meurtres, ni ousiga (représailles), que nous
» sommes frères, et que nos fusils ne tireront plus
» qu'ensemble. »

Les marabouts des deux partis lisent alors le *Fatahh* [1], et terminent en disant : « *que Dieu vous bénisse, nos enfants, d'avoir ainsi enterré le couteau du mal* (khrodmi cheurr) *et qu'il vous fasse prospérer dans vos familles et vos biens.*

Ces marabouts sont ensuite visités de part et d'autre par les chefs qui leur donnent des offrandes nommées *zyara* (visite).

La paix conclue, la tribu qui s'était mise en mouvement revient sur ses pas, et fait au départ une fantasia des plus bruyantes ; les chevaux caracolent, les coups de fusil retentissent, les femmes poussent des cris ; c'est de la joie, du bonheur, du délire. Une douzaine des chefs de cette tribu reste au milieu de leurs ennemis de la veille, et en reçoivent une hospitalité fastueuse, même de riches présents. Puis à leur départ, ils emmènent, à leur tour, quelques uns des chefs, leurs hôtes, et rendent à ces nouveaux alliés leur généreux accueil.

---

[1] Le fatahh. Invocation religieuse.

Ces trèves durent assez longtemps, c'est-à-dire une ou deux années.

Certes la paix n'eût pas été conclue, si les marabouts qui sont venus la solliciter ne s'étaient pas présentés au milieu de la nuit; s'ils venaient en plein jour les Arabes, témoins de leurs intrigues, s'écrieraient par jalousie [1] :

« *Par le péché de nos femmes, nous nous battrons;*
» *un tel a reçu du drap, un tel de l'argent, un autre des*
» *bijoux, celui-ci des cotonnades, celui-là des armes, et*
» *nous, dont les frères sont morts, nous, dont les trou-*
» *peaux ont été enlevés, nous n'avons rien reçu ! Oui !*
» *nous le jurons par Sidi-Abd-Allah, la poudre parlera.* »

Souvent, en effet, la poudre parle et sans que les envieux aient eu à se plaindre des cadeaux faits aux chefs, sans qu'ils les aient empêchés de débattre et d'accepter des conditions dont ils ne tiraient aucun profit. C'est quand la tribu a résolu de résister, elle se dispose alors à la lutte.

Elle laisse arriver les ennemis à une journée de marche, aucune avance, aucune proposition, ils continuent leur route le lendemain, et viennent camper à deux lieues au plus de ceux qui s'attendent au combat.

---

(1) *S'écrieraient par jalousie.* — Ce passage de mon ouvrage donne encore un côté de la vie arabe. Il prouve en même temps combien, aux chefs, il faut d'habileté, de prudence et de politique pour diriger un peuple dont le dernier berger veut connaître les affaires de son pays.

Les éclaireurs des deux partis se rencontrent, ils s'excitent mutuellement et préludent aux hostilités par des injures. Ce sont les *mecherahhin* (provocateurs), ils échangent quelques coups de fusil, et s'écrient :

Les uns : « *O Fatma ! filles de Fatma ! la nuit est ar-* » *rivée ; pourquoi continuer aujourd'hui ? demain s'ap-* » *pellera votre jour.* »

Les autres : « *Chiens, fils de chiens, à demain, si* » *vous êtes des hommes vous nous rencontrerez.* »

Les éclaireurs se retirent, les chefs de chaque parti organisent au plus vite une garde de cent hommes à cheval et de cent hommes à pied pour la sûreté du camp ; le lendemain on s'observe avec attention : si l'un des deux partis charge ses tentes, l'autre en fait autant, mais si, laissant ses tentes dressées, il s'avance au combat avec sa cavalerie, son infanterie et ses femmes montées sur des chameaux, on suit son exemple.

Les cavaliers des deux tribus se font face ; les femmes sont en arrière, prêtes à exciter les combattants par leurs cris et leurs applaudissements, elles sont protégées par les fantassins qui, en même temps, forment la réserve.

Le combat est engagé par de petites bandes de dix à quinze cavaliers qui se portent sur les flancs et cherchent à tourner l'ennemi.

Les chefs, à la tête d'une masse assez compacte, se tiennent au centre. Bientôt la scène s'anime et s'échauffe ; les jeunes cavaliers, les plus braves et les mieux montés, s'élancent en avant, emportés par l'ardeur et la soif du sang. Ils se découvrent toute la tête, entonnent des chants de guerre, et s'excitent au combat par ces cris :

« Où sont-ils ceux qui ont des maîtresses? C'est sous « leurs yeux que les guerriers combattent aujourd'hui! »

« Où sont-ils ceux qui, près des chefs, parlaient tou-» jours de leur vaillance? C'est aujourd'hui que la langue » doit être longue, et non dans les causeries. »

« Où sont-ils ceux qui courent après la réputation? »

« En avant les enfants de la poudre! Voyez devant vous » ces fils des juifs! Notre sabre doit s'abreuver de leur » sang; leurs biens, nous les donnerons à nos femmes. »

« A la nage!... les jeunes gens! à la nage! Les balles » ne tuent pas.

» Il n'y a que la destinée qui tue. »

Ces cris enflamment les cavaliers, ils font cabrer leurs chevaux et sauter leurs fusils; tous les visages demandent du sang; on se mêle, et l'on finit par s'attaquer à coups de sabre.

Cependant l'un des deux partis recule et commence à se replier sur les chameaux qui portent les femmes; alors on entend de part et d'autre les femmes pousser les unes des cris de joie pour animer encore les vainqueurs, les autres des cris de colère et de sanglantes imprécations pour raffermir le courage ébranlé de leurs maris ou de leurs frères.

« Les voilà donc ces fameux guerriers qui chevauchent

» *avec des étriers blancs et des vêtements splendides dans*
» *les fêtes et les noces ! les voilà qui fuient et abandonnent*
» *jusqu'à leurs femmes ! O juifs, fils de juifs ! mettez*
» *pied à terre, nous monterons vos chevaux, et, à partir*
» *d'aujourd'hui, vous ne compterez plus parmi les*
» *hommes. O les lâches ! que Dieu les maudisse !* »

A ces injures, l'ardeur se réveille chez les vain-cus, ils tentent un effort vigoureux ; appuyés par le feu des fantassins qui sont en réserve, ils regagnent du terrain et rejettent l'ennemi jusqu'au milieu de ses femmes qui, à leur tour, maudissent ceux qu'elles applaudissaient tout à l'heure.

Le combat se rétablit sur l'emplacement qui sé-pare les femmes des deux tribus : la lutte dans ses différentes péripéties a été très acharnée, et bientôt le parti qui a eu le plus de chevaux et d'hommes blessés, qui a perdu le plus de monde et surtout qui a vu tomber ses chefs les plus vaillants, prend la fuite malgré les exhortations et les prières de quelques hommes énergiques qui, voulant le rallier, volent de la droite à la gauche, et cherchent à ressai-rir la victoire.

Ces braves s'écrient : « *Y a-t-il des hommes ici, ou*
» *n'y en a-t-il pas ?* »

« *Tenez vos âmes ! Si vous fuyez, on enlèvera vos*
» *femmes, il ne vous restera que la honte.* »

« *Mourez ! on ne dira pas ils ont fui !... Mourez ! vous*
» *vivrez encore !* »

Alors il se passe une scène vraiment belle et touchante ; le chef le plus élevé, au désespoir d'être vaincu, se précipite dans la mêlée pour y trouver la mort, mais il est retenu par les jeunes gens qui l'entourent et le supplient de se retirer.

« *Tu es notre père, disent-ils ; que deviendrions-nous* » *si nous venions à te perdre? C'est à nous à mourir* » *pour toi ; nous ne voulons pas rester comme un troupeau* » *sans berger.* »

Quelques guerriers veulent encore tenir, mais la déroute générale les entraîne ; ils sont bientôt auprès de leurs femmes. Alors chacun voyant que tout est perdu, s'occupe de sauver ce qu'il a de plus cher; on gagne le plus de terrain possible en arrière ; de temps à autre on se retourne pour faire face à l'ennemi, s'il poursuit.

Un désespoir téméraire a parfois changé la face des choses. Aïssa-ben-el-Chériff, un enfant de quatorze ans, était monté à cheval avec sa tribu pour repousser une attaque dirigée par Sy-el-Djedid. Les gens de l'Arbâa lâchaient pied et prenaient la fuite, lorsque l'enfant se jetant en avant d'eux essaya de les arrêter.

« *Quoi donc! vous êtes des hommes et vous avez* » *peur? Vous avez été élevés dans la poudre et vous ne* » *savez pas la frapper. N'avez-vous donc tant soigné vos* » *juments que pour vous en servir dans la fuite?* » — Les autres criaient toujours : « Djedid! Djedid! voilà » Djedid !—Djedid, reprend l'enfant, c'est un homme » seul qui vous fait fuir! Voyez donc ce guerrier ter-

» rible qui met en déroute des centaines d'hommes et
» qu'un enfant arrête dans sa victoire! » et Aïssa piqua
des deux. Il arrive au guerrier redouté ; Djedid ne se
tenait pas sur ses gardes ; qu'avait-il à craindre d'un
enfant? mais celui-ci se jette à son cou, l'enlace, et
quittant son cheval, se suspend à lui d'une main,
tandis que de l'autre il cherche à le frapper de son
couteau.

Djedid, stupéfié de tant d'audace, gêné dans ses
mouvements, cherche en vain à se débarrasser ; mais
il n'a pas assez de tout son sang-froid pour parer les
coups que lui porte l'enfant. Enfin il n'a pas d'autre
moyen de salut que de se laisser tomber de cheval
afin d'écraser Aïssa dans sa chute ; mais celui-ci a
su l'éviter, et s'élançant sur le cheval du chef redouté, il rejoint sa tribu où il montre un trophée qui
fait rougir les plus vieux cavaliers, de ce moment
d'effroi auquel a su résister un enfant.

Le vainqueur, s'il ne faisait un pont d'or au vaincu,
pourrait le ruiner complètement ; mais la soif du
pillage l'emporte, il se débande et ne songe qu'au
butin ; l'un dépouille un fantassin, l'autre un cavalier renversé, celui-ci emmène un cheval, celui-là un
nègre. Grâce à ce désordre, les plus braves de la
tribu parviennent à sauver leurs femmes, quelquefois leurs tentes.

Après le pillage, les cavaliers de la tribu victo-
rieuse songent à se retirer, les chefs les y engagent.

« Nous avons beaucoup tué, nous avons enlevé

» des chevaux, capturé des femmes, pris des fusils,
» nous avons rafraîchi nos cœurs en faisant des or-
» phelins de ces fils de chiens; le meilleur parti à
» prendre est d'aller coucher ce soir à tel endroit;
» car nos ennemis, soutenus de quelques renforts,
» pourraient bien nous attaquer cette nuit. »

On fait filer en avant tous les bagages, une forte réserve forme l'arrière-garde et les protège. Le premier jour et les suivants, on marche jusqu'à la tombée de la nuit.

Dans ce genre de guerre, on a le plus grand respect pour les femmes captives. Les hommes de basse naissance les dépouillent de leurs bijoux, mais les chefs tiennent à honneur de les renvoyer à leurs maris avec leurs chameaux, leurs joyaux, leur parures; ils s'empressent même de faire habiller, pour les restituer, celles qui ont été dépouillées.

Au désert, on ne fait pas de prisonniers, on ne coupe point les têtes, et on a horreur de mutiler les blessés ; après le combat, on laisse ceux-ci s'en tirer comme ils peuvent, on ne s'occupe pas d'eux. Il y a quelques rares exemples de cruauté ; ce sont les vengeances d'hommes qui ont reconnu dans le goum ennemi les meurtriers de personnes qui leur étaient chères, d'un frère, d'un ami.

A la rentrée sur son territoire, la tribu est accueillie par une fête inouïe ; l'allégresse générale se trahit par les démonstrations les plus vives ; les femmes font aligner leurs chameaux sur un seul rang et poussent des cris de joie à des intervalles réguliers ; les jeunes gens exécutent devant elles une fantasia effrénée ; on se salue, on s'embrasse, on s'interroge, on prépare les aliments et pour les siens et pour les alliés ; les chefs réunissent la somme à distribuer à ceux-ci. Un simple cavalier ne reçoit jamais moins de dix douros ou un objet de cette valeur. Cette rétribution s'appelle *zebeun ;* elle est obligatoire et donnée en sus du butin que chacun a pu faire ; on y ajoute même pour le cavalier qui a perdu un cheval, trois chameaux ou cent douros.

Inutile de dire que l'on donne plus de dix douros aux chefs des tribus alliées, chefs dont l'influence a été décisive ; ils reçoivent leur part comme les autres ; mais, en outre, ils reçoivent secrètement de l'argent ou des cadeaux d'une certaine valeur (tapis, tentes, armes, chevaux).

On donne aux alliés une hospitalité généreuse, et le lendemain, lorsqu'ils se mettent en marche pour rentrer sur leurs territoires, les chefs montent à cheval et les accompagnent. Après avoir cheminé de concert deux ou trois heures, on se renouvelle mutuellement le serment de ne pousser jamais qu'un seul cri, de ne faire qu'un seul et même fusil, de venir le matin si l'on est demandé le matin, et de venir la nuit si l'on est demandé la nuit[1].

---

[1] Dans le désert si les haines sont héréditaires et vivaces, les sympathies, en revanche, sont aussi nombreuses que profondes. Voici des

Il est naturel de chercher à savoir pourquoi la tribu qui va être attaquée, ne veut pas faire les sacrifices nécessaires pour obtenir la paix, ne s'est pas elle, tribu nomade, mise à fuir au lieu d'attendre le combat.

Fuir. ce serait vouloir être poursuivi et attaqué dans le désordre d'une retraite, ce serait s'éloigner de son pays, s'exposer à manquer d'eau pour les troupeaux, peut-être même à tomber chez un autre ennemi qui saisirait bien certainement une occasion de pillage et de vengeance.

Le plus sage est de choisir son terrain, de réunir ses alliés et d'attendre l'ennemi si l'on se croit le plus fort, ou de faire des concessions si l'on se sent le plus faible.

« O mon Dieu ! sauve-nous et sauve nos chevaux. Tous » les jours nous couchons dans un pays nouveau. Peut- » être qu'elle se rappelle nos veillées avec les flûtes et » les tambours. »

---

vers qui prouvent jusqu'à quel point de délicatesse et de dévouement l'amitié peut être poussée chez les Arabes.

« Si l'ami ne marche en aveugle comme l'enfant, s'il ne s'expose pas » volontairement à la mort, en oubliant que le suicide est un crime, il » n'aura point de place dans les tentes de nos tribus.

» J'obéirai à l'appel de mon ami, quand la lumière du matin serait » le reflet des épées, quand les ténèbres de la nuit seraient les ombres » de la poussière soulevée par le pied des chevaux, j'irai pour mourir » ou pour être heureux. Le moindre des sacrifices auxquels j'ai con- » senti, c'est de mourir. Puis-je vivre loin de l'asile que j'aime ? Puis- » je supporter l'absence des voisins auxquels je suis accoutumé ? »

COUTUMES DE GUERRE.

Quand, après une razzia ou une expédition, les Arabes du désert rentrent dans leurs douars [1], ils font le partage du butin. Ce partage se fait par portions égales. Toutefois il s'exerce quelques prélèvements pour des cas spéciaux.

Ainsi le cavalier qui en tue un autre à la guerre a droit au cheval du mort, à ses armes, à ses vêtements à son harnachement, à sa giberne et à sa *djebira. En effet, il a risqué sa vie pour avoir une vie, il aura à répondre devant Dieu d'une mort qu'il a donnée à tort ou à raison.*

Le cheval capturé, dont le maître n'a pas été tué est compris dans le butin à partager.

Si un cavalier a été tué par plusieurs individus qui ont fait feu ensemble, sans qu'on puisse établir de

---

[1] On appelle *douar (cercle)* une subdivision de la tribu. Les tentes sont disposées en cercle et c'est de là que vient ce nom.

la main de qui il est mort, le butin est partagé également, dans d'autres localités le butin revient au chef quand on ne peut désigner le fusil qui a tué.

Un cavalier apprenant, seulement après le combat, qu'il a donné la mort à un ennemi, et le fesant affirmer par témoins, obtient la restitution de tout le butin du mort.

Lorsqu'une tribu fait une expédition contre une autre tribu, chacun conserve la prise qu'il a pu faire en haïcks, bernouss, armes et vêtements, mais tout ce qui est tentes, troupeaux, chevaux, mulets, chameaux, denrées, céréales, est exactement partagé. Le chef seul a droit, en sus, à trente ou quarante brebis, ou trois ou quatre chamelles, suivant le cas; n'eût-il pas marché de sa personne qu'il lui serait encore attribué une part que l'on appelle le nœud du *chikh (aâkeud echikh)*.

Si un individu, ne voulant pas faire l'expédition, a prêté sa jument à un ami, il partage le butin que ce dernier a pu faire. Si l'animal périt et qu'on ait fait une capture, on prélève et rembourse au maître le prix de la jument; l'animal avait marché dans l'intérêt de la tribu; s'il y a insuccès, le propriétaire supporte la perte, *il a demandé son bonheur*.

Celui qui a offert des vivres à un parti de cavaliers a droit à une part *(mezrag, lance)* si le parti réussit; il s'est intéressé à l'expédition.

Une *lance* au maréchal de la tribu, il a contribué par son travail et son adresse au succès de l'entreprise. Le tuer est une action infâme, elle retomberait sur les enfants de la tribu coupable, et l'anathême les suivrait partout.

On doit aussi épargner celui qui après avoir ôté son bernouss vient à l'ennemi, la crosse de son fusil en l'air.

On fait aussi grâce de la vie aux bergers.

Une part spéciale est toujours donnée à ceux qu'on a envoyés en éclaireurs avant de tomber sur l'ennemi. C'est la juste récompense de ces *chouafin (voyeurs)* qui offrent le sacrifice de leur vie pour le triomphe des leurs. Si un *chouaf* a perdu sa jument, on la lui remplace par cent brebis, ou par une autre jument, ou par cent douros d'Espagne ; ce prix n'a rien d'exagéré, on prend pour éclaireurs les cavaliers les mieux montés.

Un parti qui revient avec du butin accorde une lance à la femme de distinction qui est sortie de sa tente pour pousser des cris de joie en son honneur.

Dans une affaire de *nif* (amour-propre), les jolies femmes qu'on a emmenées pour animer les combattants, ont droit à une part de prise.

Celui qui a prêté son fusil prend un quart de la part qui revient à l'emprunteur.

Un Arabe trouve un cheval au pâturage, loin des yeux de son maître, sa tribu est attaquée ou part pour une expédition, il l'emmène, il lui met sur le dos une selle d'emprunt. Cette selle n'est pas garnie, il trouve des étriers à droite, une sangle à gauche, une bride et un poitrail ailleurs. Enfin, il est équipé, il part et revient avec du butin. Le propriétaire du cheval n'a aucun droit : si son cheval avait été tué on le lui aurait remboursé (en cas de succès), mais on le lui ramène sain et sauf, il n'a rien à réclamer : *L'animal n'a été que l'instrument de Dieu pour rendre service à un brave cavalier qui s'est exposé dans l'intérêt général.*

Les propriétaires des accessoires de la selle ont droit, eux, à une certaine portion de la part de prise. Les nomades du désert ont, par un apologue tout à fait dans le goût arabe, précisé les droits respectifs de chacun.

« L'arçon dit au cavalier : aurais-tu la pensée de
» garder le butin pour toi seul ? Qui t'a fourni un
» siége ? et qu'aurais-tu fait si tu ne m'avais pas trouvé
» là ? »

« Belle affaire, s'écrie la sangle aussitôt, ce ser-
» vice que tu fais tant valoir est-il donc si grand ? Tu
» aurais nui plus que tu n'as été utile, si je ne t'avais
» maintenu sur le dos du cheval. »

« Doucement, doucement, disent alors les étriers,
» vous avez été tous les deux utiles, j'en conviens,
» mais, je vous prie, dites-moi, qui a soutenu le ca-
» valier quand il a fallu s'élancer en avant ? Et sur
» qui s'est-il appuyé quand il a dû se servir de son
» arme pour abattre l'ennemi dont il a pris le butin
» que vous vous disputez si fort ? Qui lui a permis de
» voir au loin, de se baisser, et de se retourner soit

» pour le frapper, soit pour échapper aux coups qui
» le menaçaient? »

  « C'est vous, reprend la bride, personne ne peut fuir
» la vérité : et néanmoins, ô mes enfants, par le Dieu
» maître du monde, notre cavalier serait bien peu
» riche aujourd'hui s'il n'avait eu que vos services.
» Vous ne preniez guère la route du butin, et vous en
» seriez bien loin maintenant si je ne vous y avais
» conduits.Cessez donc ces débats, la palme m'appar-
» tient, car seule j'ai pu vous faire atteindre le but.»

  « Ah! c'est un peu fort, ajoute avec ironie le che-
» val, qui jusques-là avait écouté sans dire mot. Je ne
» sais pourquoi j'avais pensé que la plus grande part
» était la mienne, je croyais vous avoir vus oubliés
» dans un coin, et je m'étais imaginé qu'on ne vous
» avait ramassés que parce que l'on m'avait trouvé.
» Je rêvais sans doute, c'est vous qui m'avez apporté
» jusqu'ici. J'avoue que je me suis trompé, ramenez-
» moi donc au plus vite dans mes pâturages, où, du
» moins, je n'entendrai plus vos intrigues. »

Pour metre fin à tous ces débats le cavalier divisa
son butin en six lots égaux, en donna un à l'arçon, un
à la sangle, un à la bride, garda les trois autres pour
lui, et reconduisit le cheval dans ses pâturages en lui
disant: « *Je ne te donne rien, mais il te reste l'honneur*
» *d'avoir été utile à ta tribu.* »

Celui qui prête une selle complète a droit à la
moitié d'une part de prise, on appelle ce partage la
coutume de la selle *(âadet esserdj).*

Avant de partir pour l'expédition, le goum fait les invocations suivantes :

« O Sidi-Abd-el-Kader-el-Djelali,

» O Sidi-Chiqr-ben-el-Dine ,

» O Sidi-el-Hadj-bou-Hafeus,

» Si nous réussissons et si nous revenons sains et » saufs, nous vous promettons à chacun un chameau, » protégez-nous. »

Ces trois chameaux sont toujours désignés pour les marabouts, avant tout partage.

Le partage ne se fait pas, on le pense bien, sans nombreuses contestations ; pour les prévenir ou les réprimer, on a institué les *mekadim*.

Tantôt ce sont les chefs qui choisissent cinq ou six individus réputés sages, tantôt, après une razzia ou une prise, on divise le butin en quatre parties égales, ceux qui ont exécuté l'entreprise se partagent en quatre fractions, et chaque fraction nomme un *mekadem* chargé de procéder à la sous-répartition.

Les *mekadim* recherchent et font restituer tous les objets qu'auraient pu cacher les gens de mauvaise foi, bijoux de femme, argent, corail, etc.

Quand un arabe est soupçonné d'un détournement de ce genre, et qu'on ne peut trouver chez lui l'objet de la fraude, les *mekadim* le font jurer par Sidi-Ben-Abd-Allah, et ce serment le dégage. Dans le Sahara, Sidi-Ben-Abd-Allah est en grande vénération, personne n'oserait invoquer son nom dans un faux serment, sous peine de mourir ou de voir dépérir ses troupeau.

Les *mekadim* sont reconnus honnêtes gens parmi les pillards. Ils sont bien traités et ont une bonne rémunération qui consiste le plus souvent en objets restés en dehors du partage.

Mon cheval vaut mieux que tout,
Mieux que mon père, mieux que mes oncles,
Mieux que les biens de cette terre,
Aaucun sultan n'a monté son pareil,
C'est un marabout, les femmes viennent le visiter.

GÉNÉRALITÉS DU DÉSERT.

Même en écartant tous les développements que
m'interdit la spécialité de mon sujet, il est, ce me
semble, nécessaire d'étudier dans le cavalier du Sahara une autre face que celle du chasseur et du
guerrier. Après avoir noté pièce à pièce son appareil
de chasse et de guerre, son armure de chevalier, si
je puis ainsi parler, je veux donner un aperçu de
l'homme, faire connaître les autres objets dont il
s'entoure, les mobiles sous l'influence desquels il agit,
mœurs, habitudes et préjugés. Moins spécial que les
autres parties de ce livre, ce chapitre sera plus intime que deux œuvres dont il forme en quelque
sorte le complément : le *Sahara algérien* et le *Grand
Désert.*

Dans les études qui m'ont occupé jusqu'à présent,
une chose surtout m'a frappé, c'est l'analogie de la
vie du désert avec la vie du moyen-âge, c'est la ressemblance qui existe entre le cavalier du Sahara et

le chevalier de nos légendes, de nos romans et de nos chroniques.

L'observation des caractères accessoires que je veux rapidement esquisser, rendra cette analogie peut-être plus réelle encore, cette ressemblance plus frappante.

Par Arabe du Sahara, je ne veux pas désigner l'habitant des Ksours. Celui-là, les nomades le raillent autant que l'habitant du Tell, et lui prodiguent les épithètes moqueuses. Engraissé qu'il est par les habitudes casanières et la vie mercantile, ils l'appellent « le père du ventre, l'épicier, le marchand de poivre, *Sekakri*. »

Cet éleveur de poules, celui qui s'abrite sous la tente, ne possède pas de poules cet éleveur de poules, ce boutiquier ressemble au bourgeois de tous les pays, de tous les temps, c'est, au fond, le vilain, le manant du moyen-âge, c'est le Maure citadin d'Alger : même physionomie placide, apathique et ruseuse.

J'entends parler du maître de la tente, de celui qui ne reste pas quinze ou vingt jours sans changer de place, le vrai nomade, celui qui ne va dans le *Tell ennuyeux* qu'une fois par an pour acheter des grains.

Mon cavalier, mon chasseur, mon guerrier, est cet homme à la constitution sèche et nerveuse, au visage bruni par le soleil, aux membres bien proportionnés, grand plutôt que petit, faisant bon marché toutefois de cet avantage d'une haute taille, « de » cette peau de lion sur le dos d'une vache, *djeld* » *sebaa ala dohor el beugra* » lorsqu'on n'y joint pas l'adresse, l'agilité, la santé, la vigueur et le courage surtout.

S'il estime le courage, il plaint et ne méprise pas, n'outrage jamais ceux à qui manque le foie, *keubda.* — Ce n'est pas leur faute, Dieu ne l'a pas voulu.

Il est d'une extrême sobriété, mais se pliant à toutes les circonstances, il ne négligera pas l'occasion de bien et beaucoup manger ; sa nourriture de tous les jours est simple et peu variée, mais il sait, quand il le faut, dignement festoyer ses hôtes. Vienne *el ouada*, la fête patronale d'une tribu, d'un douar où se trouvent ses amis, il ne leur fera pas l'injure d'y manquer ; et, fût-ce à trente ou quarante lieues, il faut qu'il aille y rassasier son ventre. D'ailleurs, ils savent bien qu'il est tout prêt à leur rendre la pareille, qu'ils n'ont pas affaire à l'un de ces ladres *mercanti* des villes, dont tout l'effort d'hospitalité va jusqu'à l'offre de quatre pieds carrés pour s'asseoir, d'une pipe de tabac et d'une tasse de café sans sucre ou sucré, après maintes paroles préliminaires soigneusement débitées sur le café sans sucre.

Tout chez l'Arabe concourt à la puissance de la manifestation de la vie extérieure ; nerveux, endurci, sobre, quoique à l'occasion de vigoureux appétit, il a l'œil perçant et sûr ; à deux ou trois lieues il se vante de distinguer un homme d'une femme, à cinq ou six lieues un troupeau de chameaux d'un troupeau de moutons. Est-ce fanfaronnade ? Non certes, l'étendue et la netteté de la vue ne lui peuvent-elles venir, comme à nos marins, de l'incessante habitude de regarder au loin dans des espaces immenses et dénudés. Puis fait aux objets et aux scènes qui, toujours les mêmes, l'entourent dans un certain rayon, il sera difficile qu'il ne les puisse pas reconnaître par tous les temps.

Néanmoins, les maladies d'yeux sont fréquentes, la réfraction du soleil, la poussière, la sueur, causent une foule d'accidents, des taies et des ophthalmies par exemple, et les aveugles et les borgnes sont nombreux dans beaucopp de localités du désert, chez les Beni-Mzab, à El Ghrassoul, à Ouargla et à Gourara[1].

L'homme du désert a, dans son enfance et dans sa jeunesse encore, les dents belles, blanches et bien rangées, mais les dattes comme nourriture habituelle et presque exclusive les lui gâtent à mesure qu'il avance en âge.

Quand une dent est gâtée tout à fait, c'est aux armuriers et aux maréchaux qu'il faut avoir recours, ce sont eux qui sont en possession de martyriser le patient, de lui briser la machoire avec une pince, et d'enlever les gencives, en même temps que la dent douloureuse.

---

[1] J'ai dans un précédent livre, *Le Grand Désert,* indiqué l'usage que les Arabes font du koheul, c'est, avec les saignées aux pieds et à la tête, le seul moyen curatif employé pour les maladies d'yeux.

Le véritable grand seigneur, le chef important quitte rarement la selle , et ne va presque jamais à pied, il met des bottes *(temag)* et des savates, mais l'homme du peuple est infatigable marcheur, il parcourt en une journée des distances incroyables, son pas ordinaire est-ce que nous appelons le pas gymnastique, il l'appelle lui, le trot du chien. Généralement, en pays plat, il ôte ses chaussures, quand il en a , pour aller plus vite et plus commodément , et aussi pour ne pas les user ; par suite, tous ont le pied des statues antiques, large, bien posé à plat, l'orteil nettement écarté. Ils ne connaissent pas les cors , et plus d'une fois un chrétien qui s'était introduit dans une caravane, s'en est vu expulsé, dénoncé par ce signe infaillible. La plante des pieds acquiert une telle dûreté que le sable ou les pierres ne les blessent plus, une épine pénètre quelquefois de plusieurs lignes sans qu'ils s'en aperçoivent.

Néanmoins, dans le désert proprement dit, pendant les grandes chaleurs de l'été, le sable est si brûlant qu'il est impossible de marcher pieds nus, à tel point qu'on est contraint de ferrer les chevaux si on ne veut voir leurs pieds promptement endoloris et en mauvais état. La crainte de la piqûre du *lefâ*, vipère qui donne la mort, contraint également à porter des brodequins montant jusqu'au-dessus de la cheville du pied.

Les maladies des pieds les plus communes sont les *cheggag*, gerçures qu'on guérit en oignant la partie malade de graisse, et en la cautérisant avec un fer rouge. Quelquefois ces gerçures sont tellement larges et profondes, qu'on est obligé de les coudre. Les fils sont des nerfs de chameaux desséchés au soleil et divisés en parties aussi fines que la soie, ou bien encore des poils de chameau filés.

Tous les habitants du désert se servent de ces fils appelés *el aâgueub* pour réparer leurs selles, brides, plats de bois, chacun d'eux porte toujours sa trousse, un couteau, et une aiguille à passer.

Cette qualité d'admirables marcheurs est mise à profit par quelques-uns pour qui elle devient une profession, elle produit les coureurs, porteurs de messages, qui se sanglent étroitement d'une ceinture de course. Ceux qu'on appelle *rekass* se chargent des affaires pressées, ils font en quatre jours la course que les coureurs ordinaires font en dix ; ils ne s'arrêtent presque jamais ; quand ils éprouvent le besoin de se reposer, ils comptent soixante aspirations et repartent aussitôt, un *rekass* qui a fait soixante lieues et a reçu quatre francs se croit largement récompensé.

Dans le désert, un courrier extraordinaire voyage nuit et jour, il ne dort que deux heures sur vingt-quatre, lorsqu'il se couche il attache à son pied un morceau de corde d'une certaine longueur, auquel il met le feu ; lorsque la corde est sur le point d'être consumée, le feu le réveille.

Au reste, on comprend ce salaire modeste du moment où il est payé en valeur monnayée, le numéraire est rare, et c'est la portion la moins considérable de la fortune arabe; la circulation très restreinte, la facilité de pourvoir à la plus grande partie des besoins de la vie sans acheter ni vendre, en recourant seulement aux échanges, et ce dans des cas très peu fréquents, sont loin d'abaisser la valeur des espèces monétaires.

Il n'est peut-être pas sans intérêt de donner le détail approximatif de la fortune d'un Saharien nomade. Cet inventaire me semble, plus que de longues descriptions, de nature à faire saisir, sur le fait, la vie du désert.

Je le suppose d'une famille influente, et je compose son personnel de la manière suivante :

Lui	
Il a quatre femmes.	4
« « fils	4
Deux de ces fils sont mariés, les femmes.	2
Ils ont chacun un enfant.	2
Quatre nègres.	4
Quatre négresses.	4
Deux domestiques blancs.	2
Deux domestiques femelles.	2
Total.	25

Il a pu avoir des filles, mais elles sont mariées, elles ne lui causent plus aucun embarras.

Pour abriter et desservir ce personnel, il faut :

1. Une tente vaste et en bon état, complète enfin, *khreima*; il entre dans la confection de cette tente, seize pièces de laine de quarante coudées de longueur sur deux coudées de largeur. Une pièce de laine de cette sorte s'appellè *felidje*, le *felidje* vaut de **7** à **8** douros, en tout environ. . . . . **112** douros.

2. Deux lits arabes nommés *el guetifa*, ou bien *el ferrache*. Ce sont des tapis à laine sortante, de trente coudées de longueur sur cinq de largeur, teints en garance, ils valent **20** douros l'un; en kermès **25** douros.   **50**

3. Un tapis de douze coudées de long sur quatre de large, servant de séparation entre la chambre des hommes et celle des femmes. Ce tapis teint en kermès se nomme *tague, hambeul,* et vaut **16**

4. Six coussins renfermant des objets d'habillement, et dont on se sert pour dormir; on les nomme *ousaïdes, l'ous aâda,* vaut **2** douros.   **12**

5. Six coussins nommés *kuerabiche,* en peau d'antilope tannée, servant à

à *reporter.* . . . . **190** *douros.*

Report. . . . 190 *douros.*

contenir des vêtements, des laines
filées, et à s'appuyer dans la tente.   6

6. Six pièces de laine, appelées *hamale
el aâtatiche.* Elles forment cette
espèce de palanquin nommé *âtou-
che*, porté à dos de chameau, et
dans lequel voyagent les femmes.   12

7. Cinq *haicks* rouges, pour couvrir les
aâtatiche.   50

8. Vingt *ghreraires* complètes, sacs en
laine pour le transport des grains.   40

9. Six *hamal* ou charges de blé.   48

10. Douze *hamal* d'orge.   60

11. Dix *ghrerara* , sacs en laine dans
lesquels on enferme les bijoux, les
habillements, les cotonnades , la
poudre, le *filaly*[1], l'argent, etc.,
2 douros l'un.   20

12. Quinze *guerbas* ou peau de bouc
pour contenir l'eau de la tente .   25

13. Douze *aokha* ou peau de mouton ou de
bouc, renfermant la provision de
beurre de la tente, 4 douros chaque.   48

à reporter. . . . 499 *douros.*

---

(1) Filaly. Peaux de chèvres teintes le plus souvent en rouge, fabriquées à Tabilalet, dans le Maroc. C'est ce que nous appelons le
maroquin.

Report. . . . . 499 douros.

14. Quatre *djeloud* ou peaux de mouton
ou de bouc renfermant le miel.
Le miel est cher, il vient du *Teull*,
huit douros la peau 52

15. Huit *hamal* de dattes. Ces hamales
sont des sacs doublés en laine,
huit douros le *hamal* 64

16. Six *tarahh*. On appelle ainsi six peaux
du Maroc (*filaly*), en tout trente-
six peaux à un douro la pièce. 36

17. Provision de poudre. 30

18. Provision de plomb 5

19. Provision de pierres à feu 4

20. Dix *mektaa* ou pièces de cotonnade
nommées *kuettane el malty* à deux
douros la *mektaa* 20

21. Deux *meradjen*, vases à anses en
cuivre étamé, pour boire l'eau ou
le lait. 2

22. Deux *tassa*, autres vases en cuivre
également pour boire 2

23. Deux *guessaa* ou larges vases en bois
pour faire ou manger le kouskoussou 4

24. Six *bakia* ou vases à boire en bois,

à reporter. . . . 698 douros.

Report. . . . . **698** *douros*.

un réal chaque. 2

25. Un *guedra* ou *tandjera*, marmite en
    cuivre pour faire cuire la viande. 2

26. Trois *metreud*, plats en bois pour
    servir à manger aux étrangers. . 3

27. Deux *fass*, pioches pour placer la
    tente, l'installer, etc., et faire le
    bois. . . . . . . , ... 2

28. Un *kadouma*, petite pioche pour tra-
    vailler le bois. 1

29. Dix *mendjeza*, espèces de faucilles sans
    dents pour tondre les moutons. 1

50. Deux *rekiza*, montants de tente. . . 2

31. Enfin une *âeuchet el zemel*, tente avec
    tapis, coussins, etc., pour voya-
    ger ou recevoir les étrangers. . . 30

Total. . . . . **741** *douros*.

VÊTEMENTS.

(Cinq hommes.)

32. Onze *bernouss* blancs, dont trois
    pour le père, deux pour chacun
    des fils ; le *bernouss* vaut 4 douros. 44

33. Cinq *haïcks* à 4 douros chaque. . . 20

34. Cinq *habaya* ou chemises de laine à

à reporter. . . . **64** *douros*.

Report . . . . . 64 douros.

2 douros la chemise.   10

35. Cinq *mahazema* ou ceintures en *filali* brodées en soie, 2 douros pièce.   10

36. Cinq paires de *belghra* ou savates de Maroc.   2

37. Cinq *chachya* ou *fessy* du Maroc.. .   2

38. Pour les grands jours, cinq *kate* ou vêtements complets *oughrlila* veste, *cedria* gilet, *seroual* culotte, *haik* en soie, corde en soie remplaçant la corde de chameau, bernouss en drap à 60 douros chaque vêtement.   300

(Six femmes.)

39. Six *kucca* ou *haïks* de femmes, teints en kermès, à 10 douros pièce.. .   60

40. Six paires de *guergue*, ou bottes en filali brodé à un douro la paire. .   6

41. Six *hazame*, ou ceintures en laine. .   12

42. Six *haouly*, ou haicks blancs que les femmes s'attachent sur la tête. .   6

43. Six *benica*, ou coiffes en soie. . . .   6

44. Six *aâsaba*, ou corde en fil avec laquelle les femmes attachent le haouly sur la tête.   2

———————

à reporter . . . . . 480 douros.

Report . . . . 480 *douros.*

45. Six *khrolkhrale* ou paires de bracelets
     de pieds en argent. — 20 douros
     la paire. . . . . · . . 120

46. Six *souar* ou paires de bracelets de
     poignets à 7 douros la paire. . .   42

47. Douze *bezima* ou boucles en argent
     dont les femmes se servent pour
     attacher le haik. — 6 douros la
     paire.   36

48. Six *bezimat el gueursi* ou boucles du
     gosier qui servent à retenir le
     haouly sous le menton après
     qu'il a entouré la tête.   12

49. Douze *ounaiss* ou boucles d'oreilles
     en argent montées en corail.
     Chaque femme en porte deux
     paires.   24

50. Six *mekhrengua* ou collier en corail,
     et en pièces d'argent. , ...   48

51. Six *mekhrengua* ou collier en clous
     de girofle, semés de corail. . . .   5

52. Six *sensela* ou chaînes en argent avec
     une plaque au milieu nommée
     aguereub (le scorpion) cette chaîne
     va d'une oreille à l'autre.   18

53. Six *kuerraba,* boîtes en argent que

à reporter . . . **785** *douros.*

Report. . . . 785 *douros*.

les femmes se pendent au col et
dans lesquelles elles mettent du
benjoin, du *zebeud*[1].   18

54. Dix-huit *hratem* ou bagues en argent.   6

55. Six *melyaca* ou bracelets en corne de
djamous.   6

Comme on le voit, les femmes dans
le désert, ne portent pas d'or, tous leurs
bijoux sont en argent.

Total 815

ARMEMENT POUR SEPT HOMMES.

Cinq fusils de maître, venant d'Alger,
montés en argent. 100

Deux fusils de domestiques..   20

Cinq sabres de fass, dont deux montés
en argent.   40

Cinq pistolets, dont deux montés en argent. . . . . , . . .   35

ARMEMENT DES NÈGRES.

Quatre pistolets.   12
Quatre sabres.   12

Total. 219

____

(1) *Zebeud*, musc de civette.

HARNACHEMENT. — ÉQUIPEMENT.

Une selle de maître.	100 douros.
Quatre selles ordinaires.	160
Deux selles communes de domestique.	20
Une *djebira* de maître avec peau de tigre.	17
Quatre *djebira* ordinaires.	28
Une paire de *temagues* de maître, bottes en maroquin.	12
Quatre paires de *temagues* ordinaires.	24
Une paire de *chabirs* de maître, éperons argentés, ornés de corail.	6
Quatre paires de *chabirs* ordinaires. . .	4
Cinq *medol* ou chapeaux de paille ornés de plumes d'autruche.	5
TOTAL.	576 douros.

CHEVAUX, BESTIAUX, ETC.

Un étalon pour le chef de la tente. . .	100 douros.
Quatre juments de race pour ses enfants.	320
Deux juments de domestiques.	60
Six ânes.	18
(Peu ou pas de mulets dans le Sahara.)	
Deux *slougui* ou lévriers (on ne les achète pas).	»
Quatre nègres mâles.	240
à reporter. . . .	*738 douros.*

Report. . . . . 738 *douros.*

Quatre négresses femelles 200

Vingt *ghrelem* ou *aussa*, on appelle
 ainsi un troupeau de quatre cents
 moutons. . . , . . . , · . , . , . 8,000

Quatre *ibal*, ou troupeaux de cent chameaux, sur les quatre cents têtes,
 il y a 130 chamelles, elles sont plus
 chères. Je les évalue en moyenne à
 30 douros par tête. 12,000

Dix chèvres ou boucs, servant seulement à faire marcher les moutons. 50

Deux gazelles apprivoisées (ne s'achètent pas). . . . . »

Un *oukerif el ouach*, petit de l'antilope
 (ne s'achète pas). . . . . »

Une autruche (ne s'achète pas). . . . »

TOTAL. . . . . 20,988 douros.

DÉPOTS.

Le chef d'une tente de cette importance doit avoir
en dépôt dans trois ou quatre ksours.

Douze cents *zedja* ou toisons de moutons à un demi
 boudjou chaque. . . . . 200 douros.

Trente *bernouss* blancs, à 3 douros. . 90

Trente *kueça, haïks*, à 2 douros. . . . 60

à reporter. . . . . 350 douros.

Report. . . . 350 *douros.*

Quarante *habaya*, chemises de laine, à 2 douros.	80
Quarante *hamel* ou charges de dattes, à 7 douros.	280
Trente *hamel* de blé ou charges pour chameaux.	240
Trente *hamel* d'orge.	150
Quatre *khrabya*, énormes vases en terre, remplis de beurre.	»

TOTAL. . . . . 1,100 douros.

ARGENT PRÊTÉ.

J'estime à six cents douros le montant de ce qu'il peut avoir prêté ou vendu aux gens des ksours avec lesquels il est en relation d'affaires . . . .

Douros.

600

Il a dans sa tente six cents douros. . .   600

Il a enterré dans une maison des ksours, lui appartenant.   1,000

(On n'enterre pas d'argent dans le désert comme dans le Teull, les inondations d'hiver pourraient trahir les cachettes.)

Total. . . .   2,200

Il a une maison dans un ksour, gardée par un *khremass* et contenant ses effets les plus précieux.   60

RÉCAPITULATION.

	Douros.
Tentes garnies, etc.	741
Vêtements d'hommes et de femmes. . .	815
Armement.	219
Harnachement, équipement	376
Chevaux, bestiaux, etc.	20,988
Dépôts.	1,100
Argent prêté, etc.	2,200
Maison	60
Total . . .	26,499

Un Arabe ainsi pourvu ne travaille pas, il se rend aux réunions, aux assemblées de la djemâa, il chasse, se promène à cheval, surveille ses troupeaux, il prie, etc... Il n'a que les occupations politiques, guerrières et religieuses.

Le pauvre lui-même dédaigne également le travail manuel, rien ne l'y oblige, il n'y a point d'autre culture que celle des dattiers laissée aux gens des *ksours*. Les nègres sont nombreux et ne coûtent pas cher, eux, et quelques domestiques blancs suffisent aux soins dont s'affranchissent les hommes libres. Quelques-uns pourtant parmi ces derniers raccommodent les sacs et les harnachements, c'est l'exception. Il y a bien aussi, il est vrai, des maréchaux, mais en réalité ce sont des artistes, les priviléges qui leur sont accordés, et dont j'ai eu l'occasion de parler en font une sorte de corporation à part.

Ce que j'ai pu appeler des armuriers sont des ouvriers qui ne fabriquent pas, mais seulement réparent les armes. Les Arabes du désert sont en général plus mal armés que ceux du Tell, quoique leurs chefs ne le cèdent à personne en faste et en luxe. Cela se conçoit, ils font venir leurs armes de *Tunis* par *Tougourt*, et du Maroc par le pays de *Gourara* ; la longue distance à parcourir empêche que ces armes ne soient réparées à temps, et l'inhabileté de ceux qui sont chargés de ce soin ne permet pas que ces réparations soient convenables. Beaucoup de Sahariens sont encore armés de lances qu'ils n'emploient guères qu'en poursuivant les fuyards. Cette lance est un morceau de bois de six pieds avec un fer plat et tranchant des deux côtés ; elle se porte ordinairement en bandoulière.

L'Arabe du Sahara est très fier de cette vie qui, pour être exempte du travail monotone auquel est soumis l'habitant du Tell, n'en est pas moins active et agitée, pleine de variété et d'imprévu. Si la barbe blanchit vite au désert, la cause n'en est pas à la chaleur, à la fatigue, aux voyages et aux combats, mais aux peines, aux soucis, aux chagrins. Celui-là seul ne blanchit point qui « a le cœur large, » sait se résigner et dit : « Dieu l'a voulu. »

Cette fierté pour son pays et pour son genre de vie va jusqu'au dédain pour le Tell et celui qui l'habite. Je n'ai pas besoin de rappeler ici les sarcasmes qu'échangent les habitants du désert et ceux du Tell, et que j'ai cités ailleurs ; mais ce dont s'enorgueillit surtout l'homme du désert, c'est de son indépendance ; car dans son pays la terre est vaste et il n'y a pas de sultan. Le chef de la tribu administre et rend la justice. Tâche peu compliquée, car les délits sont peu nombreux et tous prévus, et les pénalités sont fixées d'avance.

Celui qui vole une brebis, dix boudjous d'amende.

Celui qui entre dans une tente pour voir la femme de son voisin paye dix brebis.

Celui qui tue, la mort; s'il s'est enfui, la confiscation de tout ce qui lui appartient, moins la tente qu'on laisse à sa femme et à ses enfants.

Les amendes sont conservées par la djemâa pour défrayer les voyageurs, les marabouts, et faire des présents aux étrangers.

Les vols dans l'intérieur de la tribu sont sévèrement punis ; commis sur une autre tribu, ils sont tolérés; sur une tribu ennemie, ils sont encouragés.

Les femmes font la cuisine, tissent des tapis appelés *ferache*, des *tags*, tapis pour faire les séparations dans les tentes, des *hamal*, des *ghrerayres*, sacs pour les grains, *el feldja*, étoffe dont se font les tentes, *el djellale*, couvertures de chevaux, *el haouya*, des bâts de chameau, *el aamayre*, des musettes; les négresses vont au bois, à l'eau ; les *bernouss*, les *haïcks* et les *habaya* se font dans les ksours.

Riche, l'Arabe est généreux; riche ou pauvre, il est hospitalier et charitable; rarement il prête son cheval ; mais ce serait une injure de le lui renvoyer. A tout cadeau il répond par un cadeau de bien plus grande valeur. Il est des hommes qu'on cite comme n'ayant jamais refusé. Un proverbe dit :

Kasod el djouad maïrodouchy khraib. — Celui qui s'adresse aux nobles ne revient jamais la main vide.

Je n'ai pas besoin de parler des aumônes : tout le monde sait qu'après la guerre sainte, et sur la même ligne que le pèlerinage, l'aumône est l'acte le plus agréable à Dieu. Quand un Arabe est en train de manger, s'il passe un mendiant qui s'écrie : *Mtâ rebi ia el moumenin* (de ce qui appartient à Dieu, ô croyants), le croyant partage son repas s'il est suffisant pour deux, ou l'abandonne tout entier.

Un étranger se présente devant un douar ; il s'arrête à quelque distance et prononce ces paroles : *Dif rebi* (hôte envoyé par Dieu) : l'effet est magique ; quelle que soit sa condition, on se précipite, on s'arrache l'étranger, on lui tient l'étrier pour qu'il descende, les domestiques s'emparent de sa monture dont il ne doit plus se préoccuper, s'il est bien élevé ; l'homme est entraîné dans la tente, on lui sert immédiatement à manger ce qui peut être prêt, en attendant le festin.

Les attentions ne sont pas moindres pour l'homme à pied.

Le maître de la tente tient compagnie à son hôte toute la journée, et ne le quitte que lorsque vient le sommeil.

Jamais une question indiscrète, celle-ci surtout : D'où es-tu? où vas-tu?

Il est sans exemple qu'il soit arrivé un accident à un homme ainsi reçu en hospitalité, fût-ce un ennemi mortel ; mais en partant le maître de la tente dit : « Suis ton bonheur. » Lorsque l'hôte est éloigné, celui qui l'a reçu n'est plus responsable de rien.

En sortant du repas de l'hospitalité, si l'on passe devant un douar et qu'on soit aperçu, l'on est forcé de se rendre aux offres réitérées qui vous sont faites.

Deux tribus sont cependant signalées pour leur inhospitalité : les Arbaa et les Saïd.

Quelques hommes vivent toute leur vie de ces aumônes et de cette hospitalité ; ce sont les derviches. Toujours en prière, ces pieux personnages sont l'objet de la vénération de tous. « Prenez garde » de leur faire injure, Dieu vous punirait. » Jamais une demande faite par eux n'est repoussée.

A côté de ces moines mendiants qui retracent si au vif certains côtés de notre moyen-âge, il convient, ce me semble, de placer ces *tolbas* (savants), ces femmes expérimentées qui remplissent dans le Sahara le rôle qu'avaient à l'époque dont je parle les magiciens, les alchimistes, les sorciers, tous ces personnages qu'ont chantés le Tasse et l'Arioste, et dont s'est moqué Cervantes. C'est à ces tolbas et à ces vieilles femmes qu'hommes et femmes vont demander le philtre, composé d'herbes diverses préparées avec des invocations et des pratiques effrayantes et grotesques, qu'on mêle aux aliments de celui ou de celle dont on veut se faire aimer.

Ce sont eux qui sur un papier et sur un os de mort pris au cimetière écriront avec le nom de votre ennemi des formules magiques, puis enterreront os et papier qu'ira rejoindre votre ennemi « le ventre rempli de vers. »

Ils vous enseigneront les formules qu'il faut prononcer en fermant un couteau pour trancher la vie de votre ennemi ; celles qu'il faut jeter dans le fourneau où cuisent les aliments du ménage où vous voulez porter le trouble ; celles qu'il faut écrire sur une plaque de cuivre ou sur une balle aplatie que vous irez jeter dans le ruisseau où va boire la femme dont vous voulez vous venger ; prise d'une dyssenterie aussi rapide que le ruisseau, elle mourra ou se donnera à vous ; mais pour la guérir il faudra contrarier le premier sort par un autre sort.

Puis vient tout le cortège des spectres, les fantômes de ceux qui sont morts de mort violente, *tergou*. A celui qui te poursuit, hâte-toi de dire : « Allons, rentre dans ton trou, tu ne me fais pas » peur ; tu ne m'as pas fait peur quand tu avais tes » armes. » Il te suit un peu, mais se lasse. Si la terreur te prend et si tu fuis, tu entendras en l'air des cliquetis d'armes, derrière toi un cheval qui te poursuit, des cris, un épouvantable fracas, jusqu'à ce que tu tombes épuisé de fatigue.

Allez dans le Maroc, sur les bords de l'Ouad noun,

à vingt jours de marche ouest de Souss, vous trouverez les plus célèbres sorciers, une école d'alchimistes et de nécromanciens, de sciences occultes, une montagne qui parle, toutes les merveilles enfin du monde magique.

C'est à ces superstitions qu'est arrivé le bas peuple ; les gens riches, les marabouts, les tolbas des zaouia, les cheurfaa suivent très exactement les préceptes religieux et lisent les livres saints, mais la foule est plongée dans l'ignorance. On y connaît à peine deux ou trois prières et le témoignage du prophète ; on y prie rarement et on ne fait les ablutions que lorsqu'on trouve de l'eau.

Les chefs s'efforcent de remédier à cette ignorance; ils font exactement, même en voyage, proclamer l'heure de la prière par des moudden ; ils établissent des écoles sous la tente ; mais la vie de fatigues, de migrations et de voyages fait promptement oublier aux Arabes les enseignements de leur enfance.

Tous se plaisent cependant à les entendre rappeler sous une forme poétique par les *meddah*, bardes, trouvères religieux qui vont dans les fêtes chanter les louanges des saints et de Dieu, la guerre sainte, et qui s'accompagnent du tambourin et de la flûte. On leur donne de nombreux cadeaux.

Voici l'un des petits poèmes composés par ces improvisateurs si nombreux dans le Sahara, dans lequel respirent comme toujours l'orgueil arabe et le patriotisme :

GOIRE A DIEU SEUL.

O toi qui prends la défense du *hader*[1],
Et qui condamnes l'amour du Bedoui[2] pour ses
horizons sans limites.

Est-ce la légèreté que tu reproches à nos tentes?
N'as-tu d'éloges que pour des maisons de pierre et
de boue?

Si tu savais les secrets du désert, tu penserais
comme moi;
Mais tu ignores, et l'ignorance est la mère du mal.

Si tu t'étais éveillé au milieu du Sahara,
Si tes pieds avaient foulé ce tapis de sable
Parsemé de ses fleurs semblables à des perles,
Tu aurais admiré nos plantes,

---

[1] Le *hader*. — Habitant des villes.
[2] Le *bédoui*. — Habitant des lieux sauvages du Sahara.

L'étrange variété de leurs teintes,
Leur grâce, leur parfum délicieux ;
Tu aurais respiré ce souffle embaumé qui double la
vie, car il n'a point passé sur l'impureté des villes.

Si sortant d'une nuit splendide,
Rafraîchie par une abondante rosée,
Du haut d'un *merkeb* [1],
Tu avais étendu tes regards autour de toi.

Tu aurais vu au loin et de toutes parts des troupes
d'animaux sauvages
Broutant les broussailles parfumées.

A cette heure tout chagrin eût fui devant toi ;
Une joie abondante eût rempli ton âme.

Quel charme dans nos chasses, au lever du soleil ;
Par nous, chaque jour apporte l'effroi à l'animal
sauvage.

Et le jour du *rahil* [2], quand nos rouges haouadedj [3] sont sanglés sur les chameaux,

---

[1] *Merkeb.* — Dans le Sahara on donne ce nom aux monticules dont
l'aspect rappelle la forme d'un navire.
[2] *Rahil.* — Migration, déplacement des nomades.
[3] *Haouadedj.* — Litières rouges des chameaux.

Tu dirais un champ d'anémones s'animant, sous
la pluie, de leurs plus riches couleurs.

Sur nos *haouadedj* reposent des vierges,
Leurs *taka* [1] sont fermées par des yeux de houris.

Les guides des montures font entendre leurs chants
aigus ;
Le timbre de leurs voix trouve la porte de l'âme.

Nous, rapides comme l'air, sur nos coursiers
généreux,
(Les chelils [2] flottent sur leur croupe)
Nous poursuivons le *houache* [3],
Nous atteignons le *ghézal* [4], qui se croit loin de
nous.
Il n'échappe point à nos chevaux entraînés,
Et aux flancs amaigris.

Combien de délim [5] et de leurs compagnes ont
été nos victimes,
Bien que leur course ne le cède point au vol des
autres oiseaux.

---

(1) *Taka*. — Fenêtres, œils-de-bœuf des litières.
(2) *Chelils*. — Voiles flottant sur la croupe des chevaux.
(3) Le *houach*, sorte de buson ou bœuf sauvage.
(4) *Ghézal*. — Gazelle.
(5) *Délim*. Mâle de l'autruche.

Nous revenons à nos familles, à l'heure où s'arrête
le convoi,
Sur un campement nouveau , pur de toute souil-
lure.

La terre exhale le musc [1] ;
Mais plus pure que lui,
Elle a été blanchie par les pluies
Du soir et du matin.

Nous dressons nos tentes par groupes arrondis ;
La terre en est couverte comme le firmament
d'étoiles.

Les anciens ont dit : ils ne sont plus, mais nos
pères nous l'ont répété,
Et nous le disons comme eux : car le vrai est toujours vrai.

Deux choses sont surtout belles en ce monde,
Les beaux vers et les belles tentes.

Le soir, nos chameaux se rapprochent de nous,
La nuit, la voix du mâle est comme un tonnerre
lointain.

____

[1] Là où est passé le ghézal est restée l'odeur du musc.

Vaisseaux légers de la terre,
Plus sûrs que les vaisseaux,
Car le navire est inconstant.

Nos maharis [1] le disputent en vitesse au maha [2],
Et nos chevaux, est-il une gloire pareille?

Toujours sellés pour le combat;
A qui réclame notre secours,
Ils sont la promesse de la victoire.

Nos ennemis n'ont point d'asile contre nos coups,
Car nos coursiers, célébrés par le prophète [3], fon-
dent sur eux comme le vautour.

Nos coursiers, ils sont abreuvés du lait le plus pur;
C'est du lait de chamelle plus précieux que celui
de la vache.

Le premier de nos soins, c'est de partager nos
prises sur l'ennemi.
L'équité préside au partage; chacun a le prix de
sa valeur.

---

(1) *Mahari*, chameau de course.
(2) *Maha*, sorte de biche sauvage blanche.
(3) Allusion à la sourate du Koran.

Nous avons vendu notre droit de cité; nous n'avons point à regretter notre marché.

Nons avons gagné l'honneur ; le *hader* ne le connaît point.

Rois nous sommes ; nul ne peut nous être comparé.

Est-ce vivre que de subir l'humiliation?

Nous ne souffrons point l'affront de l'injuste; nous le laissons, lui et sa terre.

Le véritable honneur est dans la vie nomade.

Si le contact du voisin nous gêne,

Nous nous éloignons de lui; ni lui, ni nous, n'avons à nous plaindre.

Que pourrais-tu reprocher au *bedoui*[1]?

Rien que son amour pour la gloire, et sa libéralité qui ne connaît pas de mesure.

Sous la tente, le feu de l'hospitalité luit pour le voyageur ;

Il y trouve, quel qu'il soit, contre la faim et le froid, un remède assuré.

____

[1] Voir la note page 359.

Les temps ont dit : la salubrité du Sahara.

Toute maladie, toute infirmité n'habite que sous le toit des villes.

Au Sahara, celui que le fer n'a point moissonné, voit des jours sans limite,

Nos vieillards sont les aînés de tous les hommes[1].

______

(1) Ce poëme a été composé par l'émir Abd-el-Kader lui-même.

OPINION D'ABD-EL-KADER.

OPINION D'ABD-EL-KADER.

Ayant connu l'émir Abd-el-Kader pendant que j'étais consul de France à Mascara (de 1837 à 1839), et l'ayant encore revu à Toulon en 1847 lorsque j'y fus envoyé en mission au moment où il touchait le sol de la France, j'ai pu, dans mes nombreux entretiens avec lui, apprécier ses connaissances profondes sur tout ce qui touche à l'histoire aussi bien qu'aux questions chevalines de son pays. Je n'ai donc point hésité à lui demander son opinion sur une matière *purement scientifique*, et qui, cependant, pouvait avoir un grand intérêt, non-seulement pour l'avenir de notre colonie, mais encore pour celui de la métropole.

Voici la lettre qu'il m'a écrite à la date du 8 novembre 1851 (le 23 de moharrem, premier mois de 1268).

Gloire à Dieu l'unique. — Son règne seul est éternel.

Le salut sur celui qui égale en bonnes qualités tous les hommes de son temps , qui ne recherche que le bien, dont le cœur est pur et la parole accomplie, le sage, l'intelligent, le seigneur général Daumas, de la part de votre ami Sid-el-Hadj Abd-el-Kader, fils de Mahhi-Eddin [1].

Voici la réponse à vos questions.

1o *Vous me demandez combien de jours le cheval arabe peut marcher sans se reposer et sans trop en souffrir.*

Sachez qu'un cheval sain de tous ses membres qui mange d'orge ce que son estomac réclame, peut tout ce que son cavalier veut de lui. C'est à ce sujet que les Arabes disent :

Allef ou annef.

Donne de l'orge et abuse.

Mais sans abuser du cheval, on peut lui faire faire tous les jours 16 parasanges. C'est la distance de

---

(1) C'est, personne ne l'ignore, l'habitude des Arabes de commencer leurs lettres par des compliments hyperboliques. En reproduisant ceux-ci, je n'ai donc pas d'autre but que de donner à mes lecteurs une idée du style oriental.

Mascara à Koudiat-Aghelizan sur l'Oued-Mina, elle a été mesurée en *drâa* (coudées). Un cheval faisant ce chemin tous les jours et qui mange d'orge ce qu'il en veut, peut continuer, sans fatigue, trois ou même quatre mois, sans se reposer un seul jour.

2₀ *Vous me demandez quelle distance le cheval peut parcourir en un jour.*

Je ne puis vous le dire d'une manière précise, mais cette distance doit approcher de 50 parasanges, comme de Tlemcen à Mascara. Nous avons vu un très grand nombre de chevaux faire en un jour le chemin de Tlemcen à Mascara [1]. Cependant le cheval qui aurait fait ce trajet, devrait être ménagé le lendemain et ne pourrait franchir le second jour qu'une distance beaucoup moindre. La plupart de nos chevaux allaient d'Oran à Mascara en un jour, et pouvaient faire deux ou trois jours de suite le même voyage. Nous sommes partis de *Saïda* vers 8 heures du matin (*au Dohha*), pour tomber sur les Arbâa, qui campaient à Aaïn-Toukria (chez les Oulad-Aïad près Taza), et nous les avons atteints au point du jour (*Fedjer*). Vous connaissez le pays et vous savez ce que nous avons eu de chemin à faire.

3° *Vous demandez des exemples de la sobriété du che-*

---

[1] **Voir la carte de la province d'Oran.**

*val arabe, et des preuves de sa force pour supporter la faim
et la soif.*

Sachez que quand nous étions établis à l'embouchure de la Melouïa, nous faisions des razzias dans le
Djebel-Amour, en suivant la route du Sahara, poussant nos chevaux le jour de l'attaque, dans une
course au galop de 5 à 6 heures, d'une seule haleine,
et accomplissant notre excursion, aller et retour, en
20 ou 25 jours au plus. Pendant cet intervalle de
temps, nos chevaux ne mangeaient d'orge que ce
qu'ils avaient pu porter avec leurs cavaliers, environ
huit repas ordinaires ; nos chevaux ne trouvaient
point de paille, mais seulement de l'alfa et du
chiehh, ou encore, au printemps, de l'herbe. Cependant en rentrant auprès des nôtres, nous faisions
le jeu sur nos chevaux, le jour de notre arrivée, et
frappions la poudre avec un certain nombre d'entre
eux. Beaucoup qui n'eussent pas pu fournir ce dernier exercice, étaient néanmoins en état d'expéditionner. Nos chevaux restaient sans boire un jour
ou deux, une fois ils n'ont pas trouvé d'eau pendant
trois jours. Les chevaux du Sahara font beaucoup
plus que cela. Ils restent environ trois mois sans
manger un grain d'orge ; ils ne connaissent la paille
que les jours où ils viennent acheter des grains
dans le Tell, et ne mangent le plus souvent que de
l'alfa et du chiehh, quelquefois du guetof. Le
chiehh vaut mieux que l'alfa, et le guetof que le
chiehh.

Les Arabes disent :

L'âlfa fait marcher,
Le chiehh fait combattre,
Et le guetof vaut mieux que l'orge.

Certaines années se passent sans que les chevaux du Sahara aient mangé un grain d'orge, de l'année entière, quand les tribus n'ont point été reçues dans le Tell. Quelquefois ils donnent alors des dattes à leurs chevaux; cette nourriture les engraisse; leurs chevaux peuvent alors expéditionner et combattre.

4° Vous demandez pourquoi, quand les Français ne montent les chevaux qu'après quatre ans, les Arabes les montent de très bonne heure.

Sachez que les Arabes disent que le cheval, comme l'homme, ne s'instruit vite que dans le premier âge. Voici leur proverbe à cet égard :

Les leçons de l'enfance se gravent sur la pierre,

Les leçons de l'âge mûr disparaissent comme les nids des oiseaux.

Ils disent encore :

La jeune branche se redresse sans grand travail,
Mais le gros bois ne se redresse jamais.

Dans la première année les Arabes instruisent déjà le cheval à se laisser conduire avec le reseun, espèce de caveçon; ils l'appellent alors *djeda,* commencent à l'attacher et à le brider. Dès qu'il est devenu *teni,* c'est-à-dire qu'il entre dans sa seconde année, ils le montent un mille, puis deux, puis un parasange, et dès qu'il a dix-huit mois, ils ne craignent pas de le fatiguer.

Quand il est devenu *rebâa telata*, c'est-à-dire quand il entre dans sa troisième année, ils l'attachent, cessent de le monter, le couvrent d'un bon djelale (couverture) et l'engraissent. Ils disent à cet égard :

Dans la première année (djeda), *attache-le pour qu'il ne lui arrive pas d'accident.*

Dans la deuxième année (teni), *monte-le jusqu'à ce que son dos en fléchisse.*

Dans la troisième année (rebâa telata), *attache-le de nouveau; puis s'il ne convient pas, vends-le.*

Si un cheval n'est pas monté avant la troisième année, il est certain qu'il ne sera bon tout au plus que pour courir, ce qu'il n'a pas besoin d'apprendre, c'est là sa faculté originelle. Les Arabes expriment ainsi cette pensée :

El djouad idjri be aâselouh.

Le djouad court suivant sa race (le cheval noble n'a pas besoin d'apprendre à courir.)

5° Vous me demandez pourquoi, si l'étalon donne aux produits plus de qualités que la mère, les juments sont pourtant d'un prix plus élevé que les chevaux.

La raison, la voici : celui qui achète une jument espère que, tout en s'en servant, il en tirera des produits nombreux; mais celui qui achète un cheval n'en tire d'autre avantage que de le monter, les

*Arabes ne faisant point saillir leurs chevaux pour de
l'argent, et les prêtant gratuitement pour la monte.*

*6° Vous demandez si les Arabes du Sahara tiennent
des registres pour établir la filiation de leurs chevaux.*

Sachez que les gens du Sahara algérien, pas plus
que ceux du Tell, ne s'occupent de ces registres. La
notoriété leur suffit ; car la généalogie de leurs chevaux de race est connue de tous comme celle de leurs
maîtres. J'ai entendu dire que quelques familles
avaient de ces généalogies écrites, mais je ne pourrais les citer. Ces livres sont en usage dans l'Orient,
comme je le mentionne dans le petit traité que je
vais vous adresser.

*7° Vous me demandez quelles sont les tribus de l'Al-
gérie les plus renommées pour la noblesse de leur chevaux.*

Sachez que les meilleurs chevaux du Sahara sont
les chevaux des Hamyan sans exception. Ils ne
possèdent que d'excellents chevaux, parce qu'ils ne
les emploient ni pour le labour, ni pour le bât, ils
ne s'en servent que pour expéditionner et se battre.
Ce sont ceux qui supportent le mieux la faim, la soif
et la fatigue. Après les chevaux des Hamyan viennent
ceux des Harar, des Arbâa et des Oulad-Nayl.

Dans le Tell, les meilleurs chevaux pour la noblesse
et pour la race, la taille et la beauté des formes, sont
ceux des gens du Chelif, principalement ceux des
Oulad-Sidi-Ben-Abd-Allah (Sidi-el-Aaribi), près de la

Mina, et encore ceux des Oulad-Sidi-Hassan, fraction des Oulad-Sidi-Dahhou, qui habitent la montagne de Mascara. Les plus rapides sur l'hippodrome, beaux aussi de forme, sont ceux de la tribu des Flitas, des Oulad-Cherif et des Oulad-Lekreud. Les meilleurs pour marcher sur des terrains pierreux, sans être ferrés, sont ceux de la tribu des Assassena, dans la Yakoubia. On prête cette parole à Moulaye-Ismaïl, le sultan célèbre du Maroc.

Puisse mon cheval avoir été élevé dans le Mâz,
Et abreuvé dans le Biaz.

Le Mâz est un lieu du pays des Assassena, et le Biaz est le ruisseau, connu sous le nom de Foufet, qui roule sur leur territoire.

Les chevaux des Oulad-Khaled sont aussi renommés pour les mêmes qualités; Sidi-Ahmed-Ben-Youssef a dit au sujet de cette tribu:

Les longues tresses et les longs djelals se verront chez vous jusqu'au jour de la résurrection. Faisant ainsi l'éloge de leurs femmes et de leurs chevaux.

8° Vous me dites que l'on vous soutient que les chevaux de l'Algérie ne sont point des chevaux arabes, mais des chevaux Berbères (Barbes).

C'est une opinion qui retourne contre ses auteurs. Les Berbères sont Arabes d'origine. Un auteur célèbre a dit:

Les Berbères habitent le Mogheb, ils sont tous fils de Kaïs-Ben-Ghilan. On assure encore qu'il sortent des deux grandes tribus Hémiarites, les Senahdja et les Kettama, venus dans le pays lors de l'invasion de Ifrikech-el-Malik.

D'après ces deux opinions, les Berbères sont bien des Arabes. Les historiens établissent d'ailleurs la filiation de la plupart des tribus berbères, et leur descendance des Senahdja et des Kettama. La venue de ces tribus est antérieure à l'islamisme. Depuis l'invasion musulmane, le nombre des Arabes émigrés dans le Mogheb est incalculable. Quand les Obeïdin (les Fatémites) furent maîtres de l'Egypte, d'immenses tribus passèrent en Afrique, entre autres les Riahh. Elles se répandirent de Kaïrouán à Merrakech (Maroc). C'est de ces tribus que descendent en Algérie les Douaouda, les Aïad, les Mâdid, les Oulad Madi, les Oulad Iakoub Zerara, les Djendel, les Attaf, les Hamïs, les Braze, les Sbéha, les Flita, les Medjahar, les Mehal, les Beni Amer, les Hamian, et bien d'autres. Nul doute que les chevaux arabes ne se soient répandus dans le Mogheb comme les familles arabes. Au temps de Ifrikech-ben-Kaïf, l'empire des Arabes était tout-puissant, il s'étendit dans l'ouest jusqu'aux limites du Mogheb, comme au temps de Chamar l'Hemiarite, il s'étendit dans l'est jusqu'à la Chine, ainsi que le rapporte Ben-Kouteïba dans son livre intitulé *El Mârif.*

Il est bien vrai que si tous les chevaux d'Algérie sont arabes de race, beaucoup sont déchus de leur noblesse parce qu'on ne les emploie que trop souvent au labourage, au dépiquage, à porter, à traîner des fardeaux, et autres travaux semblables, parce que les juments ont été soumises à l'âne, et que rien de cela ne se faisait chez les Arabes d'autrefois. A ce point, disent-ils, qu'il suffit au cheval de marcher sur une terre labourée pour perdre de son mérite. On raconte à ce sujet l'histoire suivante :

Un homme marchait monté sur un cheval de race. Il est rencontré par son ennemi également monté sur un noble coursier. L'un poursuit l'autre, et celui qui donne la chasse est distancé par celui qui fuit. Désespérant de l'atteindre, il lui crie alors :

— Je te le demande au nom de Dieu, ton cheval a-t-il jamais labouré?

— Il a labouré pendant quatre jours.

— Éh bien! le mien n'a jamais labouré. Par la tête du prophète, je suis sûr de t'atteindre.

Il continue à lui donner la chasse. Sur la fin du jour, le fuyard commence à perdre du terrain, et le poursuivant à en gagner ; il parvient bientôt à combattre celui qu'il avait d'abord désespéré de rejoindre.

Mon père, Dieu l'ait en miséricorde, avait coutume de dire : Point de bénédiction pour notre terre depuis que nous avons fait de nos coursiers des bêtes de somme et de labour. Dieu n'a-t-il point fait le cheval pour la course, le bœuf pour le labour et le chameau pour le transport des fardeaux? Il n'y a rien à gagner à changer les voies de Dieu.

9° Vous me demandez encore nos préceptes pour la manière d'entretenir et de nourrir nos chevaux.

Sachez que le maître d'un cheval lui donne d'abord peu d'orge, augmentant successivement sa ration par petites quantités, puis la diminuant un peu dès qu'il en laisse, et la maintenant à cette mesure.

Le meilleur moment pour donner l'orge est le soir. Excepté en route, il n'y a aucun profit à en donner le matin. On dit à cet égard :

L'orge du matin se retrouve dans le fumier.

L'orge du soir dans la croupe.

La meilleure manière de donner l'orge, est de la donner au cheval sellé et sanglé, comme la meilleure manière d'abreuver est de faire boire le cheval avec sa bride.

On dit à cet égard :

L'eau avec la bride,
Et l'orge avec la selle.

Les Arabes préfèrent surtout le cheval qui mange peu, pourvu qu'il n'en soit pas affaibli. C'est, disent-ils, *un trésor sans prix.*

Faire boire au lever du soleil fait maigrir le cheval ;

Faire boire le soir, le fait engraisser ;

Faire boire au milieu du jour, le maintient en son état.

Pendant les grandes chaleurs qui durent quarante jours *(semaïme)*, les Arabes ne font boire leurs chevaux que tous les deux jours. On prétend que cet usage est du meilleur effet.

Dans l'été, dans l'automne et dans l'hiver, ils donnent une brassée de paille à leurs chevaux; mais le fond de la nourriture est l'orge de préférence à toute autre substance.

Les Arabes disent à cet égard :

Si nous n'avions pas vu que les chevaux proviennent des chevaux, nous aurions dit: c'est l'orge qui les enfante.

Ils disent :

> *Ghelid ou chetrih,*
> *Ou chaïr idjerrih.*
> *Cherche le large et achète.*
> *L'orge le fera courir.*

Ils disent :

De la viande défendue, choisis la plus légère,

C'est-à-dire, choisis un cheval léger : la viande du cheval est interdite aux musulmans.

Ils disent :

On ne devient cavalier qu'après s'être brisé souvent.

Ils disent :

Les chevaux de race n'ont point de malice.

Ils disent :

Cheval à l'attache, honneur du maître.

Ils disent :

Les chevaux sont des oiseaux qui n'ont point d'ailes.

Ils disent :

Rien n'est loin pour les chevaux.

Ils disent :

Celui qui oublie la beauté des chevaux pour celle des femmes, ne sera point prospère.

Ils disent :

Les chevaux connaissent leur cavalier.

Le Saint Ben-el-Abbas, Dieu l'ait pour agréable, a dit aussi :

> *Aimez les chevaux soignez-les,*
>
> *Ne ménagez point vos peines,*
>
> *Par eux l'honneur et par eux la beauté.*
>
> *Si les chevaux sont abandonnés des hommes,*
>
> *Je les fais entrer dans ma famille,*
>
> *Je partage avec eux le pain de mes enfants,*
>
> *Mes femmes les vêtissent de leurs voiles,*
>
> *Et se couvrent de leurs couvertures.*
>
> *Je les mène chaque jour*
>
> *Sur le champ des aventures,*
>
> *Emporté par leur course impétueuse*
>
> *Je combats les plus vaillants.*

J'ai fini la lettre que notre frère et compagnon, l'ami de tous, le commandant Sid-Bou-Senna, doit vous faire parvenir. — Salut.

Cette lettre a été écrite en entier de la main d'Abd-el-Kader, l'original est en ma possession, et il est certifié par M. le chef d'escadron d'artillerie Boissonnet, qui depuis trois ans remplit avec distinction auprès de l'émir, une mission aussi délicate que difficile.

C'est également au commandant Boissonnet que je dois la traduction de ce précieux document.

FIN.

TABLE DES MATIÈRES.

DEUXIÈME PARTIE.

FIN DE LA TABLE.

roduct-compliance

13033350